KB248571

아시아의 20세기 지역변동과 지역상상

윤대영 엮음

백영서 이옥순 유달승 정세진 윤대영 홍종욱 백지운 이정훈 지음

진인진

아시아의 20세기 지역변동과 지역상상

초판 1쇄 발행 | 2023년 1월 30일

엮 음 | 윤대영
저 자 | 백영서, 이옥순, 유달승, 정세진, 윤대영, 홍종욱, 백지운, 이정훈
편 집 | 배원일, 김민경
발행인 | 김태진
발행처 | 진인진
등 록 | 제25100-2005-000003호
주 소 | 경기도 과천시 별양상가 1로 18 614호(별양동 과천오피스텔)
전 화 | 02-507-3077-8
팩 스 | 02-507-3079
홈페이지 | http://www.zininzin.co.kr
이메일 | pub@zininzin.co.kr

ISBN 978-89-6347-543-1 93300

* 책값은 표지 뒤에 있습니다.
** 이 저서는 2020년 대한민국 교육부와 한국연구재단의 지원을 받아 수행된 연구입니다(NRF-2020S1A6A3A02065553).

• • • •

서문

'무상(無常)'한 '지역변동'과 '무아(無我)'의 '지역상상'

윤대영(서울대학교 아시아연구소)

2000년 1월 1일 파리의 에펠탑 아래에서 바로 옆의 '낯선' 여인이 권하던 샴페인을 얻어 마시며 군중 속에서 환호하던 나는, '새로운' 밀레니엄 시대에 다가올 아시아의 변화와 미래를 상상조차 못했었다. 20여 년이 지난 지금, 21세기의 아시아는 정치적·경제적·사회적·문화적으로 부상하면서 과거의 20세기와는 다른 '지역'으로 거듭나고 있다. 이 과정에서 등장한 '새로운 아시아'의 교류가 계속 늘어나면서, 지역 내, 소지역 간의 '존재의 상호 연관성'도 커지고 있다. 그래서 전통적인 제국의 오만한 '문명적' 시선과 서구 중심의 '이방인적' 시선을 넘어, 덜 치우친 '아시아의 눈'으로 '아시아'를 '있었던 혹은 있는 그대로' 바라보는 시도와 작업이 요구되고 있다.

서울대학교 아시아연구소 HK+메가아시아연구사업단의 '비교지역연구 클러스터'는 아시아연구소의 5개 지역 센터 및 외부 연구 기관과 협력하여 '새로운 아시아'를 성찰하기 위해 비교지역연구의 틀을 가다듬고, 인문학적인 통찰과 사회과학적인 분석을 통해 미래지향적인 지역연구 방법론을 모색하며 지식의 배양과 실천적인 활동을 선도하고자 한다. 이러한 목표로 간행하게 된 HK+메가아시아연구총서 『아시아의 20세기 지역변동과 지역상상』은 한국, 인도, 베트남, 소비에트 연방의 식민과 탈식민, 에너지 자원과 중동의 등장 등과 같은 '지역변동'의 다양한 흐름과 이 변화의 과정에서 나타난 '지역상상'을 로컬과 지역, 글로벌의 시야를 넘나들며 조망한다.

제1장 「문명대전환기 지구지역학의 가능성을 찾아서: 핵심현장 한반도의 네 차례 전환기」에서 백영서는 "대전환의 시대적 요청에 우리는 어떻게 대응하고 있는가?"라고 질문을 던지고, 동아시아론의 자체 점검에 집중하며 변혁의 과제를 풀어 나가고자 한다. 그리고 '핵심현장'이라는 특정 장소와 주민의 삶에 바싹 다가가(직핍[直逼]) 그 객관적 조건과 주체 형성 과정에 더 집중하는 '글로컬-동아시아론'을 통해 새로운 인식 틀을 치밀하게 정련하는 데 힘쓸 때라고 판단하고 있다. 이러한 판단에 기반한 '지구지역학'(Glocalogy)은 로컬 속에서 구미 중심적 보편주의를 넘어설 사유와 실천이 융합된 새로운 '길'(道)이고, 문명대전환의 싹, 미래사를 선취하는 이론적·실천적 방법론이다. 이 글에서는 미래를 바꿀 수 있는 전략적 요처, 곧 핵심현장의 하나인 한반도에서 그 가능성을 짚어내는 시도에 그치고 있지만, 한반도 사례를 통해 세계와 아시아를 분석 단위로 삼는 학술 작업을 돌아보는 데 의의가 있다.

제2장 「스와데시 신드롬, 20세기 인도와 상상의 조국」에서 이옥순은 제국 영국의 가장 중요한 식민지로 20세기를 시작한 인도가 '스와데시, 즉 우리 조국'을 찾는 탈식민화, 독립운동의 험난한 과정을 거쳐 세 개의 국가—인도, 파키스탄, 방글라데시—로 분리, 독립하였고, 이후엔 200년 식민 통치의 유산을 넘어 진정한 스와데시를 구축하려 안간힘을 쓴 과정을 '스와데시 신드롬'이란 용어로 추적한다. '스와데시 신드롬'이란 서구의 경험에 근거한 개념이 아닌 이 가정이 수많은 요인과 상황이 엮인 다면적 상상의 세계와 그 결과인 20세기 이 지역의 생존 추적에 더 적절하다고 판단되는 신조어이다. 그러므로 필자가 논의하는 조국은 문화적 정체성이 형성될 정도로 오랫동안 살았거나 자라난 곳, 조상이 세대를 걸쳐 살았던 고향이라는 상상의 땅이다. 그리고 세 나라가 잊지 않아야 할 것은 21세기의 지구촌이란 큰 고향의 일원이란 점과 세계 인구의 20%를 차지하는 지역의 상생과 공존이 여타 세계의 안녕에 직결된다는 사실이다.

제3장 「석유 시대의 개막과 중동의 세계사적 등장」에서 유달승은 현대 사회를 움직이는 가장 중요한 원동력 에너지 자원을 다룬다. 사실상 인류의 문명은 새로운 에너지의 개발사라고 볼 수 있고, 내연 기관의 시대가 열린 20세기는 석유의 시대였다. 석유는 양대 세계대전을 거치면서 전쟁의 승패를 좌우할 정도로 매우 중요해졌고, '검은 황금', '땅속의 진주'로 불리며 가장 중요한 에너지 자원이자 세계 패권의 원천이기도 했다. 미국은 1920년 세계 석유 생산량의 3분의 2를 차지했고, 1920년대부터 1970년대까지 세계 석유 시장을 움직이는 7개 석유 메이저 가운데 5개가 미국 회사였다. 미국 정부는 석유 회사와 긴밀히 협력해 해외 석유 매장량을 확보하여 유지해 왔는데, 이러한 움직임은 미국의 국가 안보와 석유회사의 이익을 반영하는 것이었다. 제2차 세계대전 이후 트루먼, 아이젠하워, 닉슨 및 카터 독트린과 같은 미국 외교 정책의 주요 고리는 직간접적으로 중동의 석유와 관련되어 있었다. 또한 석유의 역사는 현대 중동의 전쟁사라고도 부를 정도로 4차례에 걸친 중동 전쟁, 이슬람 혁명, 이란-이라크 전쟁, 걸프 전쟁 등 수많은 전쟁과 분쟁에 직간접적으로 연결되었다. 그래서 석유 시대의 등장과 함께 석유 자원의 보고인 중동은 지역을 뛰어넘어 전 세계적인 정치경제의 중심으로 자리 잡았다.

제4장 「소연방과 중앙아시아: 지역 정체성과 결정화, 그 역사적 수렴과 발산」에서 정세진은 1924년에 소련 지배층이 중앙아시아에서 전격적인 국경 경계 획정을 통해 소위 '창조된 민족'을 만들면서 새로운 구성공화국을 탄생시킨 점에 주목하고 있는데, 이 과정은 현 단계 중앙아시아의 분쟁 요소가 되었다. 왜 이러한 분쟁이 유라시아 지역에서 벌어지고 있는가? 소련에 속한 중앙아시아 지역 정체성은 소련 전체 사회의 주체성으로 작동하지 못했다. 중앙아시아 지역 정체성은 주체적으로 발전되지 못한 한계가 있으며, 이는 각 민족 간의 영토적, 지역적 분쟁의 요소가 되었으며, 소련 해체 이후에도 각 국가 간, 각 민족 간 분쟁의 요소로 발전된 측면이 있었다. 전체적으로 소비에트 정체성은 중앙아시아 지역 정체성과 많은 부분 밀접하게 결부되었다. 그래서 이 글은 러시아의 중앙아시아 점령에 따른 중앙아시아 지역 정체성의 형성과 그

실제, 소련 시기 중앙아시아 지역 정체성의 역사적 함의, 소련 지도자들의 대 중앙아시아 지역 관점 및 정책, 포스트소비에트 중앙아시아 지역 정체성의 징후 등을 중점적으로 규명하는 내용으로 구성되었다.

제5장 「20세기 초 동아시아 연대의 '빛'과 '그림자': 베트남 독립운동가들의 해외 활동과 자민족중심주의」에서 윤대영은 다음과 같은 문제들을 제기한다. 첫째, 독립을 모색하던 베트남의 개혁 운동가들은 '생존경쟁(生存競爭)'을 통해 자국의 '적자생존(適者生存)'을 도모하고자 했던 동아시아 각국의 사회진화론자들과 어떠한 성격의 동아시아 연대를 형성하고 있었을까? 둘째, 이들은 각국의 '생존경쟁'과 '적자생존'의 논리를 초월하여, '진정한 연대'에 기반한 공동의 보편적인 동아시아를 실현하려고 노력했을까? 아니면, 다른 동아시아 지식인들과 마찬가지로 표면적인 연대를 통해 자국의 이익을 끊임없이 관철하려는 경향이 강했던가? 셋째, 전통 시대부터 이념적으로 혹은 실질적으로 조공국으로 간주했던 주변의 라오스나 캄보디아에 대한 시각이 전환기 베트남의 개혁 운동가들에게 이르러서는 어떤 변화가 있었는가? 이상과 같은 문제 제기를 통해, 이 글은 20세기 초 베트남 지식인들의 동북아 한(韓)·중(中)·일(日) 삼국(三國)과 동남아 라오스·캄보디아에 대한 전반적인 동아시아 인식을 검토해 나간다.

제6장 「대동아공영권 경험과 식민주의 망각」에서 홍종욱은 대동아공영권 경험을 곱씹으며 현대 한국 사회의 식민주의 망각을 지적하며 일본의 한국 통치를 제국주의 열강의 아시아·아프리카 식민 지배라는 세계사적 보편성 속에서 파악할 것을 강조한다. 일본은 구미 제국주의를 비판하고 자신의 한국 통치와 중국 침략을 아시아주의로 분식했다. 아시아주의는 일본 나름의 비식민화(decolonization) 구상이었지만, 한국인의 탈식민 열망을 호도하는 기만적인 것이었다. 그리고 일본은 동남아를 침략함으로써 구미 열강의 아시아 지배라는 세계사의 한복판으로 들어갔다. 적지 않은 한국인이 포로감시원 등으로 동원되어 아시아주의와 식민주의가 길항하는 세계사의 현장에 놓였다. 일본 제국의 해체와 냉전의 격화로 아시아라는 심상 지리는 후경화하고 식민주의

는 망각되었다. 탈냉전과 더불어 다시 일본을 거점으로 삼아 아시아라는 감각, 식민지 경험과 탈식민 과제가 전면화했다. 그러나 중국의 부상과 이른바 신냉전으로 아시아주의, 식민주의 문제는 다시 사그라들었다. 현대 한국에서는 중국, 일본과의 역사 갈등을 동남아 진출로 비켜 가려는 태도가 엿보이는데, 역사로서의 아시아를 외면하고 시장으로서의 아시아를 추구하는 것이다. 그러나 식민주의 망각에 기반한 아시아 환상은 일본의 대동아공영권 실패를 되풀이하는 것이다.

제7장 「일대일로와 문명론적 지정학」에서 백지운은 '일대일로' 지경학의 외피와 지정학의 내핵은 문명론이고, 육상 노선과 해상 노선의 그물망으로 전 지구를 연결하는 '일대일로'의 거대한 구상 저변에는 서구 문명이 지배해 온 지난 수 세기의 역사에 대한 대안 세계의 모색이 은닉해 있다고 주장한다. 특히, 왕후이는 유라시아를 정 중앙에 두고 양편에 인도양과 태평양을 거느리는 그림으로 '일대일로'의 지도를 풀이하면서, 태평양을 내해(內海)로 삼아 아시아를 압박했던 서구적 근대에 대한 대안적 문명 추구의 의미를 불어 넣었다. 인도양과 태평양을 하나의 연결된 바다로 사고하는 지리 상상에서 신장(카스)은 전적으로 새로운 의미를 부여받는다. 신장을 응시하는 공자진의 시선이 인도양이라는 대안의 바다를 탐색하는 해양적 시선이라고 평가한 왕후이는 육해상 노선들에 혈액을 실어나르는, '일대일로' 심장부의 역할을 신장에 부여한 것이다. "서역의 시야가 없다면 새롭고 완정한 중국은 정의될 수 없다"는 말에는 내륙에서 태평양을 응시했던 기존의 인식 지도를 전복시켜 바다에서 유라시아 심장부로 향하는 심상 지리를 구축하면서 중국을 새롭게 정위하겠다는 야심 찬 선언이 담겨 있다

제8장 「21세기 아시아의 한국발(發) 청사진: 유라시아 이니셔티브에서 신남/북방 전략까지」에서 이정훈은 우리의 '아시아'에 대한 인식과 비전의 추이, 북방정책과 동북아 균형자론, 유라시아 이니셔티브, 신남방과 신북방 등을 추적해 나간다. 한국은 1990년대를 거쳐 2000년대에 이르러 경제성장과 정치적 민주화의 성취를 쌓아나가는 모범사례의 하나로서 일정한 자신감 속

에서 스스로와 주변을 되돌아보기 시작했고, 자신을 둘러싼 주변 환경, 즉 아시아라는 장 속에서 스스로의 위상을 국가의 대외정책적 차원에서 새롭게 고민하는 단계로 진입하게 되었다. 이러한 자신감은 북방정책과 동북아 균형자론을 통해 아시아를 향해 적극적으로 열린 자세를 취하는 계기가 되었고, 중국의 일대일로 구상에 적극적으로 결합하고자 했던 유라시아 이니셔티브는 유의미한 결실을 보지 못했지만, 문재인 정부에 들어와 신북방정책이라는 이름으로 중국의 일대일로가 아닌 러시아의 연해주 및 바이칼호 주변 지역을 중심으로 한 경제협력에 초점을 맞추어 새롭게 진행되었다. 아울러, 동남아시아와 인도를 포함하는 신남방 지역이 새로운 교류 협력의 대상으로 부상하게 됨에 따라 한국이 그리는 아시아의 새로운 상은 신남방/북방의 두 방향으로 새롭게 형성되기에 이르렀다. 그리고 이렇게 아시아를 새롭게 보는 한국의 시야가 내실화를 통해 이어지기를 기대한다.

이처럼, 20세기에 '끊임없이 변화하는' 아시아의 '지역변동'은 '저마다'의 연기(緣起)로 다양한 형태의 '지역상상'을 출현시켰다. 1890년생 응우옌 아이 꾸옥(Nguyễn Ái Quốc, 이후에 호 찌 민[Hồ Chí Minh]으로 개명)은 1911년에 모국을 떠나 프랑스의 마르세유(Marseille)에 도착한 이후 세계 각지를 떠돌았고, 1910년대 후반에 20세기 초 베트남의 제1세대 독립운동가들을 계승한 첫 번째 주자가 되었다. 1910년대 말부터 1920년대 초까지 프랑스의 사회당과 공산당의 유럽 중심적인 활동에 실망한 그는 세계 각지 피압박 민족의 해방을 꿈꾸며 1923년에 모스크바로 갔다. 그런데 응우옌 아이 꾸옥은 거기에서 과연 무엇을 목도하게 되었을까? 1924년 새로운 중앙아시아가 출현하고 있었을 때, 소비에트 연방의 모습에 낙담했을지도 모를 그는 이듬해 중국 남부의 광주에 정착하여 새로운 독립운동을 모색하고자 했다. 그러나 응우옌 아이 꾸옥은 장개석의 4.12 정변으로 중국 여인과의 신혼 생활도 접은 채 다시 망명길에 올라야 했다. 인도의 '스와데시'가 과거의 동남아 지역을 '식민지'로 상상하며 영광의 실체를 부여하려고 했을 때에도, 베트남어, 프랑스어, 영어, 러시아어, 중국어, 광동어, 태국어 등에 능통했던 응우옌 아이 꾸옥은 세계 곳곳을 전전하며 '실패한 세계시민'으로서의 삶을 감내할 수밖에 없었다. 그런데 1940년대 일본의 대동아 공영권이 동남아 중에서 첫 번째로 베트남에 영향을 미치게 되자, 50대 중반까지 실패로 점철된 호 찌 민의 인생은 서서히 변화하기 시작했고, '30년 전쟁'의 서막이 된 1945년 4월 30일 미군 OSS 장교와의 우호적인 만남은 '독립, 자유, 행복'을 선포하는 새로운 도전의 시작이었다.

평생을 소박하게 살았거나 살 수밖에 없었던 호 찌 민은 어디에서나 사람들과 친밀하게 접촉하며 자신이 실존하던 공간을 '핵심현장'으로 만들었고, '석유'는 없었지만 동포들에게 '땅'과 '쌀'을 약속하며 지지자들을 계속 모아 나갔다. 그가 일상에서 어떠한 방식으로 자신을 '수양'하며 국가의 '변혁'을 구상하고 실천에 옮겼는지는 알 수 없지만, 1968년의 '뗏(Têt) 공세'는 68혁명의 도화선이 되어 아시아와 서구를 연결하는 구심점이 되었다. 이후 '선배' 호 찌 민의 유언을 삼켜 버린 '후배' 혁명가들이 '죽은' 호 찌 민을 소련의 기술 덕분에 방부제로 처리하여 하노이의 바 딘(Ba Đình) 광장에 고이 모셔 놓았지만, 후배들의 라오스, 캄보디아 괴롭히기는 멈추지 않았다.

50여 년의 좌절과 이후 '30년 전쟁'의 고통을 감내해야만 했던 시신이 한 줌의 재로 북부, 중부, 남부에 골고루 뿌려져 베트남의 통합과 지역 및 세계의 평화에 기여하길 바랐던 그의 마음은 기억할 만하다. '무상(無常)'한 '지역변동'에서 '무아(無我)'의 '지역상상'이 지속적으로 꾸준히 진행되어 이루어지길 서원(誓願)하고 또 서원할 뿐이다.

인천 차이나타운 근처의 라망뜨에서

목차

• • • •

제1장

문명대전환기 지구지역학의 가능성을 찾아서: 핵심현장 한반도의 네 차례 전환기

백영서(연세대학교 사학과)*

I. 문명대전환의 길목에 선 지역학

19세기와 20세기 교체기, 더 정확히 말하면 동학농민운동으로 촉발된 청일전쟁, 이어서 러일전쟁을 거치면서 한반도에서는 문명전환의 격변을 겪었다. 말 그대로 '천지개벽'의 국면이었다. 그로부터 백년이 지난 지금 우리는 또 한번의 문명전환의 위기를 맞고 있다. 백년 전 개화파와 위정척사파가 나름으로 대응했지만, 그들말고 조선 왕조의 누적된 병폐의 개혁이 아니라 '개벽'을 향한 사상적·실천적 돌파를 감행한 이들도 있었다. 그들은 중국에서 유래한 전통적 의미의 개벽처럼 '천지개벽'을 수동적으로 기다리는 것이 아니라, 성장하는 우주이며, '지금 여기'에서 우리의 노력으로 일어나는 (다시)개벽이란 뜻으로 바꿔 읽고 그렇게 실천했다. 지금은 우리만이 아니라 지구적 규모로 코로나19라는 팬데믹과 기후생태 위기를 겪고 있다. 이러한 대전환의 시대적 요청에 우리는 어떻게 대응하고 있는가.

---

* 명예교수

재난이 초래한 역사적 위기는 '위기(crisis)'의 어원이 말해주듯이 '생사의 갈림길'을 의미한다. 사태가 더 나빠질 수도 있고 더 좋아질 수도 있는 중요한 분기점에서 '결정(또는 판단)'이 요구되는 때이다(최성철, 2021). 따라서 현재의 삶과 체제의 근본적 문제를 되돌아보는 계기, 그리고 새로운 행동을 일으키는 돌파구가 될 수 있다. 이를 재난의 '정치적 가능성'이라고 부를 법하다(문강형준, 2012: 19-41, 24, 25).

이 '정치적 가능성'을 포착하기 위해서는 사람들이 재난의 경험 속에서 어떠한 세상을 상상하면서 어떻게 새로운 대안을 만들어가려고 하는지를 짚어보는 일이 무엇보다 긴요하다. 재난이라는 것이 일어나고 경험되는 어떤 현상을 가리키기도 하지만, 그로 인한 위기감이 재난을 구성하는 중요한 요인이므로 지식의 실천 영역이기도 하기 때문이다.

위기 국면의 갈림길에서 제대로 된 결정을 내리기 위해서는 재난이 초래한 역경의 극복이라는 감동을 공유하는 동시에 역경이 보여준 인간의 민낯을 바로볼 줄 알아야 한다. 이 양면성은 위기에 대응하는 우리의 선택 행위와 직결된다.

이같은 모순된 두 현상과 그에 상응한 비관적·낙관적 담론이 팽팽히 맞서고 있다. 둘 다 "위기가 진행될 때 그 과정에서 인간이 선택할 수 있는 일이 무엇인지의 관점에서 위기를 다룬" 것이 분명하다(피터 베이커, 2020: 390-392). 전자는 재난디스토피아, 후자는 재난유토피아로도 불릴 수 있는 두 관점 가운데 어느 쪽에 설 것인가는 각자의 몫이겠으나, 필자는 재난의 구조 분석에 중점을 둔 전자와 재난 극복의 주체 형성에 무게를 둔 양자 사이의 긴장을 감당하면서, '정치적 가능성'을 포착하여 대안문명을 구상하고 구현하는 데 힘쓰는 일이 관건적이라 생각한다. 그러기 위해서는 코로나19가 드러내준 역사적 균열의 현장 밑에 있는 심층구조, 곧 인간과 비인간, 생물권 모두를 위기로 몰아가는 (일국적이 아닌 세계적 차원의) 자본주의체제를 깊이 들여다봐야 한다. 팬데믹 사태로 기후생태 위기에 대한 감수성이 한껏 민감해진지금이야말로 현존 자본주의체제와 성장주의의 한계에 대해서 더 적극적으로 사유하고 개입하기 좋은 때이다. 재난과 위기를 자본주의와 연결시켜 구조적으로 사고하지 않는다면 변혁의 가능성을 적극적으로 끌어낼 수 없다.

이 큰 과제를 염두에 두되 이 글에서는 필자가 감당할만하고 또 감당해야 할 과제인 동아시아론의 자체 점검에 집중해볼 셈이다. 이 일은 30년 전부터 필자 등이 주창해 그간 국내외에서 어느 정도 반향도 얻은 (동아시아론의 한 갈래인) '비판적 지역주의' 또는 '동아시아 대안체제론'을[1] (윤여일, 2016: 143-148) 변화한 지금의 상황에서 검토하고 (필요하면) 갱신하려는 의도를 바탕에 깔되, 직접적 효과로는 '메가아시아'라는 프로젝트의 문제의식과의 생산적 대화를 염두에 두고 진행할 것이다.

돌이켜보면, 동아시아 담론이 번성하던 시기는 20세기를 마무리하고 새로운 한 세기를 맞이하던 세기의 교차기로서 탈냉전의 세계사적 변화 속에서 국민국가 간 경계의 유연성이 드러나고 일국 단위를 넘어 지역적으로 사고하면서 새로운 지역질서와 문명을 전망하던 낙관적 기간이었다. 그때의 시대적 분위기와 달리 지금은 미중 갈등으로 이른바 '신냉전'이 거론되면서 국민국가 간의 갈등이 다시 위세를 보이는 엄중한 국면에 직면해 있다. 게다가 냉전의 기억을 되살리려는 분위기가 코로나 팬데믹 재난과 상승작용해 국민국가의 경계는 다시 경직되었고, 동아시아인 상호간의 혐오감정도 더욱더 심각해지는 추세이다. 심지어 러시아의 우크라이나 침공으로 구미와 러시아의 긴장이 높아진 상황에서 '냉전이 아직 끝나지 않았다'는 주장까지 나오고 있는 암울한 판국이다.

누구나 알고 있듯이, '신냉전'적 정세와 팬데믹 재난은 어느 한 나라도 벗어날 수 없는 초국가적인 현상이다. 그럴수록 그에 대한 대응을 위해 국경횡단적 사유와 실천이 더 한층 긴요해질 것은 두말할 필요도 없다. 그렇다 하더라도 초국가적 과제가 동아시아라는 지역을 하나의 단위로 삼는 동아시아 담

1 윤여일은 동아시아론을 네 개 계열, 곧 동아시아 문화정체성론, 동아시아 대안체제론, 동아시아 발전모델론, 동아시아 지역주의론으로 유형화한다. 그 중 필자가 속한 창작과비평 동인의 담론을 동아시아 대안체제론의 주된 흐름으로 규정한다.

론을 여전히 요구하는지를 따져묻지 않을 수 없다.

정세론과 문명론을 겸비한 동아시아 대안체제론은 20세기 초 이래 세계–아시아–한반도라는 삼층적 공간 인식 구조, 달리 말하면 제국주의–지역주의–민족주의의 연관관계를 태생적으로 중시하는 사유와 실천을 말한다. 특히 한국이 중국과 수교한 1990년대 이래 냉전진영 논리가 현저히 약화된 상황에서 동아시아는 삼층적 공간 구조에서 한반도와 세계체제의 매개항으로서의 위치를 부여받았고, 한국에 변혁의 동력을 제공할 것으로 기대되었다. 그런데 중국이 '글로벌 차이나'라 불릴 정도로 그 존재감이 커지면서 날로 격해지는 미중 갈등이 한반도에 내재하는 변화된 상황에서 그 갈등의 틈새를 활용해 변혁의 동력을 찾기 위해서는 세계사적 모순이 응결된 장소, 곧 필자가 강조해온 '핵심현장'들에 더 깊이 착근해 지역성(locality)과 지구성(globality)의 중첩에 한층 더 철저할 필요가 있다. 말하자면 지구지역적(glocal) 시각에 의해 동아시아론을 갱신하는 것이다. 양자의 연결과 긴장을 동시에 내포하려는 뜻에서 잠정적으로 하이픈(–)으로 표현한 '글로컬–동아시아론'을 제안해본다.[2]

핵심현장이란 무엇인가. (곧 뒤에서 상세히 논의될 터인데) 그것은 다양한 흐름이 만나 역동적으로 상호작용하고 미래의 물길을 바꿀 수 있는 소용돌이(vortex), 곧 전략적 요처(要處)이다. 로컬 차원에서 사고하고 실천하여 지구적 차원에까지 파급을 노리는 변혁의 기축이 생성되는 곳이다. 지금의 지구적 위기 국면을 설명하기 위해 각축하고 있는 지정학적 패러다임, 국가주의적 패러다임 및 문명론적 패러다임은 강대국 중심 시각의 소산으로서 제각기 딜레마를 안고 있기에 그 한계를 벗어날 필요가 있다. 필자는 핵심현장이라는 특정 장소와 주민의 삶에 직핍해 그 객관적 조건과 주체 형성 과정에 더 집중하는 '글로컬–동아시아론'을 통해 새로운 인식틀을 치밀하게 정련하는 데 힘쓸

---

2 동아시아 담론을 재구성하려면, 한국의 사상사에 뿌리내리기 작업과 더불어 변화된 정세, 특히 중국의 대국화와 그로 인한 미중 갈등에 대한 중견형 선진국인 한국의 위치에서의 시각조정이 필요하다. 이 과제를 필자 나름으로 감당한 작업이 백영서(2022).

때라고 판단한다. 이에 기반한 (뒤에서 설명될) '지구지역학'(Glocalogy)에 힘입어 로컬 속에서 구미중심적 보편주의를 넘어설 사유와 실천이 융합된 새로운 '길'(道)을 대안으로 더듬어갈 수 있다.[3] 이것은 문명대전환의 싹, 미래사를 선취하는 이론적·실천적 방법론이다.

이 글에서는 미래를 바꿀 수 있는 전략적 요처, 곧 핵심현장의 하나인 한반도에서 그 가능성을 짚어내는 시도에 그칠 것이다. 이를 통해 세계와 아시아를 분석 단위로 삼는 학술작업을 돌아보는 데 의미있는 빛을 비춰주기를 기대한다.

II. 메가아시아에서 '변혁적 지구지역주의'로

1990년대 초 이래 탈냉전적 정세의 도래와 지구화의 영향 속에 국민국가 단위의 분석 시각을 넘어서려는 다양한 지적 작업이 지속적으로 확산된 결과, 경계—특히 국민국가 간 경계—를 상대화하는 지적 조류가 적어도 지식인 사회에서는 가히 주류라 할 정도로 범용화되었다. 그런 추세를 반영한 학술계 프로젝트의 하나가 '글로벌 아시아' 개념의 대두이지 싶다.

1. '글로벌 아시아', 메가아시아, 그리고 지구인문학

인터넷에서 검색해보면 글로벌'이란 관형사를 단 각종 명칭들이 국내외 대학

3 필자는 이전에 '소통적 보편성'을 제기한 적이 있다. 소통을 가능케 하는 보편적 요소가 개체 안에 있고 그래서 개체 간의 소통 과정에서 생기는 공감과 상상력의 탄력에 힘입어 보편성을 확보할 수 있음을 강조한 것이다. 그런데 어떤 수식어를 붙여 재구성하려 들더라도 보편성이라는 용어를 쓰는 한 구미식 사유 틀에서 벗어날 수 없다면 발상을 전환해 우리에게 익숙한 '도' 개념을 새롭게 활성화하는 것은 어떨까도 생각해본다. 이는 근원적 진리 곧 우리가 끊임없이 물으며 걸어가야 할 길이다. 인간이 멋대로 만드는 도로나 통로도 아니지만 동시에 '길을 닦는' 인간의 실천과 별도로 존재하지 않는, 사유와 실천이 융합된 '길'(道)을 말한다.

가에서 유행이다시피 한데, 그 중 하나가 '글로벌 아시아'이다. 대체로 학위 프로그램의 명칭으로, 아니면 연구 프로젝트나 기관의 이름으로 많이 쓰인다.

예를 하나 들어보자. European Association of Development Research and Training Institute의 "Global Asia" Working Group이 있다. 이 그룹의 목표는 "아시아 중심적이자 지구적 관점"에서 다분과학문적(interdisciplinary) 방식으로 아시아에서 진행되는 발전 과정을 탐구하는 것은 목적으로 한다. 아시아의 부흥이 21세기의 가장 주목할 양상이고, 특히 중국과 인도의 두드러진 경제성장이 지구적 차원에서 권력관계를 바꾸고 있기 때문이다.[4]

이처럼 현재 존재하거나 개발 중인 '글로벌 아시아' 학위 프로그램이나 연구 프로젝트들은 아시아의 '등장', 혹은 성장이 이루어진 냉전 말기, 특히 1980년대를 전후해서 21세기에 이르기까지의 신흥경제대국에 초점을 맞추는 경향이 있다. 한 연구보고서는 이 용어가 가지고 있는 세 가지 한계점을 다음과 같이 지적한다. 첫째는 고대와 근현대 사이의 간격, 곧 아시아 고전문명과 아시아 근현대 사이에 끼어 있는 긴 시기에 대한 관심이 결여된 문제점이다. 그러다보니 대부분의 '글로벌 아시아' 연구 프로젝트들이 근현대사, 혹은 사회과학 영역 등에 집중되기 마련이다. 둘째로 '글로벌 아시아'는 탈서구중심적 관점을 강조하면서도 제국주의적 사고에서 아직 벗어나고 있지 못하고 있는 한계이다. 그들의 관심 영역이 중국과 인도 같은 아시아 대국에 집중하거나 혹은 이들 지역의 영향력을 과대평가하면서 20세기 후반에 새로 등장한 소규모 민족/국민국가들을 여전히 소외시키는 경향이 있는 데서 노출된다. 셋째, 그들이 지향하는 지구화가 무엇인지, 달리 말해 서구화나 근대화와 어떻게 다른지, 그리고 그들의 아시아가 포용하는 범위가 어디까지인지가 불명료하다(서강대학교 동아연구소, 2021).

겉보기에 '글로벌 아시아'와 유사한 프로그램이 (메가아시아사업단의) '메가아시아' 개념이지 싶다. 지구적 시야에서 아시아 전체를 대상으로 삼고 탈냉

4 https://www.eadi.org/(검색일: 2022. 4. 5)

전 이후를 중시하는 프로젝트란 점에서 그렇다. 그런데 찬찬히 대조하면, 시야를 전 아시아(곧 유라시아)로 확장할 뿐만 아니라 시간대도 전통시대까지 넓게 잡고, 새로운 인문·사회적 연구를 중시한다는 점에서 차별성이 드러난다. 뿐만 아니라 그 방법·시각·비전에서 야심적인 지향을 발견할 수 있다.

'메가'라는 관형사가 뜻하는 바 '크다'의 범위는 아시아 '전체'를 하나의 단위로 설정하고, 아시아 안에 존재하는 다양한 지역들(regions)이 지구적 및 지역적 동학을 통해 상호연결됨으로써 구성하는 거대한 상호작용의 다층적 네트워크를 포착하는 분석적 도구이기를, 또한 미-중 경쟁이란 강대국(곧 제국) 관계가 규정하는 한계를 넘어 "간지역주의, 초지역주의, 소지역주의 그리고 중간국 연대와 같은" 아시아인의 주체적인 미래를 담아낼 전략적 개념이기를 지향한다(신범식, 2021; 윤종석 외, 2021). 이같은 전략적·학술적 차원의 문제의식은 러시아의 우크라이나 침공을 계기로 유라시아 대륙세력과 태평양 해양세력 사이에 끼여 있는 한국에서도 유라시아 지역에 대한 관심이 높아지고 있기에 그 의미가 전보다 더 돋보인다.

이러한 지향은 필자가 제안한 지구지역학의 취지와 일정 부분 일치한다. 곧이어 상세히 설명되겠지만, 무엇보다 지구주의와 지역주의의 상호작용을 중시하고, 학술적이자 전략적 관심을 아우르는 문제의식을 공유하고 있다는 것이다. 그런데 필자의 구상과 대조해볼 때, 여러 지역들로 구성된 아시아 전체를 하나로 연결하는 근거로 드는 (사람·물자·이념의) 이동과 흐름이 조성한 다층적 네트워크의 기본 추동력이 세계자본주의체제의 중층적 공간에서의 작동 양상이라는 누구나 실감하는 명확한 사실, 그리고 그로부터 생성된 구조적인 위계질서(와 역사적인 폭력의 존재)를 간과한 점이 먼저 눈에 띈다. 아울러 그 '이동과 흐름'이 늘 고른 것이 아니라 때로는 분수처럼 밑으로부터 솟구쳐올라 방향을 바꾸거나 멈추면 형태를 바꿀 수도 사라질 수도 있을 뿐만 아니라, 마치 소용돌이처럼 다양한 흐름이 만나 역동적으로 상호작용하고 미래를 바꿀 수 있는 전략적 요처의 존재에 주목하지 않는다(이에 대해서는 아래 '핵심현장' 서술 부분에서 좀더 깊이 논의될 것이다.). 그러다보니 그 요처에서의 주체 형성—국가 차원이든, 다양한 '비국가적인 주체들' 차원이든—과 국가 변혁의 상호작용에 대한 관심이 별로 드러나지 않는다. 필자가 그 핵심현장의 사례로 한반도에 특히 주의를 기울이는 것과 사뭇 대조적이다.[5] 이 차이는 연구자가 처한 장소의 실감에 기반한 자연스러운 문제의식의 강도(또는 절실성) 차이에서 빚어진 것이지 싶다.

한편 '글로벌 아시아' 그리고 '메가아시아'보다 시공간을 한층 더 넓힌 시도인 '지구인문학'이 국내 일각의 인문학자에 의해 갓 제기되었다.

그것은 인간과 국가 중심의 근대 인문학의 한계를 뛰어넘어 지구를 하나의 공동체로 인식하고, 인간–비인간 종 모두를 '지구공동체'의 구성원으로 간주하여 인문학의 대상으로 삼는 학문분야를 추구한다. 오늘날 인류가 직면하고 있는 팬데믹을 극복하기 위해서는 '지구적 전환'이 필요하고, 지구적 연대, 즉 지구공치(地球共治, Global Governance)가 요청되는 데 지구인문학이 이러한 시대적 요청에 부응한다는 것이다.

아직 이론적으로 체계화되지 않았고, 학술체제 안에서 제도적 틀도 갖추지 못한 선언적 구상이지만, 자연과 인간의 분리라는 근대적 인식 체계를 넘어설 사상적 자원을 동아시아 역사, 특히 한국의 동학이나 원불교 같은 민족종교에서 찾는 문명론 차원의 발상은 귀기울일만하다. 거기에 천인합일이나 천인상생과 같은, 지구와 인간의 상호 이익을 증진시키는 관념이 풍부하기 때문에 지구인문학적 요소로 간주된다(조성환 외, 2020: 101, 102, 114).

그러나 '지구인문학'에서 말하는 인문학이 아직은 좁은 의미의 분과학문(주로 종교학과 철학)으로서의 인문학에 한정된 느낌이다. 그러다보니 자본주의 세계체제에 대한 인식이 불철저하고, 동아시아에서 제국주의와 (탈)냉전이 조

---

5 물론 국가에 대한 관심이 없다는 뜻은 아니다. 국가정책 차원의 관심, 예컨대 한국정부의 유라시아 이니시어티브 또는 한반도형 실크로드 전략의 정립이 메가아시아의 목표가 될 수도 있다. 더 적극적으로 강대국 사이에 낀 '중간국'의 외교전략을 연구해 한국에 주는 정책적 함의를 찾기도 한다(신범식 엮음, 2022).

성한 지구지역사적 상황 속에서 서로 긴밀히 연결된 경험세계에서 사상자원을 발굴·정련하는 일에 상대적으로 소홀하다.

최근의 이러한 학계 동향을 염두에 두면서 필자는 지구지역학을 적극 주창하고 싶다.

2. Trans-locality와 변혁적 지구지역주의(glocalism)

지구지역주의(glocalism)에 입각해 수행하는 학문이—우리 말로 잠정적으로 '지구지역학'으로 옮길 수밖에 없는— 글로컬로지(Glocalogy)이다.[6] 그 핵심은 지방적인 것(the local)과 지역적인 것(the regional)과 지구적인 것(the global)이 얽힌 중층적 공간을 하나의 차원에서 결합해 분석하는 학문이다. 하나의 시각이자 방법인 동시에 연구영역을 규정하는 것이다. 뿐만 아니라 특정 지역의 현상을 사후적으로 설명하거나 해석하는 도구이면서 동시에 변화하는 지역 질서에 개입하여 어떤 가치나 질서를 구현하기 위해 의도적으로 사용하는 일종의 전략이기도 하다.

그런데 글로벌화와 로컬화를 동시적이며 상호 관련된 현상으로 파악하려고 하지만, 양자를 단순히 혼합한 의미라면 현상을 설명하는 분석력도 변혁을 이끄는 전략으로서의 추동력도 제대로 발휘하지 못할 수 있다. 여기에서 trans-locality와 대조를 해보려 한다. 이 작업이 지구지역학 개념을 가다듬는 데 생산적 시사를 줄 것으로 기대된다.

우선 trans-locality와 glocality(또는 지구지역주의)가 서로 같은 점부터 살펴보자. 첫째 국민국가라는 분석 단위를 극복하려는 시도이다. 근대학문의

6 같은 한자권인 중국과 대만에서는 글로컬리즘을 '全球本土化' 또는 '全球在地化'라 번역하고, 일본에서는 영어 발음 그대로 표기한다. 글로컬을 우리말로 옮기면 '지구지역화' 정도가 될 듯하니, '지구지역학'으로 옮겼다. 이와 달리 세방화(世邦化)라고 옮긴 사례로 있다. 예를 들면, 최갑수(2009)는 19-20세기 혁명이라는 근대성의 형식을 선유하여 세방화하는 전략에 주목하고, '세방화의 혁명학'을 제기한다. 백영서(2014: 제1장과 8장)에서 '지구지역학'을 제기하면서 한국학과 중국학을 재구성하자고 제안한 바 있다.

주요한 공간구성의 단위이던 내셔널(국가) 공간은 이제 글로벌 공간, 로컬 공간 등과 함께 다원적이고 중층적인 공간을 구성하는 하나의 요소로 상대화된다. 둘째 '비국가적인 주체들'(non-state actors)의 중시이다. 비국가적인 주체들에 의한 국가를 '횡단·초월·변형하는'(trans, 곧 across or beyond의 뜻) 역할과 방식에 주목한다. 이는 '아래로부터의 글로벌화'에 부합하는 발상이다. 셋째, 비국가적 행위자들 간 연대의 공간이다. 이같은 연대는 로컬이란 장소에 기반한 가치를 보존하거나 기존의 공간질서를 재편하기 위한 저항전략으로 매우 유용하다(이상봉, 2014: 53, 65, 67).

그렇다면 다른 점은 무엇인가. 첫째, 비국가적 주체를 강조한다 해서 국민국가의 역할을 간과하거나 반국가로 기울어지지 않고 국가의 개조(변혁)에 중점을 둔다. 국민국가의 해방과 억압의 이중적 기능을 고려하면서 국가 자체에 정치적으로 개입하는 민주적 집단의 주체성과 연대의 기제를 새롭게 구상한다. 둘째, trans-locality가 경계나 공간 구성에 대한 다원론적 사고방식을 강조한 나머지 그 중층적 공간 구조의 위계질서를 간과하기 쉬운 위험을 넘어서려고 한다. 그래서 세계 자본주의체제 내의 위계질서의 생성과 역사적인 폭력을 직시하는 것이다. 세째, 여러 로컬들 사이에서 개인들과 (소)집단들 사이의 만남이 초래하는 간섭·침투·변형이 지속적 관계를 보이며 반복적 운동으로 표출되지 않으면 변혁 전략으로서의 의미를 갖기 어렵다는 점을 강조한다.

이처럼 trans-locality와 같으면서도 다른 점이 있는 지구지역주의의 특성을 좀더 명료하게 부각하기 위해 '변혁적 지구지역주의'라고 지칭할 수 있다. '변혁적'인 이유는, 지구적 규모의 자본이 조성한 글로컬리즘에 그치지 않고, 세계적 자본주의체제가 중층적 공간에서 작동하는 양상이 조성한 구조적인 위계질서(와 역사적인 폭력의 존재)를 지역적 내지 세계적 차원에서 변혁하는 동력인 로컬 또는 일국 차원에서의 전략을 중시하기 때문이다.[7] 이 특성을 한

7 여기서 말하는 변혁(transformation)이란 특정 모델로 가는 직선적 진화 과정(곧 이행 transition)이 아니라 새롭고 알려지지 않는 무엇인가로 가는 변화이다. 성공과 실패, 개량(또는 개혁)

층 더 구체적이면서도 집중적으로 체현한 것이 필자가 제기한 '핵심현장'이다.

3. 핵심현장

필자는 지금까지 핵심현장을 동아시아 근현대사에서 식민과 냉전의 중첩된 영향 아래 공간적으로 크게 분열되어 갈등이 응축된 장소로 규정해왔다. 중화제국-일본제국-미제국으로 이어지는 중심축의 이동에 의해 위계지어진 동아시아 질서 속에 위치한 그 장소들이 서로 연동되어 악순환하고 있으므로 그것을 해결해갈수록 평화의 동아시아를 위한 선순환의 촉매로서의 파급력은 그만큼 더 커질 것이다. 물론 우리가 살고 있는 삶의 현장 어디나 핵심현장이 될 수 있다. 단, 그곳이 시공간의 모순과 갈등이 응축된 사실을 제대로 인식하고 그 극복의 실천자세를 견지할 때 비로소 핵심현장으로 발견되는 것이다. 요컨대 핵심현장은 동아시아 근현대사의 시공간의 모순과 갈등이 연동되면서 응축된 곳, 달리 말하면 세계체제의 약한 고리이고, 그곳에서의 주체의 형성과 연대를 의미한다. 전자는 객관적 조건을, 후자는 주체 형성을 가리킨다(백영서, 2013).

핵심현장은 특정한 장소(topos)에 뿌리내린, 토지의 기억과 결합된 자원이되 그 장소를 훌쩍 벗어나 비장소(atopos)도 함축하고 있다. 이는 지리적 범위이면서도 그 범위를 넘어 "자기가 발 딛고 사는 땅에 새겨진 상처와 기억을 타인과 더불어 공감/공고(共感/共苦)할 수 있는 장"을 열고자 하는 것이다(김항, 2015: 552).

이는 테사 모리스-스즈키(Tessa Morris-Suzuki)가 제기한 '액체화된 지역연구'와도 통한다(Tessa Morris-Suzuki, 2019). 그에게 지역이란 고정된 (특히 국민국가적) 경계 안에 한정된 것이 아니라, 분수(fountain)처럼 끊임없는 행동

과 혁명, 운동과 제도의 이분법을 넘어서는 '정치적 가능성'을 가리킨다. 이 발상은 백영서 엮음(2019), 특히 「책을 펴내며」에 압축되어 있다. 이 발상은 이미 백년 전 구상되고 실천되어 면면히 유지된 개벽, 곧 개혁과 혁명이 아니라 세상과 나라를 크게 바꾸는 변혁의 흐름과 통한다.

과 운동에 의해서만 형태를 가진다. 또한 단순한 흐름이 아니라 분수처럼 운동이 방향을 바꾸거나 멈추면 근본적으로 형태를 바꿀 수도 있고 사라질 수도 있다. 이와 함께 그가 착안한 소용돌이는 다양한 흐름이 만나 역동적으로 상호작용하고 미래를 바꿀 수 있는 전략적 요처다. 이것이야말로 핵심현장이 역사와 현실 속에서 작동하는 양태를 적절히 짚어낸 것이 아닐 수 없다.

이 점을 더 풍성하게 살리려면, 앞으로 핵심현장은 동아시아 차원에 한정하지 않고 시·공간 범위를 넓혀 적용하면서, '이중적 주변'의 시각과 더욱 더 유기적으로 결합할 필요가 있다. 이중적 주변의 시각이란 서구 중심의 세계사 전개에서 비주체화의 길을 강요당한 동아시아 같은 지역이라는 주변의 눈과 그 지역 내부의 위계질서에서 억눌린 주변의 눈을 아우르는 겹눈을 가리킨다. 중심-주변 관계에 대한 인식이자 그 극복을 위한 실천을 동시에 의미한다(백영서, 2013: 28-33).

그런데 '이중의 주변'의 '주변'은 단순히 물리적·지리적 공간만을 의미하지 않는다. 이중의 주변은 '주변화'와 '소수자화'라는 비장소적 현상과 접속함으로써 새로워질 수 있다. 아시아를 관통하는 식민주의·냉전·탈냉전 시기의 자본주의 질서 속에서 그 주변부로 밀려난 공간과 주체가 세계체제 속에서 차지하는 위치를 꿰뚫어보는 동시에, 서구화된 학문 체계 속에서 주변화된 여러 지역의 토착적 관점을 의미하는 쪽으로 좀더 확장될 수 있다. 이 주체의 형성을 정동(affect)의 시각에서 조명하면서, 운동에서의 성찰과 연대의 관계로 관심을 넓힌다면 핵심현장을 좀더 정교하게 다듬을 수 있을 터이다. 이 관점에서 보면, 핵심현장은 곧 '성찰의 현장'이고, 성찰이 이끄는 연대는 정동적 행동으로 활기를 띤다(이에 대한 좀더 깊은 논의는 백영서, 2022: 제2부 참조).

핵심현장에서 구상되는 지구지역학을 통해 한편으로 구미 중심의 보편주의를 비판하고, 다른 한편으로 개별 지방/지역의 개체성을 중시하면서도 특수성에 매몰되지 않고 보편적 호소력을 갖는 학문의 길을 추구할 수 있으리라 기대된다. 사실 국가를 넘어 지방-지역-지구 층위의 복합을 분석 단위로 삼는 지구지역적 시각은 최근 국내외에서 지구사(global history)적 시각의 한 양상으로서 자못 관심이 높다. 그런데 그것이 핵심현장과 결합되지 않을 때 그 객관적 조건을 분석해내는 성과를 올리는 데 머물기 쉽다. 주체 형성에까지 착목하여 세계자본주의체제의 중층적 공간에서 작동하는 구조적 위계질서를 바꾸는 '변혁적 지구지역주의'로 전환되기를 기대하기 힘들다는 뜻이다.

핵심현장이라는 구체성 속에서 구미중심의 보편성을 넘어설 대안적 길을 찾아나서는 필자의 지금까지의 논의가 어쩌면 추상적인 차원의 가능성과 전략으로 들릴지도 모른다. 그래서 이하에서는 핵심현장의 하나인 한반도라는 장소에 터한 인식과 실천의 점증적·누적적 성취를 동아시아 질서의 역사 속에서 검증해보고자 한다. 이렇게 시공간을 확대하여 조명함으로써 글로컬 차원에서 파급된 성취인 그 변혁적 의미가 한층 더 또렷해질 터이다.

이 작업을 통해 '변혁적 지구지역주의'에 기반한 학문인 '지구지역학'의 가능성을 전망할 수 있지 않을까 싶다.

III. 한반도라는 핵심현장의 변혁 동력: 네 개 국면의 점증적 성취

동아시아 질서의 역사에 구조적으로 접근하기 위해 네 차례 국면[8], 곧 전환기에 중점을 둬 규명하려고 한다. 이로써 한반도의 위치/역할의 지구지역사적 의미, 달리 말하면 한반도가 각 국면에서 핵심현장다운 조건을 얼마나 갖추었는지가 밝혀지리라 기대한다. 즉 세계사적이자 지역적 모순이 유난히 집중되어 있고(객관적 조건), 그들 모순을 해결하는 주체가 얼마나 현저하게 형성되어 있는지(주체적 조건)가 시기별로 해명될 것이다.

---

8 국면(conjoncture)의 사전적 뜻은 여러가지 상황들이 만나서 생겨난 것으로서, 하나의 변화의 출발점으로 간주된다. 여기서는 브로델이 말하는 장기적 시간지속의 구조사와 단기적 시간의 사건사 사이에 위치한 중기적 시간(또는 주기변동)의 국면사라는 시간대를 가리키는 의미로 사용한다(나종일, 1992: 234-239).

흔히 동아시아 역사세계에는 중국을 중심으로 하는 하나의 국제질서가 있었던 것으로 간주하기 쉽지만, 사실은 중층적인 질서가 존재했다. 필자는 그것을 (대)중심－소중심－주변의 중층적 질서로 파악한다. 그러나 그조차 고정된 것이 아니라 행위주체들—국가는 물론이고 때로는 비국가적 행위주체—에 의해 유동하였다. 그들이 상호작용을 하는 격동의 역사에서 한반도는 소중심으로서의 위치에서 그 질서를 변동시키는 운동체로서 지속적으로 작동했다.

그 과정에서 한국(한반도)의 위치/역할은 매우 중요하다.[9] 비록 중심과 소중심, 달리 말해 중국과 한국이 비대칭적 관계를 맺었지만 그렇다고 해서 대국인 중국이 소국(정확하게는 소중심)인 한국을 자신의 의지대로 일방적으로 강제할 수는 없었다. 이 사실이 한국의 중요성을 보여주는 소극적인 이유이다. 더 적극적인 이유는, 동아시아질서의 전환기마다 한국이 중국을 비롯한 동아시아 질서에 미친 영향에서 찾아볼 수 있다. 이를테면 비대칭의 역설이 작동한 셈이다.

그런데 (대)중심－소중심－주변의 중층적 질서는 19세기 말 세계체제와 접속하면서 중심－반주변－주변의 질서로 재편되었다. 그런데 종래의 대중심인 중국의 종번관념은 사라지지 않고 이념으로서 한층 더 단순해진 채 기억 속에 남아 회복되어야 할 전통으로 종종 이상화되기도 한다(백영서, 2013: 197)

이 새로운 체제에 각국이 편입된 이래 한국은 동아시아질서는 물론이고 이를 매개로 국가간체계(와 그 기반인 세계 자본주의체제)와도 서로 영향을 주고받았다. 지구지역적 시각이 필요한 이유가 여기에서도 확인된다.

이처럼 장기 시간대에서 동아시아 질서가 변동하는 국면에서 한반도가 지속적으로 중요한 의미를 가졌는데, 자체의 역량이 약할 때는 지역 모순의 응축으로 인한 희생자의 위치, 달리 말해 수동적 역할밖에 할 수 없는 처지에

---

9 한반도라는 소중심에 대해 좀더 설명해보자. 역사 속에서 중국 같은 중심에 대해서는 주변이지만 여진/대마 같은 주변에 대해서는 (소)중심이었다. 예를 들면 몽골 침략 이전까지 고려 왕조에서 '해동천자(海東天子)'로 자처한 데서 다원적 천하관(內王外帝)을 엿볼 수 있다. 이것은 Westad가 말하는 바 조선이 중국에 통합되지 않은 요인의 하나인 '복합적 개체성/주체성(compound singularity)과 통한다(Odd Arne Westad, 2021: 163).

반복적으로 놓이고는 했다. 그러나 특히 두 번째 국면 이래 백년의 변혁기에 잘 드러나듯이 일정한 주체적 역량을 갖추고 독자적 역할을 수행해 한반도에서 변혁의 누증적·점진적 성취를 거두면서, 동아시아와 세계 수준에서 파급을 미친 운동을 지속적으로 보여주였다(이는 단기적 차원의 성공과 실패의 이분법을 넘어설 때 제대로 눈에 들어온다.). 특히 네 번째 국면인 탈냉전기에서 한반도가 독자적 역할을 수행할 수 있는 공간이 한층 더 확대되었다.

이제부터는 동아시아 정세 변화에 한반도가 작동한 네 국면으로 직접 들어가, 핵심현장의 객관적 조건과 주체 형성의 양상을 섬세하게 살펴보겠다.

1. 첫 번째 국면: 임진왜란 · 정유재란 그리고 정묘호란 · 병자호란

7년전쟁인 임진왜란·정유재란(1592–98) 직전 (대)중심인 명조가 군사적·경제적 역량을 크게 잃어가면서 책봉–조공질서의 모순이 드러나 동아시아 질서에서 '힘의 공백 상태'라 부를 만한 지경에 처했다(김한규, 2007: 287). 오랜 국내 분열을 끝낸 일본이 이 틈새를 타고 한반도, 중국, 인도를 차례로 점령해 '중심'으로 진입하고자 전쟁을 일으켰다. 비록 그 시도는 실패했지만, 오래 동아시아를 지배해온 안정된 질서를 뒤집고, (대)중심–소중심–주변 구조의 유동화를 초래했다. (후)금(북방 유목민족)이 떠올랐고, 급기야 명청 교체가 이뤄졌다. 중심의 주체가 바뀐 것이다.

먼저 일본이 일으킨 두 차례 전쟁이 동아시아질서에 미친 영향을 보자.

일본의 조선 침략은 만주 여진족의 굴기에 우연적이지만 깊은 파급을 미쳤다. 명과 조선의 세력을 약화시켰고, 그 결과 후금의 대두를 촉진했다. 명조는 요동의 정예부대를 조선 지원 전쟁에 파견했기에 동북 변경에서 일어나는 권력 내부의 변화를 챙겨볼 여유 없었다. 뿐만 아니라 큰 재정 부담(과 그 해결 위한 개혁이 초래한 민의 반발)도 정권의 안정을 크게 해쳤다. 한편 동아시아 질서의 유동을 틈타 일본의 도요토미 히데요시는 무위(武威)를 근거로 스스로 '중화'로 자처하는 동아시아세계 구상, 곧 명 정복 후 천황과 관백(關伯)을 베이징에 이동시켜 천하를 경영하는 '일본형 화이질서'를 구상했으나, 7년전쟁의 결과 좌절되고 말았다(한명기, 2020: 126; 堀新, 2010: 160–161). 그러나 이 '굴절된 의식'은 이후 260여 년 간의 에도(江戶)막부(德川幕府) 시대에도 잠복했다가, 훗날 청일전쟁과 러일전쟁을 통해 분출하였다.

이어서 후금과 그 후신인 청이 두 차례에 걸쳐 조선을 공격한 사건의 영향을 살펴보겠다.

1616년 여러 여진 세력을 통합한 누르하치에 의해 건국된 후금(Aisin Gurun, 金國, 後金)의 2대 칸(汗) 홍타이지는 1636년 11월, 황제로 칭하고 대청국(Daicing Gurun)을 세웠다. 그가 조선을 침략하고 몽골을 정복한 것은 중원의 양변을 차지한 뒤 최종적으로 명을 무너뜨리려는 전략에서였다.[10] 그로써 다원적 제국의 군사적·정치적 기초뿐만 아니라 다원일통의 이념인 (중원황제로 자처하는) 칭제(稱帝)의 정당성을 확보하려고 조선에 대한 친정과 총력전을 마다하지 않았다(구범진, 2019). 이에 조선이 굴복했다. 임진왜란으로 시작된 동아시아 질서 변동의 첫 번째 국면은 이로써 일단락되었다. 그 결과 이백년 여의 오랜 기간 지속될 지역권력 구도의 기반이 다져졌다.

다시 조선으로 초점을 옮기면, 조선에게 임진왜란과 병자호란은 분리된 사건이라기보다 동아시아 질서 변동의 연쇄적인 인과관계 속에서 서로 밀접하게 연결되어 있었다. 그런데 이 질서의 변동기에 조선은 독자적인 질서를 이끌 역할을 하지 못한 채 두 차례의 침략을 당해 주민들이 크나큰 희생을 치렀다.

먼저 일본의 침공이 미친 피해부터 들여다보자. 그 실상은 희생당한 조선인의 귀무덤[耳鼻塚]이 상징적으로 보여준다.[11]

그밖에 국경횡단적 강제이주도 눈여겨볼 필요가 있다. 전국시대 이후 일본사회에는 전쟁터에서 '사람사냥 전쟁'이 극히 일반적으로 이뤄졌다. 임진왜

---

10 홍타이지는 일찍이 "베이징을 취하는 것은 큰 나무를 베는 것 같아서 먼저 양변을 도끼로 패면 큰 나무가 스스로 넘어간다"라고 말했다(쑹녠선, 2020: 87).

11 현재도 교토에 남아 있는 도요토미 히데요시의 묘 옆에 귀무덤이 있다. 무서운 상대를 만났을 때 "에비!" "에비 온다!"는 우리의 익숙한 속어의 기원이 여기에 있다는 설이 있다.

란과 정유재란 시기에도 예외가 아니었다. (유학자를 포함한) 여러 직종의 남녀노소가 현지에 따라온 일본인 노예상인이나 전리품 챙기는 장교들에 의해 노예로 다수 연행되어 갔다. 북으로는 도후꾸(東北)에서 남으로는 오키나와까지 광범위하게 분산되었고, 그중 일부는 나가사키 등지의 노예시장에서 전매되어 중국·동남아·인도, 심지어 유럽에까지 끌려 갔다. 주로는 규슈 각지에 살며 전쟁터에 간 일본인을 대신해 농사를 지었다. 그중 지금까지 널리 알려진 사례는 도공들인데, 그들은 지금까지 사쓰마 도자기(薩摩燒)를 이어간다(渡邊大門, 2014: 167–219; 요네타니 히토시 米谷均, 2007: 87–89).[12] 강제이주된 사람들 중 6천 여명 정도가 여러 통로로 귀환하기도 했으나, 포로가 된 것은 죄악이라고 간주하는 분위기가 강해 안주하기 힘들었다(米谷均, 2007: 111–112). 일본군이 점령한 지역에서 주민을 회유하고 지역엘리트를 포섭하는 동시에 강압하는 양면 정책을 취했고 일부 지역에서 협력자[附倭] 현상이 나타나기도 했지만(민덕기, 2014), 긴 기간(특히 1차 침략) 전국토를 유린한 전쟁으로 조선인의 삶이 참혹했을 것은 길게 말할 필요도 없다.

청과의 전쟁에서도 조선인의 희생은 가혹했다. 이 사실은 국경횡단적 존재들, 곧 포로로 끌려간 사람들[被擄人]과 환향녀(還鄕女, 贖還女) 문제가 극적으로 예시한다.[13] 병자호란 때 포로로 끌려간 수는 50만 명, 곧 전체 인구의 5%였다. 일부는 청으로부터 탈주해왔으나 그들을 되돌려보내라는 청의 요구는 집요했다. (이른바 주회인(走回人)문제) 이보다 더 참혹한 것은 끌려간 여인들의 처지이다. 특히 여성들은 일본, 그리고 청과의 전쟁으로 인해 일차 가해를 받은 뒤, 남성 중심사회에 의한 이차 가해로부터 이중의 고통을 겪었다.[14] 한반

---

12 특히 도공 심당길의 12대 후손 심수관은 도예를 세계 수준에 올려놓고, 수관도원(壽官陶苑)을 운영한다.

13 명청교체기의 국경횡단적 존재로 한반도에 대규모로 건너온 한인(漢人)들도 실재했다. 조선왕조는 그들 귀화한 한인들을 '황조유민(皇朝遺民)'이라는 특칭으로 부를 정도로 주목했다. 이에 대해서는 우경섭(2012) 참조.

14 임진왜란과 병자호란 이후 조선사회를 통합해 나가는 과정에서 남성은 국가가 입은 피해는

도 국경 안에서 자결해야만 자신의 정절을 증명할 수 있었고, 국경을 넘어갔을 경우 조선과 청 어디에도 속하지 못하는 부정한 존재가 되어버렸다. 일부 되돌아온 여성은 환향녀로 멸시받았던 것이다. 그들의 실체는 역사기록에 잘 드러나지 않았고 오히려 민간에 구전된 이미지로 남아 있다. 정숙하지 못한 여인을 싸잡아 부르는 멸칭 '화냥년'으로 변했다는 설은, 사실 여부를 떠나 어떤 이미지가 유포되었는지를 잘 보여준다.[15]

이러한 동아시아질서의 구조적 변동과 그에 따른 한반도 주민이 겪은 참담한 희생은 핵심현장의 객관적 조건을 상당 정도 충족한다.[16] 그렇다면 주체 형성의 조건은 어떠했는가.

여기서 국경횡단적 존재인 피해자말고 의병의 존재가 부각된다. 특히 일본과의 두 차례의 전쟁에서 그들은 소부대로 활동하면서 일본군의 무기와 식량 보급을 막아 어려움에 빠뜨렸다. 관군과 협력하여 진주성 전투(제1차), 행주산성 전투에서 일본군에 승리할 수 있었다. 그들의 명분은 의(義)였다.[17] 물론 패배해 희생당한 수도 많았다.

물론 자신들이 입은 전란의 상처를 여성의 성(性)과 연결시켜 담론화함으로써 여성억압을 가중시켰다는 견해가 있다. 이에 따르면, 여성을 배제시키는 조선시대 통합은 "반(半)쪽짜리 통합"이다(김지혜. 2015: 287).

15 환향녀라는 말의 뜻은 정숙하지 못한 여인을 싸잡아 부르는 멸칭으로 바뀌었고, 발음도 화냥년으로 변했다. 그들이 회절강(回節江)에서 씻음으로서 용서받았다는 설화는 해방 직후 이광수, 「나의 告白: 弘濟院 沐浴」에서 유래되었다고 한다(이명현, 2020).

16 이주민이나 포로, 조선 안의 동아시아인과 같은 국경횡단적인 주변부 인물들의 교류의 네트워크를 동아시아적 시각에서 중요하게 다룬 관점도 주목할 만하다(김경미, 2013: 175). 이 글에서 분석한 『최척전』에는 임난과 후금의 조선침략을 배경으로 한 최척과 그의 부인 옥영이 조선-중국-일본-베트남을 오가며 겪는 고난이 형상화된다(조위한, 2007에 수록). 그런데 이 작품과 비슷한 이야기가 그보다 앞선 유몽인의 『어우야담』에 실린 "홍도"에도 나오는 것으로 미뤄, 당시 유사한 국경을 넘는 인생유전 고사가 어느 정도 알려져 있던 것으로 보인다(엄태식, 2012).

17 임진전쟁 중에 등장한 의병에서 義는 조선을 넘어선 보편적 유교문명 차원의 가치였다는 견해도 있다(계승범, 2012). 이와 달리 베스타드(Westad)는 의병뿐만 아니라 명분으로서의 의를 포함한 의 자체를 한국역사의 '복합적 개체성/주체성으로 설명한다(Odd Arne Westad, 2021).

그러나 전쟁의 피해자는 물론이고 의병조차 국가의 존재 이유를 온몸으로 따져묻는 역할은 했지만, 국가의 변혁을 가져올 위치에 있지 않았고 그럴 역량도 갖추지 못했다. 따라서 핵심현장이라는 기준에 미치지 못한다.

그렇다고 해서 조선이 청제국 안에 통합되지 않은 까닭이 청이 "늘 상상 속의 '모델 속국'이 필요"해 "조선을 '외부'의 속국으로 두려" 했다(쑹녠선, 2020: 88; Odd Arne Westad, 2021: 61−62)는 외부의 지정학적 요인 때문만은 아니다. 첫 번째 국면에서 조선인이 독자적 정체성을 유지하고 민족을 형성하는 데 지속적으로 영향을 미친 조선 민중의 고난과 끈질긴 회복력 및 민중의식 향상은 마땅히 주목해야 옳다. 또한 위에서 말한 희생자와 의병은 물론이고, 조선 지배층의 잇따른 체제 개혁 시도들—비록 실패를 거듭해 볼만한 성과를 올리지는 못하고 정조 이후 노론의 장기 집권으로 적폐를 만들기도 했지만—과 실학 같은 사상적 혁신도 시야에 넣어야 한다.

정리하자면, 첫번째 국면에 삼층구조의 공간적 모순이 집중된 국제전 형태로 전개되었고, 한반도가 질서변동에 중심에 있기에 핵심현장의 객관적 조건은 일정 정도 갖추었으나, 주체 형성이란 조건은 미흡했다. 따라서 엄밀한 의미에서 핵심현장에 부합하지 않는다. 그러나 다시 한번 강조하거니와 조선 민중의 고난과 끈질긴 회복력 및 민중의식의 향상은 (단기적 시간대에서의 성공과 실패의 이분법을 넘어서) 핵심현장을 성립시키는 중요한 자산으로 누적되었다.

2. 두 번째 국면: 청일전쟁, 러일전쟁 및 한국의 식민지화

이제까지 동아시아 질서 변동은 기본적으로 중국 대륙의 한족과 북방 유목민족의 대립, 곧 대중심의 지위를 둘러싼 경쟁의 구도였다. 이와 달리, 두 번째 국면인 19세기와 20세기 교차기에 들어와서는 대륙세력과 해양세력이 각축하는 구도로 바뀌었다. 대륙세력에 청만이 아니라 새로운 북방세력으로 남하하는 러시아가 가세했고, 해양세력에 유럽세력말고도 미국·일본 등 태평양세력도 뒤늦게 가담하는 양상으로 변했다. 그러한 변화의 시발점이 바로 조선의 주도권을 둘러싼 청일전쟁이었고, 러일전쟁을 거쳐 조선의 식민지화로 일단 마무리지어졌다.

세계사적 차원에서 보면, 미국과 일본이라는 신흥 태평양 세력들의 부상을 알리는 세계사적 사건인 청일전쟁은 새로운 지역 헤게모니의 부상을 의미하는데, 이 구도는 20세기 후반 냉전체제까지 이어진다. 청일전쟁과 러일전쟁 모두 자본주의 세계체제에서의 중심－반주변－주변의 구도에 각국이 편입하는 과정에서 응축된 모순이 분출된 사건이었고, 조선의 지배권이 그 국제전의 핵심 요인이었다. 핵심현장의 객관적 조건이 충분함을 말한다.

청일전쟁은 패전국인 중국과 조선에 복합적 반응을 불러일으켰는데, 주로 양국에서 체제 개혁운동을 촉발하였다. 즉 중국에서는 1898년의 무술변법운동의 전개와 그 좌절을 거쳐, 청조의 '신정(新政)개혁'과 혁명운동으로 이어졌다. 조선에서는 급진개혁파와 온건개혁파가 각각 개혁운동을, 농민 등이 동학운동을 추진했고, 1897년 10월 대한제국을 선포해 근대적 주권국가임임을 천명하였다. 그러나 청일전쟁의 도화선이 된 근본문제인 조선반도를 누가 차지하나는 쟁점은 해결되지 않았기에 러일전쟁으로 확대되었고, 그 결과 일본이 승리하였다.

청일전쟁에서 러일전쟁으로 이어진 정세는 동아시아 3국의 근대사 분기를 완결지었다. 일본은 반주변부에서 핵심부(후발 제국주의)로 상승하였고, 중국은 '몰락하는 제국'에서 '국민국가의 옷을 걸친 제국'으로 전환하는 내부변혁이 일어났다. 조선은 1905년 일본의 보호국이 되었다가, 급기야 1910년 일본제국의 식민지로 전락하였다.

그 과정에서 한반도가 또다시 격전장이 되어 막대한 인적·물적 희생을 치렀을 것은 두말할 필요도 없다.

먼저 청일전쟁 직전의 한일전쟁이라 할만한 일본군의 동학농민군에 대한 탄압은 조선을 식민지로 삼은 이후의 탄압의 처참한 전조였음을 간과해서는 안된다. 이 국면에서 치른 최대 손실은 무엇보다 국가의 자주권을 잃고 식민지가 되었다는 것이다.

한반도 주민이 치른 희생의 또다른 양상을 국경횡단적 존재인 재만한인의 형성이 잘 보여준다. 조선인들의 만주 (재)등장은 19세기 중엽부터 두만강을 건너 몰래 정착한[越江潛入] 형태로 나타났지만, 1905년 이후 국내 의병들과 그 가족들의 만주 이주가 본격적으로 시작되었고, 간도협약(1909)과 한일강제병합 이후 간도 지역으로의 조선인 이주가 급증하였다. 1910년 10만 명 남짓에서 1919년에 30만 명 가까이로 세 배나 증가하였다(쑹녠선, 2022: 324). 이것이 중국 조선족의 기원인 셈이다. 초기 이주민들과 달리 그들 중 대부분은 자연재해가 아닌 정치적 박해, 곧 식민당국의 대리기관인 동양척식주식회사에 농지를 빼앗겨 이주할 수밖에 없었다. 그들 중에는 식민통치에 저항하는 엘리트 망명자들도 포함되었다. 그후 간도는 민족운동의 토대가 되었다.

이러한 한반도를 둘러싼 동아시아질서의 구조적 변화와 그로 인한 조선인의 희생은 핵심현장의 객관적 조건을 충족시킨다. 그렇다면 주체 형성의 양상은 어떠했을까.

여기에서 대한제국 정부의 중립화정책 또는 엘리트—온건개화파든 급진개화파든—의 체제개혁운동이나 애국계몽운동도 주목되나, 내부에서 형성된 변혁 역량으로서는 동학운동이 단연 돋보인다. 조선 왕조의 누적된 병폐의 개혁이 아니라 개벽을 향한 사상적·실천적 돌파를 이룬 까닭이다. 개화와 척사라는 익숙한 이분법을 넘어서는 개벽의 사상적·실천적 흐름은 단순한 왕조교체나 제도적 변혁을 지향한 혁명이라기보다 자기 수양을 바탕으로 사회변혁을 추구한 밑으로부터의 문명전환운동이었다고 할 수 있다.

그밖에 러일전쟁에서 승리한 일본이 조선을 1905년 보호국으로 만든 이후 일어난 의병도 중요한 변혁 역량이다. '의(義)'라는 기치 아래 뭉쳤는데, 성리학적 의리론(유생층), 동포와 국가에 대한 충성(군인층), 나라와 백성에 대한 의리(농민층), 활빈당이나 동학의 계승 등 서로 다른 목적을 가지고 의를 서마다 바꿔 활용했다(김헌주, 2022). 다양한 세력이 합세한 의병은 1909년 하반기 일본의 '남한대토벌 작전'으로 타격 받아 만주 등지로 이전하여 독립군으로 전환하였다. 여기에서 '의병'의 역할 등을 중시한 베스타드(Westad)가 한국을

'의로운 나라'(Righteous Nation)라고 평가한 것을 음미해볼 만하다(Odd Arne Westad, 2021).

물론 이들의 주체 역량이 (동학운동이 그렇듯이) 당시 즉각 국가 변혁을 성공시키지 못했고 자주권을 지키는 데도 실패했다. 이 점에만 시야를 가둔다면 한반도의 주도권을 둘러싸고 벌어진 청일전쟁과 러일전쟁이 완결시킨 동아시아 3국 근대사의 분기는, 흔히 말하듯이 반주변부에서 핵심부로 상승한 일본은 근대의 '우등생', 중국은 '절반 열등생', 조선은 '열등생'이었을지도 모른다. 그러나 성공과 실패의 이분법을 넘어서야 한다. 단기적 결과를 두고 평가하는 시각을 넘어서, 백년의 변혁의 시각에서 근대의 중층적 의미를 재조명해야 한다는 뜻이다(백영서 엮음, 2019).

이 시각에서 다시 본다면, 일본이 한국을 식민화해서 과연 무엇을 얻었는가를 묻게 된다. 커밍스(B. Cumings)의 비유처럼 "일본은 불을 향해 달려드는 나방처럼 재앙으로 이끌려갔다."(브루스 커밍스, 2019: 86). 1945년의 패전으로 이어지는 과정이 바로 그렇지 않은가. 한반도가 지구지역적 차원에서 미친 파급을 되새겨보게 하는 대목이다.

그리고 첫번째 국면에서와 마찬가지로 조선 민중의 고난과 끈질긴 회복력 및 민중의식의 향상은 단기 시간대에서의 실패를 넘어 변혁의 동력을 제공했다. 특히 1919년 3·1운동으로 민의 결집이 일어났고, 그에 고무되어 상해 임시정부가 '민주공화'를 표방할 수 있었다. 일본제국에 의해 식민지로 전락한 지 9년째인 1919년 한반도에서 전국적으로 일어난 평화적인 독립운동인 3·1운동은 우여곡절을 겪으면서 점증적·누적적 성과를 보인 '백년의 변혁'의 서곡이었다(물론 조금 더 올라가면 동학농민혁명이 시발이라 할 수 있겠다.).

지난 100년의 한국 역사를 다시 볼 때 "점증적이고 누적적인 성취"(incremental achievement)의 변혁 과정이라는 큰 흐름이 확연해진다. 그 100년의 과정은 물론 단선적인 발전이 아니라 때로는 심각한 중단이나 퇴보도 겪는 굴곡의 역사였다.

이러한 역사의 역동성은 동아시아질서의 세 번째 전환의 국면인 한국전쟁에서 더 극적으로 드러난다.

3. 세 번째 국면: 한국전쟁

세 번째 국면을 촉발한 한국전쟁은 하나의 전쟁이 아니라 서로 다른 네 차원의 전쟁이 중첩된 것이다. 첫째 일국 차원의 내전, 즉 식민지에서 벗어나 국민국가를 수립하려는 좌우 두 노선 간의 전쟁, 둘째 지구적 차원의 내전(또는 냉전), 즉 미국과 소련이라는 두 국제적 세력 간 전지구적 갈등의 일부, 셋째 동아시아 차원의 냉전의 특이성, 곧 미국과 중국 간의 국제분쟁, 넷째 한국 사회 내부 차원에서의 '마을의 전쟁' 즉 좌우 양측의 선제적 폭력으로 가족과 친족의 균열과 갈등("천륜도 인륜도 없었던 때")이라는 네 차원의 전쟁의 복합체이다(권헌익, 2020: 17–20). 이렇듯 중층적 공간의 모순이 응축되어 폭발하면서 새로운 역사 국면을 열었다.

세계사적 차원에서 좀더 깊이 들여다보면, 1차 세계대전을 거치면서 부상한 미국은 달러를 세계무역의 기축통화로 규정한 1944년의 '브레튼 우즈 협정'을 통해 세계경제의 중심으로 자리잡았고, 1950년대와 1960년대에는 명실 공히 '팍스 아메리카나'(Pax Americana)의 기치를 내세울 수 있게 되었다. 여기에서 한국전쟁을 계기로 미국이 군사제국으로 거듭나 군산복합체제를 유지해 번영하면서 세계적 패권을 누렸다는 사실이 무엇보다 주목된다. 그리고 미·중 사이 적대는 한국전쟁을 통해 개시되었으며, 지구적 수준에서 자본주의와 공산주의 사이의 무장 대립 또한 한국전쟁 때부터 첨예화되었다.

또한 동아시아 차원에서 보면, 한국전쟁은 오늘날의 동아시아를 만들었다. 중국을 신민주주의사회 단계에서 사회주의 단계로 급진적으로 치닫게 하고, 일본을 '55년 체제'로 이끄는 요인이 되었다. 이는 샌프란시스코체제를 통해 잘 설명된다.

이 체제는 한국전쟁의 와중인 1951년 9월 8일 연합국과 일본 사이에 체결된 샌프란시스코강화조약에 의해 만들어진 지역질서를 가리킨다. 좀더 넓게 보면, 아시아태평양 지역에서 중국을 비롯한 사회주의권의 영향력 확장을 저지하여 동아시아를 냉전진영으로 분단시켜 안정화하는 것을 목적으로 제2차 세계대전 이후부터 1950년대 중반까지 점진적으로 구축된 안보체제이다. 그 목표인 미국의 동아시아 지배질서의 구축을 위해 조약에 포함된 국가들과 포함되지 않은 국가들간의 관계를 조정하는 체제로서 특히 특정 국가(한반도의 남·북한 정부와 중화인민공화국, 그리고 구소련 등)를 배제하는 방식으로 구축되었음에 주목할 필요가 있다. 식민주의와 전쟁의 결과로 남겨진 이 지역의 갈등 요인들을 적절하게 해결하지 않고 미봉함에 따라 남겨진 분단, 역사문제, 그리고 영유권 갈등 등의 문제들이 아직까지 작동하고 있다. 식민문제가 제대로 청산되지 못한 채 자유진영과 공산진영 간의 냉전분단에 중첩되어 동아시아 분단구조를 온존시킨 탓이다. 이로 인한 대립과 적대가 샌프란시스코체제의 작동에 중요한 동력을 제공해왔다. 특히 1970년대 미중화해로 이 체제가 해체의 위기를 겪으면서도 와해되지 않고 '완화'된 채 지금껏 지속되는 것은 1953년의 한반도 정전협정과 (이로부터 고착된) 분단체제, 그리고 분단체제의 버팀목 중 하나인 한일수교로 형성된 '1965년체제'의 덕이라 하겠다(백영서, 2021: 246-247).

이와 같이 지구적·동아시아적·일국적 차원에서 모순과 갈등이 응결된 채 오늘의 세계를 만든 것이 한국전쟁이기에 핵심현장의 객관적 조건은 충분하다. 게다가 한국전쟁으로 인한 인적 피해의 처참함도 이루말할 수 없다.

1871년에서 1965년까지의 세계 중요 전쟁 중 한국전쟁은 "전투원 사망자 수 기준으로 한 '격렬함'(severity) 항목에서 역대 3위"(1위: 제2차 세계대전, 2위: 1차 세계대전)였고, 남한정부가 1955년 발표한 남한 지역 민간인 사상자는 90만 968명, 북한 정부가 주장한대로라면 북한 지역 민간인 사상자가 약 150-200만 명에 달했다(김태우, 2017: 90).[18]

왜 이렇게 민간인 피해가 컸을까. 미군 전략폭격기 B29가 전쟁 초기 4개

18 전투원 전사자 수는 대략 북한군 520,000명, 한국군 100,000명, 중국군 900,000명, 미군 36,940명이라는 통계도 있다(Bruce Cumings, 2010: 35).

월 간(1950년 7월–10월) 대량 폭격한 데 이어, 중국 참전 이후인 1950년 11월부터 만주 국경과 수력발전소를 제외한 모든 곳을 전술적 목표로 삼아 소이탄을 사용한 초토화작전정밀폭격 정책, 그리고 1952년 7월 포로송환 문제를 둘러싸고 정전회담이 교착되자 정치적 압력을 행사하기 위해 '항공압력전략'을 구사한 일련의 폭격작전은 북한 도시와 농촌을 폐허로 만들었다(김태우, 2013).

이러한 인명 피해 이상으로 한반도 주민에게 희생을 지속적으로 강요한 구조인 한반도 분단체제를 빼고는 그 실상을 온전히 이해할 수 없다.[19] 분단체제는 1953년 정전으로 분단이 고착된 남과 북이 '적대적 상호의존'을 매개로 재생산되는 분단국가의 특수성을 설명하는 분석틀이다. 분단체제는 세계체제, 그리고 남북한 각각의 체제와의 관계 속에서 작동하는 체제로서 그 속에서 살아가는 사람들의 일상적 삶을 규정하는 힘으로 작동한다. 반민특위 좌절 이후 일제잔재와 유착한 채 분단체제가 한국사회의 '이면헌법'으로 위력을 발휘하고 있음에도[20] 그것을 우리가 종종 간파하지 못하는 것은 체제화되어 그만큼 길들여졌기 때문이다.

한편, 한국전쟁은 냉전체제를 굳히는 응고제이자 그 해체의 계기였다는 사실도 결코 잊어서는 안된다.

먼저 한국전쟁이 전세계의 평화운동과 비동맹운동을 촉진한 사실에 주목하자. 한반도 주민의 처참한 희생과 핵전쟁 위협으로 또 한 차례의 세계대전이 일어날 수도 있다는 위기의식이 세계적으로 확산되면서 '제3차 세계대전의 대체물'(옥창준, 2016: 63), 또는 '예방전쟁'으로 널리 인식되어 평화운동을

---

19 전쟁으로 민족 대이동도 전쟁이 남긴 깊은 상흔이다. 1952년 3월 현재 남북한의 피난민 합계는 2백만명, 그중 남한으로의 피난민은 170만 명에 달했는데, 분단체제의 고착화로 남북이산가족 문제는 아직도 미해결 상태이다. 『민족문화대백과사전』 http://encykorea.aks.ac.kr, "월남민" 항목(검색일: 2022.4.6.)

20 이면헌법은 대한민국에 공포된 성문헌법 이외에 반공을 위해 갖가지 기본권 조항의 효력을 정지할 수 있다는 관행, 곧 일종의 관습헌법이 작동하는 현실을 꼬집은 개념이다(백낙청, 2021: 276, 437).

촉발한 사실을 간과해서는 안된다. 구체적인 예를 하나 들면, 국제민주여성연맹(Women's International Democratic Federation)의 활동은 전세계를 아우르며 다양성과 연대를 추구하고 평화를 위해 나섰던 당시 여성들의 반전평화운동의 진면목을 보여준다. 이 기구는 "진보적 좌파 여성주의 국제 우산조직"으로도 평가되는데 그 산하의 국제여맹 한국전쟁 조사위원회는 1951년 5월 16일에서 27일까지 북한에서 현지조사를 수행하고 보고서("We Accuse", 1951)를 제출했다. 북한에서 발생한 대량살상과 파괴의 참상을 고발하였는데, 특히 여성의 눈은 전시에 여성이 겪는 끔찍한 성폭력(집단강간, 강간 후 살해)을 날카롭게 파헤쳤다(김태우, 2021: 14).

또한, 한국전쟁은 비동맹운동과 제3세계 연대의 계기가 되었다. 반둥회의(1955년 4월)에서 선언한 '반둥10원칙'의 일부인 상호불침략, 그리고 평화적 방법에 의한 국제분쟁 해결이라는 두 조항이 특히 주목된다. 1950년대 말부터 잇달아 독립한 아프리카의 신흥국가들에 의하여 기본적 외교기조로 받아들여지는 등 비동맹주의의 지도원리가 되었다.

시야를 한반도로 옮겨오면, 한반도 주민들은 한국전쟁과 그로부터 고착된 분단체제의 희생자만은 아니었다. 그들은 탈냉전을 선취하는 일면도 보여주었다. 일화 셋을 소개하고 싶다.

첫째는 국군과 인민군이 번갈아 지배하는 기간 서울에 남아 있던 주민들 경험이다. "주민들은 생존을 위한 기발한 틈새를 찾아내어 놀랍도록 창의적인 방식으로 압도적인 전쟁의 이념과 물리력에 맞섰다. 신체적·도덕적 생존의 길은 종종 기존의 공동체적 유대를 토대로 찾을 수 있었다."(권헌익, 2020: 68). 이로부터 권헌익은 전쟁의 힘으로도 완전히 파괴될 수 없는 인간 사회성의 고유한 특성인 우호(amity, 친족과 우애)를 건져올린다.

두 번째는 국경횡단적 존재인 제3국행 전쟁포로들의 이야기이다. 한반도 남쪽의 전쟁포로는 1953년 4월부터 송환이 시작되었다. 그중 76인의 한국인 포로들은 남한이나 북한을 선택하지 않고 인도와 같은 제3국으로 떠났다. 이 사례는 극단적인 열전과 그 이후 냉전체제 속에서 또 다른 가능성을 상징하는 살아있는 징표로 중시되었다. 그들의 사상·이념적 지향이 사실상 '중립'을 향한 것은 아니었을지라도, 중립국행을 선택함으로써 북한과 남한 사이에서 냉전진영 논리를 거부하는 중간지대·중립에 위치했던 것은 분명하다(정병준, 2018: 53). 이는 냉전질서의 틈새를 보여준 의미있는 일화이다.[21]

마지막 일화는 제주 하귀마을에 세워진 '위령비'(2003년)이다. "지난 세월을 돌아보면 모두가 희생자이기에 모두가 용서한다는 뜻으로 모두가 함께 이 빗돌을 세우나니 죽은 이는 부디 눈을 감고 산 자들은 서로 손을 잡으라."(권헌익, 2020: 242). 이 문구는 4·3사건(1947년)에서 저지른 냉전기 국가폭력에 대한 오랜 한과 갈등을 넘어 화해의 길을 내려는 의지를 표현한다.

앞의 두 일화와 그로부터 50년 후의 세 번 째 일화 사이를 잇는 것은 그 기간에 한국 민중의 분단체제 극복운동, 곧 평화와 민주주의 운동의 점증적인 성취이다. 한국전쟁이 휴전된 지 7년 만인 1960년 4·19혁명을 수행한 이래, 특히 냉전질서가 이완되기 시작한 1970년대 초, 남북한 당국 간에 최초로 화해에 합의한 '74공동성명'을 거치면서 민주와 통일을 동시에 수행할 하나의 과제로서 인식하고 시민운동 차원에서 그것을 끈질기게 실천해왔다. 이는 한반도 차원의 분단체제 극복, 더 나아가 동아시아와 세계 평화의 촉매라 아니할 수 없다.

정리하자면, 세 번째 국면에 핵심현장의 객관적 조건과 주체형성이 갖춰졌음이 충분히 밝혀졌다. 그중 주체 형성의 면모는 아래 네 번째 국면에서 더 선명하게 드러난다.

21 제3국을 택한 포로를 소재로 한 최인훈의 소설 『광장』에는 '중립'과 '중립화'와 '중립주의'를 모두 건너뛰어 "마침내 유토피아적 몽상에 이른" 특징이 있다는 분석도 흥미롭다. 그런 점에서 "한국전쟁은 이념 대결의 장(場)"일 뿐만 아니라 "생각과 감성이 변용되는 장소"였다(권보드래, 2017: 185–186).

4. 네 번째 국면: 한중수교, 그리고 탈냉전의 성취와 한계

1992년 한중수교로 열린 네 번째 국면은 아직도 진행 중이다. 탈냉전의 정세에서 시작된 이 국면은 현재 탈냉전과 신냉전적 정세가 교차하는 혼돈과 모순의 단계에 있다.

역사를 거슬로올라가 보면, 신흥 태평양세력인 미국(과 일본)은 청일전쟁을 거치며 중심-반주변-주변으로 구성된 세계체제의 새로운 지역헤게모니로 부상했다. 그리고 한국전쟁을 계기로 미국은 군사제국으로 거듭나 군산복합체제를 유지해 번영하면서 1950년대와 1960년대에는 세계적 패권, 곧 '팍스 아메리카나'를 구가했다. 물론 여기에 한국전쟁을 통해 개시된 동아시아 차원의 미·중 사이 적대와 지구적 수준에서의 자본주의와 공산주의 사이의 대립이라는 냉전 진영 논리가 제약을 가하기는 했다. 그런데 이 냉전 구조에 변화를 가져온 것은 다름아닌 지구지역적 경제질서의 재조정이다.

1970년대 이래 서구에서 생산성 성장의 둔화로 경제질서의 재편과 확대가 불가피해졌다. 세계 자본주의는 위기에 직면해 신자유주의적 방식으로 돌파를 꾀했다. 이 여파로 해외 은행의 저금리 대출에 의존하던 개발도상국과 소비에트 진영 국가들은 1980년대부터 고금리 정책으로 바뀐 상황에서 국제 부채위기에 시달렸다. 결국 세계경제의 구조조정(신자유주의적 지구화)의 여파로 소비에트 러시아와 동유럽 사회국가들은 무너졌던 것이다. 그러나 냉전 종식과 더불어 새로운 세계질서가 이뤄지기보다는 천하대란의 시기로 들어섰다. 중국이 점차 대국으로 굴기했지만 미국을 대신해 패권을 갖기 아직 미흡하고, 미국은 경제쇠퇴로 진정한 패권이라기보다 군사적 우위를 거침없이 활용하여 세계지배를 강화하려는 군사패권주의에 매달리기 때문이다.

그 특징이 동아시아에서 분명하게 드러난다. 지구적 차원의 탈냉전의 전개에 관계 없이 이 지역에서는 미국 주도 냉전질서의 유산인 샌프란시스코체제가 (미중 화해로) 완화된 채 지속되었고, 그 주요 동력을 1953년의 한반도 정전협정과 (이로부터 고착된) 분단체제, 그리고 분단체제의 버팀목 중 하나가 된 '한일 1965년체제'가 제공했다. 이 국면에서 미국과 일본은 "중국의 '위협'에 대항하는 구도를 만들어내는, 샌프란시스코체제의 퇴행적 재구축" 곧 "미일한 유사 동맹관계의 실질화"를 추구하고 있다(玄武岩, 2016: 12-13). 이에 비해, 중국은 기존 동아시아질서를 바꾸고자 하는데, 전통적 국제질서 (곧 왕도를 구현하는 천하질서)에 대한 인식이 주류 담론이 되어 새로운 세계질서를 구상 중이다.

이러한 지구적 · 동아시아적 맥락을 염두에 두고, 다시 한중관계에 집중해보자. 한중수교와 그 이후의 한중관계의 진전은 한반도에서의 탈냉전의 성취와 한계, 달리 말해 핵심현장 한반도의 객관적 조건인 공간적 모순의 응결과 그 해소의 가능성을 동시에 보여주는 매우 흥미로운 사례이다. 그 구체적 변화의 양상을 중국과 한국의 상황으로 나눠 살펴보자.

1970년대 초 적대진영의 미국과 화해하고, 소비에트와 동유럽 사회주의 국가들의 붕괴보다 10년 앞서 1978년부터 개혁개방을 점진적으로 추진한 중국은 해외 은행의 저금리 대출에 의존할 필요가 없었다. 그리고 새로운 제조업의 기지로 떠오르며 개혁 초기 성장 기반을 마련해 충격을 흡수할 수 있었다. 게다가 동아시아경제의 지역적 특성도 유리한 조건을 제공했다. 한국 · 대만 · 홍콩 · 싱가포르 등 '네 마리 용'(동아시아 신흥공업경제지역[NIES: Newly Industrialized Economies])이 거대한 생산 · 소비시장이 되어 계속 팽창하면서 주변 아세안국가뿐만 아니라 중국과의 연계를 강화하고자 했다. 그들이 노동비용의 상승으로 인한 산업경쟁력의 한계에 봉착해 생산의 지리적 재배치를 모색하는 시점이라 중국을 절실히 원했던 것이다. 그 결과 아시아 수출국들의 생산 네트워크의 지역화가 이뤄졌다.

중국측의 입장에서 보면, 천안문사건(1989) 이후 서방의 제재를 피하려는 노력의 일환으로 1992년 덩샤오핑의 선부론(先富論)을 기치로 (1978년부터 구미가 주도하는 세계자본주의질서에 재접속한) 개혁개방의 가속화를 선언한 시점이었다. 1993년 장쩌민체제 등장 이후 본격적인 '사회주의 시장경제 시대'로 들어갔다. 1980년대부터 중국은 개혁개방의 붐 속에 발전 단계상 가장 맞춤한 도움을 줄 한국 자본과 기술 및 산업화 경험이 특히 필요했다(백영서, 2021a: 361).

한국측의 입장에서 보면, 정치안보 영역에서 경쟁하던 북한보다 우위에 서기 위해 북방외교에 적극 나서 중국과의 관계개선을 원했다. 1988년 올림픽 개최 이후 한국은 '네 마리 용'의 하나로서 새로운 경제 개척지를 적극 탐색하던 차였다.

이러한 조건이 서로 맞물리면서 한중수교가 1992년 성립했다. 30주년을 갓 지난 지금 돌아보면, 그 목표인 "한반도 정세의 완화와 안정, 그리고 아시아의 평화와 안정"(한중수교 「공동성명」 5항)에 일정 부분 기여했다. 분단체제의 동요를 촉진하는 동시에 그에 힘입어 한반도의 평화 프로세스와 한국의 민주화가 진행되었다. 양측 정상에 의한 6·15선언(2000), 10·4선언(2002), 4·17판문점선언(2018)이 차례로 성사된 것은 그 상징적 성과이다. 그러나 한중·한러 수교가 북미·북일 수교로 이어지지 않았기에 온전히 그 목표를 달성한 성공 스토리라고 말할 수는 없다. 그때부터 고립된 북한이 핵개발이란 수단에 의존하기 시작했다. 한반도에서의 탈냉전의 한계를 보여준다. 거꾸로 말하면 한반도라는 핵심현장의 모순이 응결된 분단체제의 해결 없이 동아시아적·세계적 차원에서 평화의 선순환이 제대로 이뤄질 수 없음을 웅변한다.

한중수교가 조성한 한반도에서의 탈/냉전 실상, 곧 탈냉전의 성취와 한계를 보여주는 사례로 먼저 국경횡단적 비국가행위자인 재한 중국인의 경험세계를 들여다보자.

그들은 한국에서는 중국동포(재중동포, 조선족)이자 신화교라는 정체성을 갖고 있고, 일민족돌출형 다민족(곧 중국정부가 표방한 다원일체적 중화민족) 국가인 중국에서는 55개 소수민족의 하나이다. 그들의 이동 형태가 국가 영토 내에서 국가 영토를 넘나드는 국경횡단적 주체로 변화했지만, 계급적·계층적 모순은 여전히 지속된다. 지역별로 한국 주민과 중국 동포 사이의 갈등이 커지고 있고, 중국동포 내부 또한 분화하여 여러 갈등 양상을 표출한다.

시야를 넓혀 지구지역적 관점에서 다시 보면, 그들은 일본 식민지배 유산으로서의 디아스포라라는 특수관계와 지구적 차원의 이주자라는 보편적 관계의 양면성을 체현한다. 이 점에 착안하면, 그들은 비유컨대 '국제적 나그

네', 곧 세계에 흩어진 조선족이라는 초국적 이동 공동체의 특성(정체성)을 갖고 있다. "영원히 타향의 나그네이며 '바람꽃'"인 그들에게 이주는 삶의 역동성을 제공하기에 국경횡단적 이주가 되풀이되는 것이다. 그렇다면 그들에게 국적이란 지구적 이동을 돕는 여권상의 기재사항, 곧 '여권시민권'(passport citizenship)에 불과한 것인가. 이렇게만 보면, 그들에게 '이동의 삶'과 '정착의 욕망'의 중층성이 있음을 간과하게 된다. 그들은 떠돌아다닐 수밖에 없으면서도 자신의 정체성을 확인할 수 있는 땅에 뿌리내리고 싶은 욕망의 다층성을 품고 있기 때문이다.

또한 그들에게는 그들이 감당하는 '원심력과 구심력의 길항'이 출신국-정주국-초국경적 이동의 삼각관계를 통해 작동하는 현실이 있다. 특히 그 지구적 이동이 '초국가적 통치성(transnational governmentality) 또는 상호통치성'(inter-governmentality)이나 주권의 재영토화의 영향 속에서 진행되는 현상을 놓쳐서는 안된다(백영서, 2017).

또하나의 국경횡단적 행위자들의 사례인 북한이탈주민, 곧 새터민[22]도 주목에 값한다.

새터민의 국내입국 추세는 1990년대 초중반 이후 급증한다. 여러 이유로 북한 기근이 심해지자 중국을 경유하여 남한으로 입국한 사람 수가 증가한 것이다. 남한으로 입국한 목적에 따라 크게 이민형 새터민과 생계형 새터민으로 유형화된다. 그 유형에 따라 그들이 겪는 어려움의 원인이 다르지만, 그들도 중국동포와 마찬가지로 삶의 역동성을 확보하기 위해 한국을 떠나 다시 국경횡단적 이주를 되풀이한다.

네 번째 국면에서 출현한 국경횡단적 존재인 중국동포와 새터민—여기서 다루지 않은 다문화 이주자 등 소수자도 포함—은 탈냉전의 성과와 한계 그리고 분단체제의 동요를 보여주는 산증인이다. 그런데 이들을 포함한 한민족의 범주

22 분단 고착 이후 북한 출신 이주자의 명칭은 귀순용사, 탈북자, 북한이탈주민, 자유북한인, 새터민으로 변천해 왔다. 이것은 그들에게 대한 인식이 분단 상황의 변화에 따라 달라짐을 의미한다.

가 탈냉전의 정치경제 지형 속에서 계급계층화, 심지어 인종화로까지 분화하는 한국의 현실에서 이들 국경횡단적 주체는 핵심현장에서 어떤 역할을 할 수 있을까. 동아시아 근현대사의 모순이 응결된 핵심현장의 객관적 조건을 극복하고 평화의 선순환을 촉발하는 주체가 될 수 있을까. 달리 말하면, 그들이 국제정치적 상황이나 글로벌 시장과 서구의 욕망에 맞춰 자신들의 경험(특히 고통과 슬픔)을 활용하여 북한을 비판하거나, 민족주의나 발전주의의 모순(내지 폐단)의 민낯을 폭로하는 소극적 역할을 넘어서, 한반도 더 나아가 인류 보편 문제 해결에 적극 기여할 수 있을지 묻게 된다.[23]

이 의문은 결국 경계를 넘나드는 한인(韓人)과 한반도의 미래와의 관계에 대한 물음으로 이어진다. 여기에서 핵심현장의 주체 역량의 다수가 거주하는 한반도 남쪽의 역할이 관건적이다. 이곳에서 (확장된) 한인을 포함한 다양한 소수자에 대한 우리 사회의 '환대'가 각자의 삶의 현장에서 한층 더 인간다운 삶을 가꾸기 위한 활기찬 움직임을 촉진하여 '열린 한반도 공동체'를 만들어낼 수 있을까라는 과제로 모아진다.

그 일은 미래프로젝트이기도 한데, 그 단서를 네 번째 국면에서 일궈낸 촛불대항쟁(2016–17)의 성취, 곧 백년 변혁의 누증적 성취의 중요한 과정에서 체득한 다양한 층의 참여자들이 경험한 수평적 연대의식과 변혁에의 자신감에서 찾아볼 수 있다. 이 동력이 한국인의 유연한 정체성을 이끌어낸다면 한반도 평화 나아가 동아시아 평화의 매개고리가 될 수 있지 싶다. 지금 혈통주의와 단일국적주의라는 사고방식이 21세기 한국에서 약화되고 있는데, 더 나아가 "타자를 자기 안으로 불러들임으로써 자기를 해방하는 과정"인 새로운 '환대의 공동체'(백지운, 2021), 달리 말해 '마음과 가치의 공동체'를 이룰 수 있

23 김성경은 탈북 여성이 자신의 경험과 자원을 활용하여 서구 출판 시장의 요구에 조응하면서도 수동적 피해자의 위치를 넘어서는 탈식민적 행위주체성을 모색하는 다층적이고 때로는 모순적인 존재라고 해석한다(김성경, 2022). 또한 국제적으로 확산된 중국인 디아스포라 반공단체[新中國聯邦] 한국지부에 일부 조선족이 참여하며 한국의 보수집단과 합류하는 양상도 보이는 것 같다(박우, 2022).

을까.

바로 여기에서 한반도 평화프로세스가 진행되면서 가시화된 남북연합의 복합국가 건설 자체가 (협력과 통합 수준을 평화적이고 점진적으로 높여가는) 창의적인 과정으로서의 (재)통합이므로 이 과정이 남한의 국가개조와 북한의 변화를 촉진하고, 더 나아가 동아시아 여러 사회에서 국가주의를 (많든 적든) 완화하고 재편하거나, 다양한 자치권운동의 진화를 촉진하는 효과를 가져올 것이라는 비전을 갖는 일이 얼마나 중요한지 확인하게 된다.[24]

그런데 핵심현장에서 보이는 변혁의 가능성은, 분수처럼 운동이 방향을 바꾸거나 멈추면 근본적으로 형태를 바꿀 수도 있고 사라질 수도 있는 것이다. 그 갈림길은 국가 변혁의 동력을 지금 확보할 수 있는지 여부가 결정짓는다.

IV. 한반도발 대안문명과 지구지역학의 (불)가능성

이제까지의 논의에서 확인했듯이, 오백년 전 이래 장기 시간대에서 나타난 동아시아 질서 변동의 네 차례 국면에서 핵심현장인 한반도의 위치/역할이 지속적으로 중요했다. 주체의 역량이 약할 때는 지역 모순의 응축으로 인한 희생자의 위치에 반복적으로 놓이고는 했지만, 두 번째 국면 이래, 특히 탈냉전기에서 드러나듯이 일정한 역량을 갖추었을 때는 독자적 역할을 일정 정도 감당할 수 있었다. 물론 그 궤적은 일직선적 발전이 아니라 (때로는 좌절과 굴곡을 포함한) 변혁의 누증적·점진적 성취의 과정이었다.

그렇다면 동아시아 질서 속에서 장기 시간대에 걸쳐 핵심현장의 양상을 보여온 한반도의 미래사적 가능성을 어떻게 전망할 수 있을까. 그것을 동아시아 담론(특히 대안체제론)의 두 축인 정세론과 문명론을 통해 가늠해보자.

먼저 중견형 선진국가인 한국의 지정학적 조건에서 수행할 수 있는 역할

---

24 복합국가의 여러 유형에 대한 논의는 백영서(2021b) 참고.

부터 살펴보겠다.

세계질서가 양극체제로 구조화하는 방향보다 유동성과 불확실성이 높아질 것으로 예상되는,[25] 이른바 G0질서가 조성하는 지구적·지역적 질서/무질서를 뛰어넘는 데 중견형 선진국인 한국이 수행할 역할은 중요하다. 그런데 한국이 그 역할을 제대로 감당하기 위해서는 물질적 역량과 소프트파워라는 조건을 갖춰야 한다(이남주, 2021: 50-51). 여기서 소프트파워는 단순한 문화역량에 그치지 않고, 좀더 포괄적인 '생성력(productive power)' 즉 국제기구에서의 (전통적 권력-정치적 기준이 아니라) 롤모델의 기능과 자본주의의 대안모델 제시 능력 등을 아우른다(Michael Zurn, 2010: 7).[26]

위에서 거론한 (남북연합형) 복합국가라는 구상의 발신(과 그 구현 과정)이 담론적 효과를 통해 '생성력'을 키워준다고 필자는 강조한다. 핵심현장의 하나인 한반도의 남북연합형 복합국가의 진전이 윤석열정부 출범(2022년) 이후 침체하고 있다. 그러나 앞으로 다시 활성화함으로써 동아시아 내지 세계 평화의 선순환을 더욱 가속하는 과정에서 그 효과가 한반도에 '내부화'하여 남과 북의 국가개혁을 각각 촉진함으로써 안전과 평화의 길로 가는 동력이 될 터이다. 한국의 경우 비국가적 행위자들의 참여, 특히 국가개혁을 통해 평화의 동력을 확보하는 일이 우선적으로 중요할 것임은 두말할 필요도 없다(그들의 역할이 갖는 중요성은 이미 네 차례 국면에서 확인한 바 있다.).

한국의 그러한 역할은 신냉전적 상황의 전개보다는 중견국가들이 독자적 이익을 위해 합종연횡을 하는 다자적 국제질서의 전망에 의해서도 촉진된다. 이 전망은 유럽연합과 아세아 국가들이 미국의 대중국 포위에 일관되게 동참하지 않을 것이란 예상에 기초한 것이다. 여기서 동남아시아의 지역화의

---

25 불확실성을 전망하는 여러 논의가 있지만 여기서는 아래 관점만을 소개한다. 현재의 미중대립은 분야 및 영역에 따라 그 정도와 내용이 다르기 때문에 단순히 냉전이라고 말하는 것은 무리이고, '불확실한' 유동적 질서공간으로 향하고 있다고 보는 가와시마 신 외(2021) 참조.

26 필자는 Michael Zurn의 'productive power' 개념을 좀더 넓게 사용한다.

특성으로 주목되는 '아세안 방식(ASEAN Way)'이나 지역협력의 제도화의 성과도 유용한 참조점이 된다.[27]

이러한 전망을 견지하고 실제로 구현해갈 때, 국가간체계가 미중 패권 중심으로 작동되는 것을 견제할 수 있다. 그런데 지정학적 역할에 기댄 정세 분석만으로는 미국과 중국의 예외주의를 비판할 수 있는 준거가 될 생성력이 충분히 설명되지 않는다. 문명론 차원에서 논의가 중요해지는 까닭이다.

한국문화의 역동성을 보여주는 한류에 대한 세계적 관심이 어느 때보다 뜨겁다. 그런데 한류를 문화산업의 시각에서 논의하는 차원을 넘어 더 깊은 논의가 절실한 시점이다.

먼저 그 바탕에 있는 사상적 저류에 주목하자. 한국문화의 역동성의 저력은 최치원 이래 한국사상사를 관통해온 동인(東人)의식, 곧 유·불·선 삼교 융합의 맥락, 포용력 등 중도성이 강한 주체적 사유방식이 특히 동학을 거쳐 백년 변혁의 바탕으로 작동해온 흐름에 있다고 본다.[28]

또한, 다른 각도에서 깊이 들어가면, 정치사회적 영역에서 일어나는 변혁을 위한 투쟁 경험이 한류에 녹아있음을 간파할 수 있다. 1987년 6월 항쟁과 '촛불대항쟁'(2016–17년)이라는 일련의 사회변혁의 경험은 세계를 다른 방식으로 바라보는 시야를 열어줌으로써 문화적 혁신으로 이어졌다(정호재, 2021). 바로 여기에서 '경제주의적 편향'을 넘어 '한류'의 문명적 가능성을 적극적으로 사유할 계기를 찾을 수 있다.

'한류'와 새로운 문명의 (불)가능성을 논의할 때, 대안문명은 어떤 특정한 콘텐츠의 성취를 통해 실현되는 것이 아니라는 사실을 염두에 둬야 한다. 즉 더 나은 세계를 만들어나가는 과정에서 한국사회가 집합적으로 이룩하는 협

27 '아세안 방식'을 활용하고 지역과 지역을 연결하여 종합적으로 이해하고 실천을 모색하는 '메가아시아적 접근(MegaAsian way)'의 가능성과 함의를 적극 모색하는 윤종석 외(2021) 참조.

28 동인이란 곧 '우리나라 사람'을 지칭하였다. 이와 한몸을 이룬 것이 중국 중심의 보편문화를 지향한 '동문(同文)'의식이니, 문화적 주체 역량을 보편성 차원으로 끌어올리려 한 것이다(백영서, 2022: 19).

동적 창조의 양상에 그 실현 여부가 달려 있는 것이다(한영인, 2022). 그것은 우여곡절을 보이며 누증적·점증적으로 이어온 '백년 변혁'을 이어가는 형태일 터이다. 문명적 모색이 정세적 변화에 뒷받침됨을 다시 한번 확인하게 된다.

그런데 한국이 발신하는 대안문명론이 과연 위기의 자본주의문명을 넘어설 수 있을까. 이 질문에 답하려면 자본주의가 유포한 인간욕망이 무한하다는 이데올로기를 해체하고 자본주의적 욕망을 길들여 '공적 마음'으로 바꿀 동력을 확보해야 한다. 여기에서 개인의 사리(私利) 추구보다 그런 욕망의 공적 가치, 공공성을 더 중시한 조선 유학의 흐름이 동학의 개벽사상의 매개를 거쳐 개벽사상과 함께 변혁운동(단적인 예가 촛불대항쟁)의 정신적 기반으로 합류한 사실(Sungmoon Kim, 2018)[29]은 깊은 의미를 갖는다.

이에 힘입어, 만민평등에 입각한 개인수양과 사회변혁을 동시에 추구하는 주체를 키우는 과정에서 우리(연구자) 자신도 마음공부를 통해 변화하며, 지구적 규모에서 자본주의를 넘어설 대안을 만들고 실천해가는 데 기여하는 대안적 문명운동을 제안해본다. 나라 안팎의 조건에 맞춰 한반도 분단체제와 한국의 국가 변혁이라는 중·단기적 과제에 이론적·실천적으로 참여하며 거둔 성취를 동력으로 삼아 새로운 문명운동이 확산되기를 기대한다. 여기에서 비국가적 주체의 역할은 지나간 여느 전환기보다도 더 중요해질 터이다.

끝으로, 이러한 대안적 문명운동의 일환으로서 그 지속성 유지에 보탬이 될 학술활동인 지구지역학이 어느 정도 확장된 적용 범위를 확보할 수 있을지에 대해 전망해보겠다. 국가 단위를 넘어서 지구–지역–국가–지방이라는 공간 구성의 부분들 사이에서의 역동적 연동관계, 그리고 그들이 전체 구조 속에서 어떤 역할을 하는지 탐구하되, 특정 핵심현장(들)에서 출발하는 작업이 중요하다. 이 시각에 기대어 핵심현장이라는 로컬 속에서 대안문명의 길을 드러낼 수 있다면, 지구지역학의 이론적·실천적 방법론은 효력을 발휘할

29 김성문은 '유교적 민주주의 시민사회'를 촛불의 정신으로 강조했는데, 나중에 촛불혁명이 보여주는 '유교 전통을 흡수한 동학적 민주 시민사회'의 가능성에 주목한다(김성문 외, 2022).

터이다.

지구지역적 시각은 동아시아에 머물지 않고 유라시아 등 전세계에 확장될 수도 있다.[30] 실제로 국내외 학계에서 국가 단위를 넘는 지구사적 시각의 한 양상으로서 최근 주목받고 있다. 사실 지구–지역–국가–지방의 중첩된 모순을 보이는 장소는 도처에 있고, 그것을 분석함으로써 국가를 분석 단위로 삼는 연구의 한계를 넘어설 수 있다. 그러나 핵심현장의 관점에서 보자면 그것은 핵심현장의 객관적 조건을 드러내는 데 그치기 십상이다. 예를 들어 19세기 말에서 20세기 초의 간도 지역을 지방–지역–지구 층위의 복합으로 파악한 사례를 따져보자. 관련된 각국의 국내 정치 변화와 인구 이동이라는 '지역적 요소'가 러시아와 일본의 제국주의 침략이라는 '지구적 요소'와 맞물리면서 이 요소들이 두만강이라는 '지방' 차원에서 어떻게 교차했는지를 분석해냄으로써 "민족국가를 초월한 대안적 역사연구의 모범적 사례로 평가"되는 성과물이 있다. 이 책이 서로 다른 국가/비국가 주체들의 행위가 하나의 공간에서 어떻게 서로 경쟁하며 충돌했는지 밝혀낼 뿐만 아니라 서로 밀접하게 연결된 한중일 국가건설 과정은 동아시아의 세계 질서에 큰 영향을 미쳤다는 사실까지 규명한 의의는 높이 평가할 만하다(쑹녠선, 2022: 옮긴이 서문과 41). 그러나 여기에 관통하는 지구지역적 시각은 국가간체계를 넘어설 어떤 변혁의 주체를 규명하기보다 '트랜스시스템사회'(跨體系社會) 곧 다민족·다문화 복합체로서의 중국—사실 그것은 오늘날 공식이념인 '다원일체적 중화민족'에 다름아니다—을 규명하는 데 귀결된다는 사실도 갈파해야 한다. 한반도와 중국·일본·러시아의 관심이 중첩되는 (옌지[延吉]을 포함한) 중국 둥베이(東北) 지역을 핵심현장에서

30 중앙아시아사에서 동서문명 교류의 전달자 역할만 강조한 나머지 당사자들의 행위자성을 간과하는 '실크로드사관'이나, 그 독특성만 강조하다 역설적으로 동아시아사 내지 세계사와 다시 단절되는 관점을 모두 넘어서는 데 지구지역학적 시각이 유용하다. 그리고 우크라이나처럼 상층부 강대국정치와 신거대게임, 중층부 지역주의와 다자협력의 동학, 하층부 역내 국가들의 국내정치의 중층 구조를 분석하는 데도 역시 도움이 된다. 전자는 중앙아시아사 전문가 조원희교수와의 대화, 그리고 후자는 신범식(2020)에서 시사받았다.

좀더 규명해볼 가치가 크다.

이와 달리 지구지역적 시각이 핵심현장과 단단히 결합될 때 비로소 핵심현장의 객관적 조건은 물론이고 그 주체 형성에 착목하면서 '변혁적 지구지역주의'로 거듭난다. 이때 분석단위가 딱히 국가, 특히 단순한 '지정학적 단층선'에 위치한 (중간)국가에 한정될 이유도 없다.[31] 핵심현장인 오끼나와의 평화운동이 일본 국가 개조, 더 나아가 미국 주도의 국가간체제에 계속 영향 미쳐온 사례는 그 적절한 반증이다(成田千尋, 2020). 물론 이때 주체형성이 억압과 저항의 이분법에 갇힌 저항적 주체에만 제한되지 않는다. 세계자본주의체제의 중층적 공간에서 작동하는 양상이 조성한 구조적인 위계질서(와 역사적인 폭력의 존재)로 인한 고통과 희생을 감당하는 다양한 집단에 공감(共苦)하고, 그 현실을 변혁하려는 지역적 내지 세계적 차원에서의 모든 시도와 연대한다. 이들의 존재와 운동은, 단기적 실패와 성공의 이분법에 얽매이지 않고 제각기의 현장에서 '개혁'이나 '혁명'이 아닌 세상과 나라를 크게 바꾸는 대전환기 '변혁'[개벽]운동을 닦아갈 '길'을 보여준다. 새로운 지역상상의 가능성, 그것을 탐구하는 지구지역학의 생성력이 바로 여기에 있다.

---

31 신범식은 강대국 사이에 낀 '중간국'에 초점을 맞춰 그 외교전략을 전망한다(신범식 엮음, 2022). 특히 편자의 "유라시아의 지정학적 중간국 외교 비교연구: 개념, 이론, 설명틀의 모색" 참조. 그런데 그러한 지정학적 조건이 한반도처럼 핵심현장의 객관적 조건의 일부가 되는 사례도 있지만, 필요조건은 아니다. 핵심현장이 국가에 한정된 것도 아닐 뿐만 아니라 '중간국'이 아니어도 근현대사의 모순, 달리 말해 세계체제의 모순이 집중된 약한 고리라면 그 조건을 충족하기 때문이다.

참고문헌

가와시마 신, 모리 사토루 저. 이용빈 옮김. 2021. 『미중신냉전?: 코로나 이후의 국제관계』. 한울아카데미.

계승범. 2012. "조선시대 의병의 개념과 임진의병." 『서강인문논총』 33집.

구범진. 2019. "조선의 대(對)후금청외교와 병자호란." 백영서·정상기 엮음. 『내일을 읽는 한중관계사』. 알에이치코리아.

권보드래. 2017. "『광장』의 전쟁과 포로: 한국전쟁의 포로 서사와 '중립'의 좌표." 『한국현대문학연구』 53

권헌익 저. 박소정 옮김. 2020. 『전쟁과 가족』. 창비.

김경미. 2013. "동아시아적 시각에서 다시 읽는 〈최척전〉 〈김영철전〉." 『고전문학연구』 제43집.

김성경. 2022. "글로벌 대중문화와 생존자의 이야기: 해외출판 탈북 여성 수기의 식민적 시선과 젠더화된 서사." 『한국여성학』 제38권 2호.

김성문·백민정·백영서·유영주 대담. 2022. "새로운 한국학과 개벽이라는 화두." 『창작과비평』. 2022년 가을호.

김지혜. 2015. "전란 배경 고전소설에 나타난 여성의 상처와 통합을 위한 서사 기법: 『최척전』을 중심으로." 『민족문화논총』 9.

김태우. 2013. 『폭격』. 창비.

______. 2017. "한국전쟁과 폭격의 트라우마." 박태균 외 지음. 『쟁점 한국사: 현대편』. 창비.

______. 2021. 『냉전의 마녀들: 한국전쟁과 여성주의 평화운동』. 창비.

김한규. 2007. "임진왜란의 국제적 환경." 정두희·이경순 엮음. 『임진왜란 동아시아 삼국전쟁』. 휴머니스트

김항. 2015. "입장에서 현장으로." 『창작과비평』. 2015년 가을호.

김헌주. 2022. "'구국성전'으로 읽히는 의병. '민중적 민족주의' 서사에서 벗어나기." (4월 20일) 『교수신문』.

나종일. 1992. 『세계사를 보는 시각과 방법』. 창작과비평사.

문강형준. 2012. "왜 '재난'인가: 재난에 대한 이론적 검토." 『문화과학』 72호.

민덕기. 2014. . "임진왜란기 '부왜'(附倭) 정보와 조선 조정의 조선 조정의 대응: '附賊' 용례를 중심으로 ." 『한일관계사연구』 47집.
『민족문화대백과사전』 http://encykorea.aks.ac.kr, "월남민" 항목(검색일: 2022.4.6.)
박우. 2022. "디지털 디아스포라와 초국적 연결성: 미국 거주 중국인들의 '반공 담론'은 어떻게 한국에 전파되는가. ." 한국중국현대문학학회 춘계학술대회(5월 28일) 발표문
백낙청. 2021. 『근대의 이중과제와 한반도식 나라만들기』. 창비.
백영서. 2013. 『핵심현장에서 동아시아를 다시 묻다: 공생사회를 위한 실천과제』. 창비.
______. 2014. 『사회인문학의 길』. 창비.
______. 2017. "경계를 넘나드는 한인공동체와 동아시아의 평화: 재일조선인과 중국조선족의 정체성 담론을 중심으로." 『東方學志』 180집.
______. 2021a. 『중국현대사를 만든 세 가지 사건: 1919 · 1949 · 1989』. 창비.
______. 2021b. "남북연합과 동아시아 협력." 『한반도 평화번영론의 새 구상』. 경인문화사.
______. 2022. 『동아시아담론의 계보와 미래』. 나남.
백영서 엮음. 2019. 『백년의 변혁: 3 · 1에서 촛불까지』. 창비.
백지운. 2021. "열린 한반도 공동체: 삶-정치 그리고 환대의 공동체." 백영서 외, 『한반도 평화번영론의 새 구상』. 경인문화사.
브루스 커밍스. 2019. "독특한 식민지. 한국: 식민화는 가장 늦게. 봉기는 가장 먼저." 백영서 엮음, 『백년의 변혁: 31에서 촛불까지』. 창비. .
서강대학교 동아연구소. 2021. 『아시아 문화연구자 양성을 위한 중장기 계획』(인문사회연구소 지원사업 정책과제 보고서.
신범식. 2020. "지정학적 중간국 우크라이나의 대외전략적 딜레마." 『국제 지역연구』 29(1).
______. 2021. "부상하는 메가아시아: 역사와 개념." 『아시아리뷰』 11권 2호.
신범식 엮음. 2022. 『유라시아의 지정학적 중간국 외교』. 사회평론아카데미.
쑹녠선 저. 김승욱 옮김. 2020. 『동아시아를 발견하다: 임진왜란으로 시작된 한중일의 현대』. 역사비평사.
쑹녠선 저. 이지영 · 이원준 옮김. 2022. 『두만강 국경 쟁탈전 1881-1919: 경계에서

본 동아시아 근대』. 너머북스
엄태식. 2012. "최척전의 창작배경과 열녀 담론." 『한국고전여성문학연구』 24.
옥창준. 2016. "윌리엄 스툭의 국제전 접근법과 한국전쟁 연구." 『미국학』 39권 1호.
요네타니 히토시(米谷均). 2007. "사로잡힌 조선인들: 전후 조선인 포로 송환에 대하여." 정두희 · 이경순 엮음, 『임진왜란 동아시아 삼국전쟁』. 휴머니스트.
우경섭. 2012. "조선후기 귀화 한인(漢人)과 황조유민(皇朝遺民) 의식." 『한국학연구』 27집.
윤여일. 2016. 『동아시아담론: 1990－2000년대 한국사상계의 한 단면』. 돌베개.
윤종석 · 최경희 · 이주현. 2021. "'지역'으로서의 '동아시아': 메가아시아적 접근의 함의." 『아시아리뷰』 11권 2호.
이남주. 2021. "미중 전략경쟁. 어디로 가는가." 『창작과비평』 2021년 봄호.
이명현. 2020. "환향녀 서사의 존재 양상과 의미." 『동아시아고대학』 60.
이상봉. 2014. "트랜스－로컬리티: 포스트모던의 대안적 공간정치." 『21세기정치학회보』 제24집 3호. .
정병준. 2018. "중립을 향한 '반공포로'의 투쟁: 한국전쟁기 중립국행 포로 76인의 선택과 정체성." 『이화사학연구』 56집.
정호재. 2021. 『다시. K를 보다: 한류는 어떻게 국경을 넘어 문명이 되었는가』. 메디치미디어.
조성환 · 허남진. 2020. "지구인문학적 관점에서 본 한국종교: 홍대용의 『의산문답』과 개벽종교를 중심으로." 『신종교연구』 제43집.
조위한. 2007. "최척전." 박희병 정길수 편역. 『전란의 소용돌이 속에서』. 돌베개.
최갑수. 2009. "로컬라이제이션의 역사학." 『인문연구』. 영남대 인문과학연구소.
최성철. 2021. "'역사적 위기': 개념. 이론. 활용." 『韓國史學史學報』 44권.
피터 베이커. 2020. "우리는 정상으로 돌아갈 수 없다." 『창작과비평』 2020년 여름호.
한명기. 2020. "동아시아 국제관계에서 본 임진왜란." 동북아역사재단 엮음, 『임진왜란과 동아시아세계의 변동』. 경인문화사.
한영인. 2022. "'한류'와 협동적 창조의 가능성." 『창작과비평』 2022년 봄호
호리 신(堀新). 2010. "동아시아 국제관계로 본 임진왜란." 동북아역사재단 엮음, 『임진왜란과 동아시아세계의 변동』. 경인문화사.

渡邊大門. 2014.『人身売買 · 奴隷 · 拉致の日本史』. 東京: 柏書房.

成田千尋. 2020.『沖縄返還と東アジア冷戦体制: 琉球/沖縄の帰属 · 基地問題の変容』. 京都: 人文書院.

玄武岩. 2016.『'反日'と'嫌韓'の同時代史』. 勉誠出版.

Cumings, Bruce. 2010. *The Korean War: A History*, N.Y: The Modern Library.

European Association of Development Research and Training Institute. "Global Asia." *Working Group*, https://www.eadi.org/(검색일: 2022.4.5.)

Michael Zurn. 2010. "Fall of the Berlin Wall: Globalisation and the Future of Europe." *New Zealand International Review* Vol. 35, No. 3.

Odd Arne Westad. 2021. *Empire & Righteous Nation: 600 Years of China–Korea Relations*, Cambridge. MA.: The Belknap Press of Harvard University Press.

Sungmoon Kim. 2018. "Candlelight for Our Country's Right Name: A Confucian Interpretation of South Korea's Candlelight Revolution." *Religions* 9(11).

Tessa Morris–Suzuki. 2019. "Liquid Area Studies: Northeast Asia in Motion as Viewed from Mount Geumgang." *Positions* Vol. 27 No. 1.

• • • •

제2장

스와데시 신드롬, 20세기 인도와 상상의 조국

이옥순(인도연구원)

I. 20세기 인도와 세 개의 조국

과거는 우리, 모두가 떠나온 祖國이다.

– Salman Rushdie, *Imaginary Homelands*

지난 세기 인도가 그린 역사의 궤적은 여타 지역에 못지않게 변화무쌍하고 파란만장했다. 세계 영토 4분의 1을 차지할 정도의 식민지를 가진 제국 영국의 가장 중요한 식민지로 20세기를 시작한 인도는 '스와데시, 즉 우리 조국'을 찾는 탈식민화, 독립운동의 험난한 과정을 거쳐 세 개의 국가—인도, 파키스탄, 방글라데시—로 분리, 독립하였고, 이후엔 200년 식민 통치의 유산을 넘어 진정한 스와데시를 구축하려 안간힘을 썼다.

이 글은 이러한 굵은 변화를 '스와데시 신드롬'이란 용어로 추적한다. 이 시대 인도를 다룬 수많은 연구는 탈식민화, 내셔널리즘, 종교 공동체주의, 포스트-식민성이란 주제로 진행되었다. 하지만 여기서 (내가 만든) 스와데시 신드롬이란 신조어를 쓰는 건 서구의 경험에 근거한 개념이 아닌 이 가성이 수많은 요인과 상황이 엮인 다면적 상상의 세계와 그 결과인 20세기 이 지역의 생존 추적에 더 적절하다고 여겨서다.

식민 통치를 겪으며 동병상련한 우리나라에선 스와데시란 용어가 일찍부터 국산품애용으로 번역되었으나 본디 '우리의 고향, 우리의 조국'이란 뜻을 가졌다. 산스크리트어로 스와데시(swa=self=自+deshi=homeland=祖國)는 명사이자 '우리의 것'이란 형용사로 외국에서 온 식민지배자 영국에 대한 '스와데시 종교' '스와데시 언어' '스와데시 정부(swaraj)' 등으로 사용되었다. 그 강령은 인도에 있는 외부(국)인과의 차별성, 그에 대적하는 우리라는 토착성과 내부인의 동질성이었다.[1]

새로운 세기가 시작될 때 인도에선 영국의 지배가 150년이나 되었고, 식민 통치에 반대하는 인도인의 감정도 몸집을 키운 상태였다. 전성기의 식민정부는 1905년 반영(反英)감정이 강한 벵골을 동벵골과 서벵골로 나누는 강수를 두었고, 인도인, 특히 벵골인의 "심장을 두 쪽 냈다'라는 반발을 샀다. 공식적 역사는 이를 스와데시운동이라고 호칭했다. 영국은 그 저항에 밀려 몇 년 뒤 벵골 영토의 분할령을 취소했으나 지배자와 피지배자, 피지배자들 간의 역학관계는 과거로 돌아가지 않았다. 영국의 식민 통치는 내리막을 향했다.

이때 스와데시가 본격적으로 시정의 언어가 되었다. 인도인은 식민지배자 영국에 대해 '우리(swa) 조국'과 우리 것을 내세웠고, 그건 영국이 상상한 열등하고 낙후한 인도와 그 이미지에 대한 반식민주의적 상상이었다. 곧 스와데시는 상상하는 조국의 언어, 문화, 종교가 밖에서 온 백인 지배자보다 열등하지 않고, 설사 열등해도 애용하겠다는 정서적 표명이었다. 그 표명은 식민주의적 헤게모니의 근저를 허물기 시작했다.

여기서 스와데시란 용어에 주목하는 건 역사에서 자주 간과되는 압도적

---

1 토착적(Indigenous)이란 말은 근대에 비서구 세계로 이주한 유럽인과 구분되는 원주민과 그들의 문화와 전통을 지칭하는데 땅, 본토를 뜻하는 라틴어 Indigena에서 나왔다. 유럽인은 후자의 땅을 식민화하면서 스스로 인종적, 종교적, 문화적으로 우월하다고 여기고 토착적인 것-토인, 토종-을 경멸하고 평가절하했다. 이 글의 스와데시는 '토착적인 것'의 인도식 표현으로 유럽인이 쓴 용어에 대한 전복적 의미를 내포한다.

다수 인구의 심상이 궁금해서다. 그들은 글을 모르고 역사의 주변에 익명으로 존재했지만, 소수 엘리트가 상상한 조국의 탄생을 기꺼이 지지했다. 왜? 이 글은 그 답을 국민국가에 대한 합리적 열망보다는 애향심, 아니 그보다 조금 큰 땅-조국에 대한 그리움으로 상정한다. 여러 관련 연구는 그 향수가 실제 기억이 아닌 상상의 고향에 대한 정서라고 알려주기 때문이다(Sedikides et al., 2008).[2]

그러므로 내가 여기서 논의하는 조국은 문화적 정체성이 형성될 정도로 오랫동안 살았거나 자라난 곳, 조상이 세대를 걸쳐 살았던 고향이라는 상상의 땅이다. 물론 20세기 초에 시작된 스와데시운동은 영국의 지배와 영국적인 것에서 해방된 우리 인도란 방어적 상상이었으나 그 조국의 타자로 배제된 집단이 다시 그들만의 조국을 상상하고 또 다른 외부자를 만들면서 3개 조국의 탄생을 낳았다.[3] 이글은 그 신드롬의 추적이다.

II. 콜로니얼 신드롬, 내 땅의 남의 나라

인도에서 2세기가량 진행된 영국의 식민 통치는 물리력만으로 존속할 수가 없었다. 넓은 영토와 많은 인구를 가진 인도에서 자신들이 소수라는 물리적 한계를 인식한 영국은 지배자의 우월성을 강조하는 이데올로기를 만들어 다수의 피지배자가 영국의 종속성을 받아들이도록 심리적, 문화적으로 교란하

---

2 1688년 스위스의 의사 요하네스 호퍼(Johannes Hofer)는 고향, 모국에 대한 갈망을 nostalgia라고 지칭했고, 이후 나온 여러 연구는 향수병이 고향에 대한 자전적 기억과 관련이 없으며 과거란 현재에 대한 심리적 방패로 자주 구성 또는 재구성된다고 알려준다. 즉 nostalgia는 실제 고향과 관련이 크지 않은 상상의 소산이다.

3 이글이 말하는 신드롬(syndrome)은 사전적 정의인 '증후군'과 '전염병처럼 휩쓰는 현상'을 아우른다.

는 장식을 썼다.[4] 이는 눈에 보이지 않는 상상의 세계까지 지배하려는 공격적인 시도였고, 여러 면에서 성공적이었다.

그 기본적 상상에는 인도 토착의 열등성과 미개성이 들어갔다. 곧 '우수한 우리 영국이' '미개한 너희 인도'를 가르쳐 문명과 근대의 세계로 이끈다고 영국의 정복과 통치를 정당화했다. "인도가 영국의 지배를 받는 것이 인도를 위해서도 좋다!"라고 당당하게 선언한 카를 마르크스(Marx, 1978)처럼, 그들은 마법의 주문처럼 '문명개화' '백인의 짐' '이성의 승리'를 언급하며 피지배자 인도의 모든 것(스와데시; 토착적인 것)을 뭉뚱그려 영국의 반대편에 두고 멸시했다. 프랑스의 철학자 사르트르(Sartre, 1967)가 "유럽인은 동양을 괴물과 종(從)으로 만들며 인간이 되었다"고 고백한 그대로였다.

그들은 "유럽 도서관에 있는 한 서가의 책이 인도와 아랍에 존재하는 모든 문학의 합(合)보다 훌륭하다"라고 인도 문화를 내려다봤고, 영어교육이 인도의 굳은 미신과 악습을 제거하는 만병통치약이라며 지배자의 언어 영어를 식민지 인도의 공식어로 채택했다(Macaulay, 1835). 이는 오랜 역사와 문명을 소지한 인도인의 자아를 그 전통과 문화에서 분리하는 의도였고, 효과적이었다. 훗날 자신이 벵골어로 쓴 시집을 직접 영역하여 1913년 노벨문학상을 수상한 라빈드라나트 타고르(Tagore, 1917)가 "우리의 정신은 유아 시절부터 영문학으로 구성되었다."라고 정체성의 혼란을 회고한 건 그 결과였다.

기독교 문명권의 영국은 다른 문명권인 인도의 종교를 폄훼했다. 그들에게 인도인 다수가 믿는 다신교적 힌두교는 이성과 합리성이 결여한 유사 종교였고, 종교라기보단 미신에 가까웠다. 식민지배자는 그런 상상과 인식으로 열등한 그 종교의 타자이자 진짜 종교인 기독교의 빛과 진리, 복음이 야만적 믿음에 찌든 피지배자 인도인을 구원할 것이라고 믿었다.

4 1600년도 초 작은 무역회사 – 동인도회사로 시작된 인도에서 영국의 지배는 항상 소수라는 물리적 한계를 인지하고 정책에 반영했다. 예를 들면, 20세기 초(1901년)의 인구조사엔 인도에 거주하는 유럽인(영국인 포함)이 17만 명이나 인도의 총인구는 2억 9천 4백만 명으로 엄청난 차이를 보였다.

모름지기 상대에 대해 말하고 '이렇다, 저렇다고' 규정할 수 있는 자가 권력을 가졌다. 인도의 모든 불행은 힌두교에서 비롯한다는 왜곡도 인도인의 자신감을 박탈하여 지배자에게 대항하거나 피지배자의 대안적 삶을 모색할 기회를 막기 위한 식민정부의 권력에 대한 의지에서 나왔다. 그것이 식민 권력으로 바꿀 식민지식의 창조였다. 그들은 힌두교가 타락해서 인도가 나약해졌고 힌두교가 나약해서 외국의 침입과 정복을 불렀다며 외국에서 온 자신들의 통치를 합리화했다. 그러면서 나약한 인도인이 홀로 서거나 스스로 다스릴 수 없고, 외국의 지배를 받는다며 인도인의 자율성과 자결권을 부정했다. 그때부터 영국은 인도가 자신들이 오기 전에 모슬렘 세력에게 정복되어 오랜 지배를 받았다는 역사를 서술하기 시작했다.

인도인이 자기 역사의 주인공이 될 수 없다는 무능함에 대한 식민주의적 상상은 영국이 배출한 유명작가 키플링(Kipling)의 단편소설 The Head of the District(1891)에서 잘 드러난다. 소설 속의 서북지방 모슬렘 주민들은 영어교육을 받은 엘리트 벵골인 춘더르가 부군수로 부임하자 검둥이 힌두라고 경멸하면서 그가 정복자의 후손인 자신들을 다스리는 걸 반대한다며 폭동을 일으킨다. 당대 영국 지배자의 피지배자에 대한 인종차별적 시선이 고스란히 반영된 그의 소설은 폭동을 피해 줄행랑을 친 춘더르를 통해 정치적 참여를 요구하며 영국을 반대하는 벵골인이 스스로 나라를 통치하는데 부적합하다고 암시한다.

영국 지배자는 인도를 영국의 열등한 타자로 고정하는 과정에서 수억 인구의 인도인을 힌두교와/이슬람을 믿는 두 개의 동질적 집단으로 이분화하면서 식민 통치의 안정화를 노렸다. 그들은 통치 초기부터 수익이 나는 인도를 잘 통치하여 더 많은 이익을 창출하여 본국으로 가져가려고 피지배자에 관한 식민지식을 발굴하였다. 그 시작점에 힌두와 모슬렘을 종교적으로 구분하고 서로를 타자로 만든 불온한 상상이 있었다. 인도인은 영국이 인도를 본격적으로 지배하기 전에는 외국에서 침입한 이방인을 석이나 집합적 타자로 상징하

지 않았으나(Eaton, 2010) 사정이 달라진 것이다.[5]

사상 처음으로 인도인을 두 개의 종교집단으로 구분한 영국 지배자는 18세기 후반에 인도의 총독을 지낸 워렌 헤이스팅스(Warren Hastings: 1772–1785)였다. 법으로의 통치를 시작한 그는 브라만의 마누 법전(*Dharma Shastra*)을 적용받는 힌두, 이슬람법(*Shariat*)의 지배를 받는 모슬렘으로 나누었다. 이러한 이분법적 인식은 19세기 후반에 총독을 역임한 듀퍼린(Dufferrin: 1884–1888)도 공유했다. 인도의 모슬렘을 유일신을 믿는 5천만 명의 민족이라고 동질적으로 규정한 그의 정치적 발언에는 식민 통치자의 의도가 은근히 배어있다.

대다수 영국 지배자는 인도에서 힌두보다 모슬렘에게 호의적이었다. '무살만은 단순하지만 자신만만하고 오만하며 자기들이 다른 사람보다 우월하다고 생각한다'라거나 모슬렘 젠틀맨이 잘 키워진 완벽한 인간의 모델이라고 여겼다.[6] 인도에서 고등문관으로 근무한 영국인 윌리엄 헌터는 인도 무살만, 즉 "영국의 신민(臣民)이 과연 (빅토리아) 여왕에게 반란할 것인가?"라는 식민정부의 질의에 그들과 제휴하고 그 충성심을 돌려쓰라고 답했다(Spear, 1998).

영국 지배자는 식민정부가 소지했다고 간주하는 강한 남성성을 공유한 인도 모슬렘의 종교가 자신들의 종교 기독교와 공통점이 많다고 인식했다. 인접한 지역에서 탄생한 아브라함의 종교 기독교와 이슬람교는 공격적인 선교를 강조했고, 이는 선교의 개념이 부재한 느리고 최면적인, 그래서 쉽사리 간파하기 어려운 힌두교와 구분되었다.

20세기의 고전으로 일컬어지는 영국의 작가 E. M. 포스터의 영문소설

---

5 영국이 온 뒤에도 벵골지방 모슬렘의 다수는 이슬람을 타국(다른 민족이나 다른 공간)에서 온 종교라거나 혐오감을 담은 적(enemy)으로 여기지 않았다. 영국이 인도 이슬람의 이국성, 외래성을 강조한 이유에는 두 집단을 반목하게 할 정치적 동기가 있었다. 이글의 각주 8도 참고.

6 Mussalman은 절대자 알라에게 귀의한 사람, 즉 이슬람을 따르는 사람을 지칭한다. 인도에서 이들을 지칭하는 이름은 Moslem, Muslim, Mohamedan 등 여럿이었다. 여기에선 우리 표준어인 모슬렘으로 표기한다.

'인도로 가는 길(*A Passage to India*)'에서 모슬렘 무어 부인이 "나는 미스터리를 좋아하지만, 엉망진창은 싫어요."라고 하는 발언이 시사하듯 영국 지배자는 넓은 인도와 다양다기한 힌두교에서 애매하고 모호한 감정을 느꼈다(Forster, 1924). 유일신을 믿는 그들에게 수억의 신을 숭배하는 힌두교는 이해하기 힘든 종교였다. 그래서 그들은 기독교처럼 유일신을 숭배하고 일관된 조직과 믿음 체계를 가진 이슬람교를 혼란스러운 힌두교보다 이해와 통제가 쉽다고 판단했다.

문자로 일어난 일을 기록하는데 무심한 전통을 가진 구비 전통의 인도에 최초의 '인도사'란 제호의 역사서를 선물한 영국 동인도회사의 관리 제임스 밀(James Mill)은 고대=힌두 시대, 중세=이슬람 시대, 근대=영국 시대로 인도 역사를 구분하여 힌두와 모슬렘의 불온한 관계를 구체적으로 정리했다.[7] 그의 책은 인도에서 모슬렘의 외래성과 이국성을 강조하며 힌두와 모슬렘이 서로를 상대적 타자로 인식하는 데 큰 공을 세웠다. 인도가 배출한 노벨문학상 수상 작가 라빈드라나트 타고르(Tagore, 2002)가 영국이 "지배하려고 오기 전에 우리에겐 이미 외국에서 온 다른 정부가 있었다"라고 적은 건 식민주의적 역사서술의 명백한 효과를 알려준다.

그러한 식민주의 전략은 19세기 초 벵골에서 활동한 영국인 선교사 헤버(Bishop Heber)의 발언에서 드러난다. 그는 "우리(영국)는 그들(인도)을 점령하지 않았다. 오직 그들이 (모슬렘에게) 점령당했다는 사실을 발견해 주었을 뿐이다. 그들(인도)의 이전 지배자(모슬렘)는 우리(영국)와 마찬가지로 인도인과 혈통이나 종교가 전혀 달랐다. 그리고 그 지배자는 우리보다 훨씬 억압적이었다"라고 인도인에게 모슬렘의 정체를 친절하게 일러주었다.

---

7 제임스 밀이 1917년 영국에서 출간한 3권의 *The History of British India*는 구비 전통이 강하고 시간의 반복성을 믿는 인도에서 서구(지배자)의 관점으로 서술된 최초의 인도 통사로 분류된다. 그의 책은 인도 역사를 통치자의 종교로 시대를 구분하는 새로운 전통을 만들었고, 이는 지금도 대세로 이어진다. 일부 극단적 애국주의 역사서술에서 모슬렘이 지배한 중세를 완전히 배제하는 것도 같은 얼굴의 다른 유산이다.

영국은 1905년 10월 16일 반영 감정이 요동치는 벵골지방을 모슬렘이 다수인 동벵골과 힌두 인구가 많은 서벵골로 분할, 식민주의적 가정과 상상을 구체적 정책으로 실현했다. 당시 식민정부의 내무장관은 "연합된 벵골은 하나의 세력이지만, 분할된 벵골은 다른 방식으로 갈 것이다. 우리의 주요 목표는 연합을 약화하는 것이다"라고 식민정부의 분열 의도를 드러냈다. 이때 구획된 동벵골이 약 40년 뒤에 동파키스탄과 방글라데시가 되었으니 3개 조국의 탄생에 씨앗을 뿌린 건 영국 지배자가 틀림없었다.

식민정부는 그때부터 인도를 힌두와 모슬렘으로 양분하여 통치하였고, 1909년엔 모슬렘에게 힌두와 분리된 모슬렘만의 독립 선거구를 인정하여 힌두에 대한 그들의 반감을 이용하며 식민정권의 안정을 도모했다. 영국 지배자는 이후에도 힌두와 모슬렘의 갈등을 부추기고 이간하면서 그들이 하나로 연합하지 않고 서로 다른 조국을 상상하며 멀어지는 과정을 통치의 지렛대로 활용하였다. 그리하여 20세기 초 한참 열세인 모슬렘연맹은 점차 인도 국민회의와 대등한 조직으로 성장했고, 반세기가 안 되어 인도에서 완전한 분리 독립을 이루었다.

III. 스와데시 인도, 힌두의 나라

나는 잠들었는가, 깨어 있는가? 누구, 내가 누군지 말할 수 있는 자는 없는가?

– William Shakespeare, *King Lear*

19세기 후반 인도인 일부는 영국의 억압과 차별을 받으며 상처 입은 집단적 자아를 회복하기 위해 우리 공동체를 발견하고 백인 지배자의 권위와 권력에 도전하는 강한 정체성을 구성하였다. '지옥은 타자'라는 말처럼 정체성은 자신이 아니라고 여겨지는 것과의 구별, '너와 다른 나'와 '나와 다른 너'의 구분에 근거하게 마련이었고, 인도인도 밖에서 온 '그들' 지배자에 대한 '우리 것', 내생(토착)적인 것을 정체성의 기반으로 삼았다.

이때 (재) 발견된 정체성은 고통과 모욕을 주는 현재가 아닌 과거(역사)와 힌두교였다. 특히 지배자에게 멸시당한 힌두교를 식민 통치로 상실된 인도인의 자아를 회복하고 미래를 기약하는 치료제로 인식했다. 19세기 후반에 이어진 힌두교의 다양한 개혁운동과 부흥 운동은 수억의 믿음을 가진 힌두교를 식민지배자의 종교인 기독교(또는 이전 정복자의 종교 이슬람처럼)와 대적 가능한 일관적이고 합리적인 종교로 상상하였다(이옥순, 1999).

즉, 이때 새로워진 힌두교는 소 전통과 각 지역의 전통을 의도적으로 무시하고 전국을 아우르는 브라만 중심의 텍스트에 기반한 대전통이 기반이었다. 브라모사마지, 아리아사마지 등의 조직을 통해 개혁에 나선 힌두 지도자들은 힌두교를 기독교/이슬람과 같은 단일한 종교임을 증명하기 위해 브라만의 경전인 베다(Vedas)를 (바이블과 코란과 같은) 힌두교 성서로 권위를 부여했다. 곧이어 외국의 지배를 받기 이전의 고대엔 소지했으나 이후에 잃어버린 힌두교의 우수한 특질을 되찾으려는 시도도 이어졌다. 이는 나약한 힌두교를 경멸하는 식민지식과 콜로니얼 신드롬에 대한 공격적 대응이지만, 지배자와 동질적이란 주장이기도 했다.

베다 시대로 돌아가자!
고대의 베다에 모든 것이 있다!

이런 구호로 전개된 힌두교의 개혁과 부흥 운동은 고대(古代) 힌두교의 영광과 그 문화의 우수성을 강조했다. 그런데 왜 힌두교는 고대에 존재했던 우수한 특질을 상실했을까? 힌두 개혁자들은 그 답을 중세에 인도를 지배한 외국인 모슬렘에서 찾았다. 곧 순수한 힌두교가 외국에서 온 악마와 같은 그들에 의해 때가 묻고 무능해졌다는 주장이었다. 그리고 잃어버린 그 특질을 회복해야 인도에 미래와 구원이 있다고 여겼다.

이 과정에서 힌두 개혁가들은 영국 지배자가 구성한 외래인(videshi) 모슬렘과 스와데시(swadeshi) 힌두의 이분화를 수용했다. 곧 인도인은 오직 힌두뿐이고 모슬렘은 인도에 포함되지 않는 외부인, 타자라는 등식이 만들어졌다. 요컨대, 인도에서 생긴 종교를 믿는 사람은 내부인, 외국 기반의 종교를 따르는 사람은 외부인이었다. 힌두가 모슬렘을 '우리와 다른 너희' '우리 안의 타자'로 외재화, 악마화한 시작이 이때였다(Chattopadhyaya, 1998).[8] 곧 모슬렘은 집합적으로 악의 정령인 도깨비나 아수라로 불리며 인도 토착의 적이 되었다. 흥미롭게도 이 시점은 오랫동안 인도를 지배한 모슬렘이 정치적 힘을 잃고 영국이 인도의 패권을 차지한 때였다.

백인 지배자와의 차이를 부정한 당시 인도의 지도자들은 제임스 밀이 기록한 역사의 시대구분을 받아들이며 힌두의 우수성을 주장하였다. 곧 이슬람이 통치한 중세를 암흑기로 치부하고 그들이 오기 전의 고대 힌두교 시대를 인도 역사의 황금기로 그렸다. 당시 인도의 일부 지도자는 과거를 지배해야 미래를 지배한다고 여겼다. 과거의 인도와 그들이 상상하는 미래의 인도는 억압적인 외국의 통치가 없는 나라였고, 따라서 그 역사의 주인공은 고대 황금시대의 후손이었다. 이는 반영 민족운동의 지도자로 활약한 라지파트 라이(Lajpat Rai)가 과거의 역사를 언급하는 자신의 유일한 목표가 제국주의자의 선전술을 부인하기 위해서라고 토로한 데서 드러난다(Cottlob, 2011).

> 힌두는 이 땅의 옛 거주자였고 수천 년간 이곳에서 살았다.
> 이곳은 힌두의 땅이지 약탈자의 나라가 아니다.

곧이어 위의 인용문처럼 '힌디어, 힌두, 힌두스탄'이란 반영 민족주의운동에서 인도의 약탈자로 지칭된 악마와 같은 모슬렘이 상상의 조국인 인도에

8 영국이 오기 전, 즉 이슬람 통치 기간에 모슬렘이 아닌 힌두가 기록한 각종 산스크리트 문헌에는 모슬렘이 타자(영토나 종교로)로 여겨지지 않았다. 무굴제국 시대에도 힌두와 모슬렘이란 이분법적 구분은 없었다. 두 집단의 구분과 모슬렘의 외래성에 대한 강조는 식민 권력으로 치환할 지식을 발굴한 영국 지배자의 공로(?)였다.

서 소외되고 배제되었다(Chowdhury – Sengupta, 1993). 일부 힌두는 고대의 황금시대를 암흑시대로 만든 침입자 모슬렘을 상상의 조국에서 제외하면서 힌두라고 가정된 내부구성원의 결속을 추구했다. 위험한 모슬렘을 빼고 구성된 토착의 인도는 베네딕트 앤더슨이 말한 '상상의 공동체'이자 모슬렘과 보낸 지난 세월을 고의로 잊은 어니스트 르낭의 '망각의 공동체(Renan, 1982)'였다.[9]

국가의 구성요소인 영토, 국민, 언어는 상상의 공동체, 망각의 공동체에서도 중요했다. 19세기 말부터 힌디어가 식민지배자의 영어에 대응하는 미래 인도의 국어로 인식되면서 같은 땅에서 함께 살아온 모슬렘 엘리트의 언어인 우르두어는 배척을 받았다.[10] 인간의 언어에 대한 충성도를 잘 아는 힌디어 운동의 지도자들은 힌디어에서 아랍어와 페르시아어의 영향을 받은 단어를 제거하고 힌두 고전어 산스크리트 단어를 의도적으로 늘리면서 두 언어의 차이를 분명하게 했다. 그때부터 데바나가리(Devanagari)로 표기된 힌디어는 아랍문자를 쓰는 우르두어의 명백한 타자가 되었고, 그 언어를 쓰는 집단과의 문화적 거리도 벌렸다. 그렇게 하여 이슬람 세력이 인도 온 뒤 6백 년에 걸친 여러 언어의 동화과정은 무효화의 길을 걷게 되었다(Upadhyay, 2003).

> 우리는 유럽인이 언급한 힌디어란 용어를 이해하지 못한다. 그 이유는 그 언어에 수백 개의 방언이 있기 때문이다. 힌디어엔 산스크리트와 같은 표준이 없다(King, 1999).

9 어니스트 르낭은 1882년 3월 11일의 강의에서 "망각(Forgetfulness)은 국가의 탄생에 필수"라고 말했다.

10 무굴제국의 공식어 페르시아어는 인도에서 패권을 차지한 영국이 1937년 영어를 공식어로 삼으며 위상을 잃었다. 영국의 식민정부는 도시에 거주하는 모슬렘 엘리트의 언어 우르두어를 법정 등에서 쓰는 북부지방의 공용어로 인정했고, 힌두 일부 엘리트도 현실적인 이유로 이 언어를 해득했다. 그러나 힌디어를 인도의 대표언어라고 주장하며 외국기원의 언어를 배척하는 힌디어 운동이 득세하자 우르두어는 그 대응으로 모든 모슬렘이 쓰는 언어로 상상되었다.

일찍이 19세기 중반에 식민지식을 채굴하는 영국인에게 당시 베나레스 대학의 한 학생은 이렇게 대답했다. 즉, 힌디어는 힌두라고 상상되는 사람들의 공통어가 아니었다. 표준어도 아니었다. 힌디어를 모르는 남부지방과 서부지역 등 여타 지방의 수많은 언어를 배제하는 하나의 언어라는 힌디어에 대한 상상은 점차 현실화하였다. 식민지배자에 맞서 독립운동을 이끈 인도 국민회의가 1925년부터 힌디어를 영어에 대응하는 공식어로 채택한 것이다.[11]

흥미롭게도, 같은 언어와 문화를 소지한 단일한 집단이란 힌두의 상상은 식민정부의 기이한 인구조사방식으로 구체적 다수집단이 되어 정당성을 얻었다. 1881년, 펀자브주의 인구조사책임자는 "자기 믿음을 정의할 수 없거나 이미 인정된 종교가 아닌 이름의 종교로 적은 사람은.... 힌두라고 분류한다"라고 지시했고, 전체인구 – (모슬렘+기독교인+불교도+자이나교도+시크교)=힌두가 현실이 되었다. 특정한 이름 없이 자기만의 믿음과 실천방식을 가진 대다수 인도인은 힌두교를 믿는 힌두로 묶였다. 영국 지배자에게 무력해서 점령되었다고 무시당한 인도인에게 다수라는 힘은 대항할만한 큰 무기로 인식되었다.

다수의 힘을 인식한 우리라는 이름, 즉 스와데시가 정치색을 띠며 현실적 전쟁터로 이동한 건 20세기가 막 문을 연 1905년이었다. 인도에서 영국 통치의 전성기인 당시 커즌 총독(Lord Curzon: 1899~1905)은 인도 민족주의와 반영 운동의 온상인 프랑스 크기의 벵골지방을 힌두가 다수인 서벵골과 모슬렘이 다수인 동벵골/아삼주로 나누는 권력의 행사에 나섰다. 그러나 분할령은 벵골인을 비롯한 인도 전역의 극한 반발을 불렀다. 소수 엘리트가 상상하기 시작한 스와데시란 용어를 대중이 지지한 시점이 이때였다.

11 그때까지 각 지방에서 모인 모국어가 다른 국민회의의 참석자들은 영어로 소통했다. 식민지 공식 석상의 언어는 당연히 영어였다 1916년 간디가 베나레스 힌두 대학의 졸업식에서 힌디어로 연설했을 때 그 자리에 참석한 영국 총독 등 모든 사람이 놀란 건 그래서였다. 1921년에 나온 인구조사는 당시 인도의 언어가 188개라고 발표했고, 같은 해 인도 국민회의는 미래에 들어설 인도라는 조국의 정치단위가 언어를 기반으로 구성된다고 결정했다. 언어를 기초로 주 지방을 구성하는 이 결정은 독립 후에 실현되었다.

1905년의 스와데시운동으로 반영 감정이 고조되면서 힌두 이미지를 재구성하고 힌두의 질서와 권력을 재발견하는 움직임이 절정을 이뤘다. 주목할 점은 이방 출신 영국을 반대하는 의미로 우리의 것 – 스와데시로 지칭된 이 운동의 참여자들이 (특히 유럽인이나 경찰을 보고) '반데 마타람'이란 구호를 외치며 – 집합적으로 결속한 사실이다. Vande Mataram(어머니, 당신에게 절합니다)은 강한 아이를 낳아 잘 기르는 어머니, 즉 여신=모국=인도를 의미했다.

이후 애국적 모임과 반영 투쟁의 구호가 되었고 독립한 뒤에도 국가(國歌)처럼 애창되는 반데 마타람은 민족주의의 발흥에 큰 영향을 준 뱅킴 찬드라 챠터르지의 벵골어 소설 *Anand Math*에 나온 시(詩)였다. 이슬람 통치에 대한 힌두의 반란을 다룬 '기쁨의 승원'이란 뜻의 소설은 외국의 억압이 없는 행복한 땅을 의미했고, 정치구호가 된 반데 마타람은 어머니의 나라를 외국의 족쇄에서 해방하는 자식의 의무와 목표를 내포했다(Hay, 1991).

그러나 모국을 상징하는 여신의 숭배는 필연적으로 유일신을 믿는 모슬렘에게 심리적 거리를 유발했고, 우상을 섬기지 않는 그들에게 정치적 의식을 환기하는 결과를 낳았다. "모슬렘에 대한 차가운 증오가 우리 가슴에 자리를 잡았다. 우리는 양측 – 힌두와 모슬렘 – 으로 분열되었다(Chaudhuri, 1957)." 당대 벵골에 거주한 벵골인 힌두 작가는 자서전에서 당시를 이렇게 회고했다. 이후 힌두와 모슬렘의 분리 의식은 심화하였고, 다수를 차지하는 힌두가 모슬렘을 소외하면서 이 지역 모슬렘의 의식도 변하였다.

> 만일 힌두만이 인도인이라고 믿는 힌두가 있다면 그는 꿈나라에 있는 것이다. 인도를 자신들의 나라로 만든 힌두, 모하메단, 파르시, 기독교인은 동포이다(Gandhi, 1938).[12]

12 파르시(parsi)는 8세기경 페르시아에서 종교박해를 피해 인도로 이주한 조로아스터교(Zoroaster) 인의 후손을 지칭한다. 파르시는 인구는 적어도 식민지 시대를 넘어 독립 후에도 존재감(특히 경제 분야)이 컸다.

Hindu Sabha 등 일부 힌두 급진적 단체와 인물이 힌두 국가의 건설을 주장했으나 반영 운동의 주류인 인도 국민회의의 마하트마 간디, 자와할랄 네루는 전선의 분파적 전개와 종교적 갈등의 파장을 경계하며 균형적인 지도력을 발휘했다. 세속주의를 천명하고 독립한 인도에서 실천한 자와할랄 네루 총리는 '인도는 힌두와 모슬렘의 공동의 조국'이라고 외쳤고, 네루와 달리 종교가 정치에 개입되는 걸 반대하지 않은 간디도 '나는 힌두이며 모슬렘'이라고 복합적 정체성을 강조하며 두 집단의 갈등을 키우지 않으려고 노력했다.

'우르두어를 좋아하면서 좋은 힌두일 순 없다'라는 발언이 나오고, 우리가 아닌 타자를 나쁘게 만들면서 우리를 결속하고 비교우위에 놓는 영국의 통치방식이 인도인에게 효과적으로 학습되었음을 알려준다. 영국 지배자의 교묘한 이간책과 악마와 타자로 규정된 모슬렘 집단의 생존전략이 더해지며 힌두와 모슬렘의 간격은 점점 벌어졌다. 제2차 세계대전이 끝나고 인도에서 영국의 철수가 임박하자 1946년부터 양측간의 갈등은 유혈 충돌로 이어졌다.

> 오래 전 우리는 운명과 만나는 약속을 했습니다. 그리고 이제 우리의 약속을 웅대하게 이행할 수 있는 때가 왔습니다. 이제 자정을 알리는 종이 울리면 세계는 잠들어 있지만, 인도는 자유와 삶을 향해 깨어 있을 것입니다.

마침내 인도는 1947년 8월 15일의 시작을 알리는 0시, 이렇게 시작되는 네루(Nehru, 1947) 총리의 독립선언서와 함께 스와데시 정권, 스와라지를 이루며 상상의 조국에서 실제의 국가로 탄생했다. 그러나 세계지도에 이름을 올린 그 조국의 건설은 파키스탄의 분단과 수많은 인구의 이산(離散)과 목숨을 대가로 치렀다.[13] 그 비극적 결별이 남긴 깊은 상흔은 여러 차례의 전쟁과 수많은 테러로 얼룩지며 지금도 남아있다.

13 1947년, 인도에 거주하던 약 1억 명의 모슬렘 인구 중 6천여만 명이 파키스탄으로 삶의 터전을 옮겼다. 반면에 파키스탄 영토에 살던 수백만 명의 힌두와 시크교도가 인도, 주로 수도 델리에 피난처를 구했다. 그 과정에 엄청난 인적 물적 희생이 수반되었다.

IV. 파키스탄, 모슬렘의 조국

19세기 말 모슬렘 지도자 사이드 아메드 칸은 모슬렘을 타자화, 외재화하는 힌두의 배타적 움직임에 대하여 '인도에는 다른 국적을 가진 사람도 거주한다.'라고 반박하며 공통의 이익을 가진 모슬렘의 정체성을 그려냈다. 그는 먼저 모슬렘의 영적 지배자 칼리프의 정당성을 부정하는 발언으로 중동지방과의 연계성을 약화하고 인도에서 (힌두와 다른) 모슬렘의 정체성을 하나로 상상하기 시작했다(Malik, 1980). 이미 인도에서 모슬렘의 정치적 권력은 1857년 무굴제국의 공식적인 종말로 상실된 시점이었다.

다수 힌두 집단의 응집에 대한 대응이자 영국의 식민 통치에 대한 긍정적 적응인 이러한 인식은 전국에 흩어져 사는 다양한 모슬렘을 하나의 집단이라고 상상된 힌두와 대적할 수 있는 동질적 이슬람교 집단으로 상상해야만 가능했다. 그래서 이 시대 이슬람 지도자들은 인도에서 모슬렘의 생존을 위해 모슬렘의 집합성을 그려내고 인구의 다수인 힌두의 전제화가 자신들의 생존에 위협적이라고 강조하며 힌두와 간격을 벌렸다. 이는 게젤샤프트를 형성하려고 새로운 게마인샤프트를 탄생한 셈이나 다름없었다(강상중, 1997).

사실 전국에 흩어져 다양한 삶을 사는 모슬렘의 대다수는 12세기 이후 같은 땅에서 공존한 힌두와 지역의 전통과 관습을 공유하며 힌두의 다신교적 정체성에 상당하게 물들었다. 요컨대, 농촌 지역의 모슬렘은 도시 상층의 모슬렘보다 같은 마을에 사는 힌두와 공통점이 더 많았다. 그래서 훗날 파키스탄이 된 벵골어 구사 모슬렘과 펀자브어를 쓰는 서북지방 모슬렘은 언어나 인종의 견지에서 서로 외국인이나 진배없었다. 반면에 역사를 공유한 벵골지방의 힌두와 모슬렘은 종교는 달라도 같은 벵골인이란 인식이 강했다.

그러나 이슬람 지도자들은 힌두의 집합적 정체성 추구에 대응할 필요성을 인지하고, 범(pan)이슬람주의를 내세웠다. '우리 종교'를 보호하는 이슬람 정화 운동과 다수 힌두가 그들과 다르다는 타자성을 통해 '우리 모슬렘'의 유기적 정체성을 주장했다. 인도의 모슬렘 인구 중에서 아랍어로 기록된 이슬람

성서 코란을 읽을 줄 아는 인구가 극소수라는 점이나 이슬람 축제를 두고 시아파와 순니파 간에 갈등이 벌어지는 오랜 현실은 무시되었다.[14]

단일한 모슬렘이라는 상상의 정치적 결과는 1906년 인도 모슬렘연맹(Muslim League)의 결성이었다. 이는 인구가 다수인 힌두의 영향력을 제어하고 (힌두 집단의 대표라고 상상하는) 인도 국민회의(National Congress)에 대응할 수 있는 전국적 조직의 마련이었다. 사실 영어를 구사하는 엘리트 중심의 인도 국민회의는 모슬렘을 힌두의 타자로 인식하지 않고 세속적 입장을 견지했고, 초기 국민회의에 상정된 안건도 사회적 갈등을 피하는 경제와 정치문제에 국한하였다. 그러나 반데 마타람으로 힌두를 결속한 1905년의 스와데시운동이 모슬렘연맹의 탄생에 심리적 동인으로 작동하면서 상황이 변했다.[15]

모슬렘도 일단의 힌두처럼 우리 종교 이슬람을 상상했다. 다양한 정체성을 가진 모슬렘을 하나로 묶는 이 상상은 오직 모슬렘만이 모슬렘을 대표한다는 인식으로 발전했고, 1909년엔 분리 통치의 정치적 효과를 인식하는 식민정부로부터 우리 모슬렘만의 분리 선거구를 확보하는 결과를 얻었다. 당시 민토 총독은 식민 통치의 안전성을 염두에 두고 종교집단 간의 균형을 맞추길 바랐고, 모슬렘연맹도 자신들이 가진 힘의 지렛대를 인식하며 그걸 이용했다. 이때 모슬렘연맹이 염두에 둔 모슬렘만의 분리 선거구는 모슬렘이 다수인 서북지방(현 파키스탄)과 동부 벵골(현 방글라데시)이었다.

모슬렘 엘리트는 힌두 집단처럼 인도 모슬렘의 과거(역사)를 조정하고 재

14 인도의 모슬렘은 비교적 동질적인 중동지방의 모슬렘과 다르게 다양한 믿음과 정체성을 소지했다. 그들이 공유한 단 한 가지가 금요일의 예배라고 말할 정도로 동질성이 약했다. 특히 인종과 문화가 완전히 다른 서북지방 모슬렘과 동벵골의 모슬렘은 하나가 아니었고, 결국 파키스탄과 방글라데시로 헤어졌다.

15 1885–93년까지 인도 국민회의 연례회의에 참석한 모슬렘은 연평균 50명이었지만, 암소를 보호하는 문제로 힌두와 모슬렘 간의 폭동이 극성을 이룬 1893년 이후엔 그 수가 연 7명으로 크게 줄었다. 모슬렘은 국민회의를 힌두를 위한 힌두의 조직이라며 자신들의 조직을 따로 만들고 싶어 했고, 1905년 벵골지방의 분할로 자극을 받고 이듬해에 모슬렘연맹을 세웠다.

구성하는 작업도 시작했다. 12세기 말부터 인도 북부에서 살아온 모슬렘의 후손이 역사의 중심이 되어 힌두를 주변화하는 역사가 기록되었다. 모슬렘이 지배한 중세시대를 인도 역사의 전성기라고 주장하며 동시대를 역사의 암흑기로 여기는 역사서술과 대립각을 세웠다. 이러한 서술은 모슬렘 집단이 힌두 집단과 다른 정체성을 수립하고 강화하는 데 큰 디딤돌이 되었다.

그러나 모슬렘연맹은 1930년까진 모슬렘의 국가를 염두에 두지 않았다. 일찍이 모슬렘의 정체성 구성에 나선 사이드 아메드 칸은 '인도엔 두 개의 민족이 살고 있다. 만약 영국이 인도를 떠난다면 그들 사이엔 투쟁이 일어날 것'이라고 전망했지만, 모슬렘 조국을 구체적으로 언급하진 않았다. 제1차 세계대전 후에 연합군이 모슬렘의 영적 지도자 칼리프(khalife)에 대한 처분을 두고 반발한 인도 모슬렘의 반대운동도 그들만의 조국에 대한 상상으로 연결되지 않았다.

모슬렘의 인식에 큰 변화를 촉발한 건 1929년이었다. 인도 국민회의는 미래의 인도 국기가 될 삼색기를 게양한 라호르의 연례총회에서 영국 제국주의로부터 완전한 독립과 '미래 인도'의 헌법을 언급하였다. 이러한 급진적 발언을 들은 수적으로 열세를 절감하는 모슬렘 지도자들은 자신들의 불안한 위치를 재확인하였다.

'한 왕좌에 둘이 앉을 순 없다.' '모슬렘은 그들의 조국을 가져야 한다.'

인도 국민회의를 지켜본 알리 진나(Jinnah)를 비롯한 모슬렘연맹의 지도자들은 대를 이어 살아온 고향 인도가 다수 힌두의 조국으로 실현되고 그 안에서 자신들이 소수가 될 것을 우려하였다.[16] 곧 모슬렘의 이익을 보장하는

16 1931년 실시된 인구조사에 따르면, 모슬렘이 인도 총인구의 22.0%, 힌두는 72.8%로 힌두가 압도적 다수였다. 모슬렘연맹은 의회민주주의에서 소수인 그들이 다수인 힌두에 절대적 열세라고 위협을 느꼈다.

'모슬렘의 인도' '모슬렘 자유국가' '우리 모슬렘의 조국'이란 표현이 터져 나왔다. 종교로 인해 나라가 분단될 것을 경계한 반영, 독립운동의 지도자 간디와 국민회의는 통합적 인도를 거듭 호소했으나 모슬렘연맹과 그 지도자들은 모슬렘의 조국을 외치며 국민회의와 평행선을 탔다.

인도에서 위세가 약화하자 인도인에게 영국이 양보한 주 지방을 두고 치러진 1937년의 지방선거에서 국민회의가 압승을 거두자 패배한 모슬렘연맹은 의회민주주의에서 수적 열세를 인식하고 독립한 인도에서 권력을 잡지 못할 거라는 두려움을 한층 실감했다. 6개 주에서 승리를 거두고 주 정부를 구성한 국민회의와 달리 모슬렘연맹은 모슬렘이 다수인 서북지방에서 연립내각을 세우는 데 그쳤다. 그때부터 진나는 '두 국가론(Two Nation Theory)'과 '힌두 국가화'의 위험성을 설파하며 중간층과 상층을 넘어 대중에 이르기까지 연맹의 세력 확대에 총력을 다했다.

모슬렘의 구심체인 모슬렘연맹은 힌두와 국민회의의 인도와 구분되는 '우리' 조국을 재확인하면서 그 조국의 다수 구성원을 접합할 매개로 '우리 종교' 이슬람을 강조했다. 모슬렘 대중의 충성심을 끌어내는 데엔 영토보다 종교가 중요하다는 판단이었으나 실은 영토 대부분을 차지할 미래 인도에 대한 어쩔 수 없는 대응이었다. 모슬렘연맹의 지도자들은 그 상황에서 '우리 종교'가 사람들을 접합하는 수단이고, 특히 적대적 종교 힌두교가 존재할 때 효과적이란 사실을 잘 알았다.

> 힌두와 모슬렘은 두 개의 다른 종교, 철학, 사회관습, 문학에 속한다. 그들은 서로 결혼하지 않고, 같이 먹지도 않는다. 모슬렘은 하나의 민족이다.

> 주사위는 이미 던져졌다. 우리가 이해하는 통일된 인도는 영원히 등장하지 않을 것이다. 서북지방의 모슬렘은 분리된 모슬렘 국가나 모슬렘 제국의 일부가 될 것이다.

1940년, 나중에 파키스탄의 초대 총리가 된 진나는 이렇게 '모슬렘은 하나의 민족', '모슬렘들의 조국을 가져야 한다'라고 파키스탄을 천명했다(Sayd, 1979). 곧이어 그와 연맹은 힌두스탄(인도 본토)을 '힌두의 조국'으로 상정한 인도에 밀려 모슬렘이 많은 동부지방(동파키스탄)과 서북 지역(서파키스탄)을 '모슬렘의 조국'으로 받아들였다. 알리 진나는 제2차 세계대전의 종전이 가까운 1944년, 힌두스탄과 파키스탄이란 두 개의 국가를 공식적으로 선언하고 모슬렘의 자결권을 확인하면서 분단의 길로 걸어갔다.

진나가 파키스탄을 공식적으로 선언한 1940년 4월 마하트마 간디는 "나는 모슬렘과 가깝게 죽 함께 살아왔다. 이슬람이 힌두의 종교를 반대한다고 가르친 모슬렘은 한 명도 없었다"라고 두 집단이 갈라지는 걸 몹시 안타까워했다(Gandhi, 1940). 물론 모슬렘이 다 모슬렘연맹에 동조하진 않았다. 그해 12월, 모슬렘인 압둘 칼람 아자드는 '함께 보낸 천년의 세월이 우리에게 공통의 목적을 갖게 했다"라며 인위적 분단을 반대하고 통합적 인도를 역설했다. 1947년 그는 인도에 남았고, 자유를 얻은 조국에서 초대 교육부 장관이 되었다.

분단은 어김없이 다가왔다. 모슬렘의 조국이란 상상이 힌두가 다수인 인도라는 위협에 대한 응전이었기 때문이다. 모슬렘연맹은 미래국가-인도의 국어로 힌디어가 부상하자 우르두어를 모슬렘의 공용어로 여겼고, '모슬렘, 우르두어, 파키스탄'의 외침으로 '힌디어, 힌두, 힌두스탄'이란 구호에 맞섰다. 모슬렘 지도자들은 우르두어에서 힌두의 영향인 산스크리트 단어를 배제하고 아랍어와 페르시아어 단어를 더 많이 포함하면서 우르두어와 모슬렘의 깊은 연계성을 모슬렘 대중에게 호소하였다.

사실 우르어는 갠지스 평원과 펀자브 지방에 사는 소수 모슬렘 지도자의 언어로 대중적 뿌리가 없었다. 그래도 파키스탄의 다수 인구를 차지한 벵골의 주민과 서북지방 모슬렘 대중은 우르두어를 모르면서도 모슬렘 조국의 언어라는 명분으로 받아들였다. 1947년 8월 15일, 파키스탄의 독립선언문을 영어로 읽은 진나는 우르두어를 아예 몰랐고, 심지어 자신의 이름도 쓰지 못했다. 그러나 모든 모슬렘의 언어로 상상된 우르두어는 힌디어가 국어인 인도와의 차이를 벌리며 파키스탄의 국어가 되었다.

모슬렘의 조국으로 탄생한 파키스탄은 수백 년간 공존한 조상의 영토이자 영국이 지배한 식민지를 대부분 인도에 내주고 서북과 동부지방 양단의 영토에서 독립했다. 넓은 영토에서 세속주의를 선언하며 출발한 인도와 달리 파키스탄은 영토보다 종교를 중요시할 수밖에 없었다. 신드, 발루치스탄, 파탄, 펀자브 지방으로 구성된 서파키스탄과 동쪽 벵골지방의 동파키스탄을 아우르며 파키스탄이란 국명으로 역사의 바다에 닻을 올린 파키스탄의 국민은 언어로 서로 소통하지 못했다. 오직 종교라는 공통점을 소유한 그들의 조국은 이슬람법이 지배하였다.

V. 방글라데시, 방글라의 땅

독립한 이듬해인 1948년 파키스탄 제헌의회는 "파키스탄은 모슬렘 국가이고, 우르두어를 국가의 언어로 삼는다"고 선포하였다(Ahmad, 2010). 우르두어가 이슬람국가의 정신을 구현한다는 이유였다. 그러나 국어인 우르두어는 파키스탄 총인구의 약 3%만 사용하는 이른바 소수 언어였다.[17] 이러한 수치는 파키스탄의 모슬렘이 단일한 공동체가 아니라 크고 작은 수많은 커뮤니티의 집합체란 명백한 증거였다.

특히 파키스탄 총인구의 55%(6천 9백만 명 중 4천 4백만 명)를 차지한 동파키스탄의 주민은 서북지방(신드, 발루치스탄, 펀자브 등)의 서파키스탄과 완전히 다른 문화와 전통을 지닌 벵골인으로 모국어가 벵골어였다. 당연히, 동파키스탄인에게 국어로 선포된 우르두어는 식민지배자의 영어처럼 외국어였다. 우리 모슬렘의 조국이란 모슬렘 엘리트의 상상을 받아들여 영토의 불리에도 파

17 우르두어를 사용한 인구는 대략 240만 명으로 대개가 펀자브 출신이었다. 펀자브 인은 국어의 위상인 우르두어를 바탕으로 파키스탄 군대의 80%, 관직의 55%를 차지했다.

키스탄의 탄생을 지지한 동파키스탄의 모슬렘 대중은 우르두어의 강제 부과에 반발했다.

파키스탄 정부는 모국어인 벵골어를 우르두어와 대등한 위상을 부여해 달라는 동파키스탄인의 요구를 건국이념을 부정한다며 거부했다. 수도가 소재한 서파키스탄에 머문 진나 총리는 1952년 1월에 동파키스탄의 중심지 다카를 방문하여 벵골어가 (인도) 힌두의 언어이기 때문에 모슬렘의 조국인 파키스탄의 국어가 될 수 없다고 발언하여 분노를 샀다. 동파키스탄인은 그들이 상상한 조국이 진정한 조국이 아니라는 걸 깨달았다.

같은 해 2월 21일, 진나 총리의 발언에 자극을 받은 다카대학의 학생들이 우르두어 반대 집회를 열었고, 운동은 경찰의 총격으로 유혈사태를 수반하며 사망자를 내는 상황으로 발전했다. 곧 수만 명이 전국적인 항의운동을 벌였고, 노동자의 파업도 시작되었다. 그날의 운동은 진압되었으나 이후 동파키스탄인은 해마다 2월 21일을 '순교자의 날'로 기리며 언어 운동을 시와 노래, 연극과 영화로 재현하며 벵골어에 대한 대중의 소속감을 고취하고 정서적 결속을 다져나갔다.[18]

물론 파키스탄 정부는 확고한 입장이었다. 인도에 거주하는 힌두 벵골인과 언어와 문화는 물론, 역사까지 공유하는 동파키스탄인의 벵골어가 모슬렘 국가 파키스탄의 국어가 될 순 없다고 대응했다. 결국 동파키스탄의 지속적인 언어 운동은 1956년 방글라가 동파키스탄주의 공식어가 되는 작은 승리를 거뒀으나 몇 년 뒤 쿠데타로 대통령이 된 아유브 칸에 의해 다시 위기를 맞았다. 칸은 동파키스탄인이 "본래 인도의 인종에 속하며 지금도 힌두의 문화적, 언어적 영향권에 있다'라며 우르두어의 유일한 국어정책과 벵골어의 인도 연계성을 재확인했다.

18 1999년, 유네스코는 방글라데시의 제안을 받아들여 '순교자의 날'인 2월 21일을 '국제 모국어의 날(International Mothcr Language Day)'로 정했다.

그 벵골인이 통치하게 될 이 지역을 어떻게 설명하나요? 마을의 모슬렘 원로들이 뭐라고 말할까요? 시크교도와 파탄인 경찰이 어떻게 그의 밑에서 일합니까? 정부가 (벵골인을) 청소부로 임명했다면, 우린 아무 말도 안 했을 겁니다.

이건 진짜 잔인한 실수입니다.

인도에 밀려 서북지방에 국가의 터를 잡은 파키스탄 정부는 앞의 제2장에서 언급한 키플링의 단편 The Head of the District에 등장하는 서북지방 주민의 벵골인에 대한 차별적 관점을 답습했다. 소설에 나오는 배우지 못한 서북지방 모슬렘 주민이 영어를 배우고 고등고시를 통과한 벵골인 부지사를 인종차별로 쫓아내듯이 서파키스탄에 근거한 지도자들은 동파키스탄의 벵골인을 자신들과 대등하게 여기지 않았다. 마치 식민지배자처럼 벵골인을 내려다보며 벵골어를 쓰는 자국민을 모슬렘의 조국 파키스탄과 우르두어의 열등한 타자로 인지했다.

사실 동파키스탄은 인구에서 차지하는 농촌 지역 문맹자의 비율이 높았고, 정치적으로 소외된 만큼 사회경제적으로도 서파키스탄에 뒤졌다(Jahan, 1972).[19] 그들은 파키스탄 정부가 공무원 시험을 우르두어로 치르면서 공직에 진출할 기회를 박탈당했고, 벵골어를 아랍문자로 표기하란 지침으로 문화에 대한 억압과 차별을 실감하였다. 벵골어는 동파키스탄의 학교와 미디어는 물론 화폐와 우표에서도 자취를 감췄다. 벵골이 배출한 역대 최고의 작가인 타고르의 작품을 포함한 벵골어 문학과 벵골의 음악이 금지되었다. 동파키스탄은 마치 파키스탄의 내부 식민지처럼 여겨졌다(Hechter, 1975).[20]

19 방글라데시 정치학자 로나크 자한(Rounaq Jahan)에 따르면, 전체인구의 56%인 동파키스탄인은 파키스탄 관료의 30%, 군 장교의 5%를 차지하는 데 그쳤다.

20 미국의 사회학자 미카엘 에스떼(Michael Hechter)는 "중심이 주변을 정치적으로 지배하고 물질적으로 이용하는 것"을 내부 식민주의라고 정의했다.

그러나 동파키스탄은 파키스탄에서 가장 많은 주민이 사는 지역이었다. 우리 종교의 조국이란 상상을 받아들여 여타지역 모슬렘과 문화적, 언어적 차이를 넘어 파키스탄에 합류한 동파키스탄인은 우르두어의 강제와 벵골어에 대한 탄압을 차별로 인식하고 조국의 의미를 두고 고심했다. 결국 주민의 99%가 쓰는 스와데시 언어 방글라(벵골어의 현지 발음, 이하 방글라로 지칭함)와 문화로 정체성을 확인한 그들은 파키스탄의 국어를 반대하며 모슬렘의 조국=파키스탄이란 등식을 부정하였다. 동파키스탄인은 이질적 국민을 종교로 접합한 파키스탄의 정체성을 대신하여 언어와 문화적 동질성과 유대감으로 '조이 방글라(벵골어 만세)'를 외쳤다. 그 외침은 '방글라의 조국(방글라+데시)'이란 상상의 산물이었다.[21]

1969년 절정에 다른 방글라 운동은 자치와 해방을 요구하며 아유브 칸 정권에 반대하였고, 운동의 구호도 "너의 나라, 나의 나라 방글라데시"로 바뀌었다. 국가의 구호인 '파키스탄 진다바드(Zindabad: 만세)'도 '방글라데시 진다바드'로 대체되었다. 언어 운동에서 해방운동으로 나아간 동파키스탄인을 이끈 아와미 연맹(Awami League: 방글라데시인 연맹)은 1970년 총선에서 승리하며 파키스탄 의회의 다수당이 되었으나 군사정권의 압력으로 정부를 구성하지 못하였다. 결국 1971년 12월, 방글라데시는 피로 물든 전쟁을 치르고 파키스탄에서 독립하였다.

동파키스탄이 언어를 바탕으로 파키스탄을 타자화하며 새로운 조국을 상상한 건 벵골어가 자긍심의 원천인 점과 무관하지 않았다. 식민지 시대 벵골 농촌의 정경을 아름답게 그려내어 민족주의를 고취한 타고르의 문학, 반영혁명가로 활동하다 성자가 된 오로빈도 고시(Ghosh)의 말과 글이 벵골어였

21 2020년 방글라데시는 국가의 구호를 1952년 언어 운동의 구호인 '조이(Joy) 방글라'로 정하고, 모국어와 조국의 탄생을 되새겼다. 방글라는 현재 세계에서 6번째로 많은 사람이 사용하는 언어로 기록된다.

다.[22] 동파키스탄인의 벵골어에 대한 애정은 언어 운동의 제안서에 담긴 '깊은 유산과 전통을 가진 벵골어를 아랍문자로 표기하는 것은 우리 언어와 문학, 문화에 대한 공격'이란 표현에서 묻어났다.

동파키스탄인이 언어를 정체성의 기반으로 파키스탄과 다른 조국을 상상한 또 다른 이유는 독립 이전과 달리 동파키스탄엔 적대적 대상인 힌두의 위협이 없던 점에 기인했다. 방글라데시로 상상된 동파키스탄의 압도적 다수 인구는 모슬렘이었고, 1947년 인도로 가지 않고 남은 힌두는 소수였다. 1971년 방글라데시가 파키스탄에서 독립하며 종교를 강조하지 않고 인도처럼 세속주의를 선언한 이유가 거기에 있었다.[23]

방글라의 조국을 상상한 동파키스탄인은 인도에 사는 벵골인과의 차이를 강조하였다. 독립하기 이전의 벵골인 모슬렘은 모슬렘 세계의 대전통보다 벵골지방의 소 전통에 친숙했으나 그들은 동파키스탄의 모슬렘을 넘어 방글라데시의 모슬렘으로 자칭하며 힌두 벵골인과 공유한 역사와 전통을 배제하였다. 극단적 일부는 근대 벵골이 배출한 힌두 지도자의 책까지 금서로 정했다. 방글라데시인은 방글라에서 힌두와 공유하는 산스크리트어 단어를 줄이고 아랍어와 페르시아어 단어를 늘리며 인도라는 나라와 인도에 거주하는 벵골인의 타자성을 완성하였다.

1971년 파키스탄과 전쟁을 불사하며 방글라의 나라를 실현한 방글라데시의 헌법 1조 4항은 '방글라데시의 국어는 벵골어'이며 방글라데시를 '언어와 문화의 정체성에서 끌어낸 벵골인의 국가'라고 규정하였다(Hana Shams Ahmed, 2010). 이는 우리 종교라는 상상으로 조국을 실현한 파키스탄과의 명백한 차별화였다. 스스로 '벵골인 모슬렘'에서 '모슬렘 방글라데시인'이라고

22 1971년 방글라데시는 새 조국의 국가(國歌)로 타고르가 1905년 벵골 분할령이 내렸을 때 비판의 의미로 적은 시에 곡을 붙인 Amar Shonar Bangla(황금빛 나의 벵골)를 채택했다.

23 그러나 파키스탄에서 독립한 이듬해인 1972년 라만 대통령은 세속주의를 폐기하고 이슬람 국가를 천명하였다.

자기를 정의한 그들은 모슬렘 방글라데시인이 진정한 벵골인이라고 주장하며 조국 내부인의 진정성과 토착성을 다시 확인하였다.

그렇다면 방글라의 나라(데시)는 방글라를 쓰는 모든 주민의 조국이었을까? 그러진 못했다. 이슬람의 나라 파키스탄이 종교가 아닌 언어로 동파키스탄인을 차별하다 인구의 절반을 떠나보냈듯이 방글라데시에서도 구분과 차별이 생겼다. 우리 언어의 조국이란 이름으로 탄생한 방글라데시에서 차별의 기준은 아이러니하게도 파키스탄을 결속한 종교였다. 1947년, 1971년의 격동기에 인도로 떠나지 못하고 벵골에 남은 힌두와 여타 믿음을 가진 부족민은 같은 언어 벵골어를 쓰면서도 방글라데시의 외국인이 되었다.[24]

VI. 스와데시 신드롬을 넘어, 상생과 공존

> 과거는 우리, 모두가 떠나온 조국이다. 과거를 지우는 건 자신을 지우는 것이기에 우리는 그곳과 영원히 연결되어있다. –Salman Rushdie, *Imaginary Homelands*

20세기 스와데시 신드롬은 지역의 복합성을 무시하고 영국의 식민지배자가 부과한 동질성에 대한 상상을 바탕으로 하나의 국가, 단일한 문화를 이루고 발전시키는 딜레마의 산물이었다. 이는 영국 지배자의 국가에 대한 상상과 구성을 받아들여 그 시선으로 자신을 보는 콜로니얼 신드롬의 거울 이미지였다. 이는 또한 공식적 식민 통치(정치적 지배와 경제적 이용)가 사라졌음에도 살아남아 계속되는 정신적 식민화였다(Nandy, 1990).[25]

---

24 1971년, 방글라데시가 독립할 무렵에 떠난 사람은 천만 명이 넘고 그중 700여만 명이 인도에 피난했다. 대다수가 모국어를 공유하는 서벵골지방으로 들어갔다. 피난민의 80%가 힌두였다.

25 인도의 심리학자 아시스 난디는 이를 '제2의 식민화'라고 불렀다.

식민지배자와 그 피지배자인 힌두와 모슬렘이 공유한 이러한 신드롬은 3개 국가—인도, 파키스탄, 방글라데시—로 나뉘는 결과로 이어졌다. 그 조국의 그 많은 구성원은 오랜 공통의 역사와 유산을 의식적으로 무시하고 의도적으로 망각하면서 '우리는 누구인가'가 아닌 '우리는 그들이 아닌 누구', 타자와 다른 우리 조국을 기반으로 존재할 이유를 찾았고, 지금도 찾고 있다. 타자에 대한 불신으로 수많은 갈등과 전쟁과 테러까지 호출했다. 피지배자의 얼굴을 한 식민주의—마하트마 간디가 염려한 대로 호랑이는 사라졌으나 호랑이의 속성을 닮은—가 지속되는 것이다.

파키스탄의 정체성이 늘 인도가 아닌 그 무엇, 예를 들면 힌두의 나라가 아닌 이슬람의 땅이란 인식이 그렇다. 그 파키스탄에서 떨어져나온 방글라데시도 파키스탄의 타자라는 정체성에 기초하면서 이중의 타자를 만들었다. 따라서 인도, 파키스탄, 방글라데시는 타국의 정체성을 불인정하고 불신하며 공격적 입장을 내재한다. 20세기 후반부터 수없이 반복하여 언급된 지역의 협력과 공존에 대한 외침이 절반의 성공만 담보되는 이유가 그래서이다.

영국의 식민지식과 그 지식이 바탕이자 응전인 스와데시 – 우리 고향, 우리 언어, 우리의 것이란 상상은 독립 후에 사라지지 않았다.[26] 인도에는 동질적 언어와 문화적 정체성을 내건 수많은 주 지방이 우리 스와데시의 이름으로 탄생하였다. 독립할 때 17개 주로 출발했으나 현재 그 2배가 넘는 주 지방을 가진 인도는 공식어도 23개로 늘었다. 우리라는 동질성의 추구가 필연적으로 타자를 이질적으로, 악마로 구획하여 공존을 어렵게 만든 결과다.

---

26 최근에도 인도는 애국 우파를 표방하는 현 집권 여당이 국산품애용과 외국 상품을 배척하는 운동을 거국적으로 벌이면서 스와데시에 주목한다. 그 중심엔 마하트마 간디가 1920~30년대 전개한 카디(Khadi: 영국 공장제 옷감에 대비되는 농민이 손으로 짠 인도산 직물)가 있다. 간디의 동향인 모디 총리는 간디처럼 카디가 '그냥 옷이 아니라 가난한 이를 돕는 운동'이라고 감정적으로 호소하면서 스와데시를 정치적 자산으로 삼는 데 성공했다. 모디 정부가 내건 애국적 구호 – Swadeshi, Vocal for local, Go India, Make in India, Be Indian buy Indian, Self – reliant – 에는 식민 통치의 상흔이 짙게 묻어있다.

인도는 시크교를 정체성의 근원으로 내건 펀자브주 '칼리스탄'의 유혈 분리주의 운동으로 1980년대 힘든 시기를 보냈다. 다른 지방에서 온 이주민을 타자화하며 스와데시를 외친 아삼주의 외지인 배척 운동은 악몽처럼 길게 이어졌다. 언어와 문화를 바탕으로 '우리' 운동을 벌이는 집단은 지금도 많다. 하나의 커뮤니티가 아닌 파키스탄도 마찬가지였다. 펀자브어를 쓰는 주민과 오랜 역사를 자랑하는 신디어를 구사하는 신드 지방 주민과의 갈등이 정치적 격변으로 연결되는 경우가 적지 않았다.[27] 파키스탄에서 강압적으로 동의를 구하는 쿠데타가 빈번하게 일어나는 이유도 여기에 있다. 언어의 동질성을 바탕으로 독립한 방글라데시에선 소수 종교인 힌두와 부족 지대 인구를 차별하는 현실이 이어지며 과거가 반복되었다.[28]

> 나는 농촌에 있으면 인도인이 된다. 캘커타 시에 닿으면 유럽인이 된다. 어느 쪽이 내 진정한 자아인지 아는 자는 누구인가?[29]

> 내겐 적도 없고 이방인도 없다. 나는 그들을 모두 연결한다.[30]

---

27 파키스탄의 남부 신드 지방 주민은 자신들의 모국어 신드어(Sindhi)가 2천 년이 넘게 사용되었지만, 국어인 우르두어는 생긴 지 250년밖에 안 되었다고 주장했다.

28 방글라데시는 주민의 99%가 방글라를 쓰지만, 종교는 동질적이지 않다. 1947년과 1971년에 인도와 다른 나라로 이주하지 못하고 현지에 남은 힌두는 주로 빈곤층이었다. 2022년 현재 모슬렘을 빼면 가장 인구가 많은 힌두를 비롯하여 불교도와 기독교인, 각종 정령을 믿는 인구가 약 9%이다.

29 1913년 아시아인 최초로 노벨문학상을 수상한 라빈드라나트 타고르는 유럽식의 배타적 민족주의를 반대하고, 여러 지역과 종교의 공존을 설파하였다. 그는 이 때문에 인도의 일부 민족주의자로부터 비난과 배척을 받았다.

30 이는 시크교의 5번째 구루(Guru: 영적 지도자) 아르잔(Arjan)이 종교의 창시자 구르 나나크(Nanak)의 정신을 기억하는 발언에서 나왔다. 인도에 온 이슬람이 기존 힌두 믿음과 만나는 지점인 펀자브에서 15세기에 탄생한 시크교의 교리는 힌두교와 이슬람을 절충한 형태로 인도 문명의 다원성을 예증한다.

이런 발언은 다문화, 다언어, 다종교는 물론 역사와 민족까지 모든 것이 복수인 인도 문명에서 나왔다. 이글에서 추적한 3개 국가는 천년의 역사와 전통을 함께 보내며 서로 영향을 주고받았고, 세계 여타지역과 확연히 다른 그들만의 특성을 공유했다. 심지어 국가(國歌)까지 깊은 연계를 가질 정도로 가깝다.[31] 그들이 나눠 가진 문명의 특성은 타자를 배척하고 우리를 확인하는 것이 아니라 전국적인 것과 지엽적인 걸 끝없이 오가는 진자(振子)와 같다. 그건 마치 에드워드 사이드의 '망명 상태'처럼 어디에도 속하지 않으나 어디에도 속하는 유동적 정체성이다. 그래서 차이를 강조하며 분단된 3개 국가에 공통으로 필요한 점은 차이를 받아들이고 공통의 역사와 문화를 인정하는 것이다. 그래서 인도 총리를 지낸 네루도 감옥에서 저술한 '인도의 발견'이란 책에서 인도 사회의 특징을 '타자의 인정'이라고 적었다(Nehru, 1989).

그 이유는 이방의 때가 묻지 않은 정토는 어디에도 없고 완전한 동질적 집단이란 존재하지 않기 때문이다. 그래서 많은 인구를 가진 이 지역은 동질성이라는 식민주의적 상상과 반식민주의적 스와데시(淨土)의 신드롬을 넘어 진정한 자아를 회복할 길이 그만큼 넓다. 상투적이지만, 지역의 역사 발전에 서로가 공헌한 점을 인정하고 우리라는 공통점과 특수한 지역 인식을 바탕으로 배제보다 포용, 우리/저들의 구분을 넘는 공존과 협력이 절실하다. 지역의 통합적 능력을 확인하는 공동작업의 추진도 좋은 방법일 것이다.

예를 들면, 3개 국가가 통치자가 믿는 종교로 역사를 시대 구분하는 식민주의적 역사서술을 넘어서 남아시아 공통의 역사를 함께 기술하거나 중앙중심으로 서술된 기존의 역사서술을 각 지역의 역사나 아래로부터와 역사와 비교하는 작업도 좋다. 21세기에 따로 또 같이 나갈 세 나라가 잊지 않아야 할

31 이 지역 공통의 전통과 유산을 알려주는 흥미로운 사실은 인도와 방글라데시가 벵골 출신 라빈드라나트 타고르가 1911년에 작곡한 Jana Gana Mana와 1905년에 작사한 Amar Sonar Bangla를 각기 자국의 국가로 삼은 점이다. 놀랍게도 인접한 스리랑카의 국가도 작가 타고르와 관련이 있다.

것은 그들이 지구촌이란 큰 고향의 일원이란 점과 세계 인구의 20%를 차지하는 지역의 상생과 공존이 여타 세계의 안녕에 직결된다는 사실이다.

참고문헌

강상중. 1997. 『오리엔탈리즘을 넘어서』. 서울: 이산. 141 – 142.

이옥순, 1999. 『여성적인 동양이 남성적인 서양을 만났을 때 – 19세기 인도의 재발견』. 서울: 푸른역사. 4장.

Ahmed, Hana Shams. 2010. "Our Constitution". *The Daily Star*(Sepㄷtember 5).(재검색일: 2022. 9. 25)

Arndt, J & Sedikides, C & Wildschut, T. & Routledge, C. 2008. "Nostalgia – Past, Present, and Future". *Current Directions In Psychological Science*. Vol. 17, No 5. 304 – 307.

Census of India, vol. 1931, pt. 1, Report, Subsidiary Table 3.

Chattopadhyaya, Brajadulal. 1998. *Representing The Other?–Sanskrit Sources and The Muslims*. New Delhi: Manohar. 89 – 90.

Chaudhuri, Nirad. 1957. *The Autobiography of an Unknown Indian*. New York: Macmillan. 233.

Chowdhury – Sengupta, Indira. 1993. "The Effeminate and The Masculine: Nationalism and The Concept of Race in Colonial Bengal". in Robb, Peter ed. *Society and ideology: Essays in South Asian History*. Delhi: Oxford University Press. 288.

Cottlob, Michael. 2011. *History and Politics in Post–Colonial India*, New Delhi: Oxford University Press. 7.

Eaton, Richard. 2010. *Essays on Islam and Indian History*. New Delhi: Oxford University Press. 152 – 153.

Forster, E. M. 1924. *A Passage to India*. New Delhi: Penguin edition.

__________. 1938. *Hind Swaraj Patrika*. Ahmedabad: Navjiban Publishers.

Gandhi, M.K. 1940. *Harijan*, 4 – 5. Gandhi Heritage Portal: Repository of Authentic Information on the life and thoughts of Mahatma Gandhi.(최종 검색일: 1925. 9. 25)

Hay, Stephen. 1991. ed. *Sources Of Indian Tradition* vol. 2. New Delhi: Penguin Books India edition. 138 – 139.

Hechter, Michael. 1975. *Internal Colonialism: The Celtic Fringe in British National Development 1536–1966*. London: Routledge and Kegan Paul. 9.

Jahan, Rounaq. 1972. *Pakistan: Failure in National Integration*. New York: Columbia University Press. 24 – 26.

King, Christopher. 1999. *One Language, Two Scripts*. New Delhi: Oxford University Press. 21.

Kipling, Rudyard. 1891. "The Head of the District". in ed. Cowasjee, Saros. 1982. *The Stories from the Raj–From Kipling to Independence*. London: Triad Granada. 27 – 52.

Macaulay, T.B. 1835. "Minute by the the Hon'ble T.B. Macaulay". http://www.mssu.edu/projectsouthasia/history/primarydocs/education/Macaulay001.htm.(검색일: 2022. 7. 23)

Malik, Hafeez. 1980. *Sir Sayyid Ahmed and Muslim Modernization in India and Pakistan*. Internet Archive, New York: Columbia University Press.

Marx Engels. 1978. *On Colonialism*. Moscow: Progress Publisher. 27 – 87.

Mill, James. 1917. *The History of British India. 3 vols*. London: Baldwin, Cradock and Joy.

Nandy, Ashis. 1990. *The Intimate Enemy–Loss and Recovery of Self Under Colonialism*. Delhi: Oxford University Press. 제1장.

Nehru, Jawahar Lal. 1947. "Speech On the Granting of Indian Independence, 14, August 1947", *Modern History Sourcebook, Internet History Sourcebooks*(fordham.edu).(재검색일: 2022. 9. 25)

____________. 1989. *The discovery of India*. New Delhi: Oxford University Press. 382.

Renan, Ernest. 1982. "What is a Nation?".

http://www.cooper.edu/humanities/core/hss3/e_renan.html.(재검색일: 2022. 9.

25)

Sartre, Jean-Paul. 1967. Fanon, Frantz. *The Wretched of the Earth*. trans. Farrington, Constance. London: Harmondsworth. 22.

Sayd, Anwar. 1979. "Iqbal and Jinnah on Issue of Nationhood and Nationalism", in ed. C. M. Nain. *Iqbal, Jinnah, and Pakistan: The Vision and the Reality*. Syracuse University Press. 77-106.

Spear, Percival. 1998. *The Nabobs–A Study of the Social Life of the English in Eighteenth Century India*. Delhi: Oxford University Press.

Tagore, Rabindranath. 1917, reprinted 1991. *My Reminiscences*. London: Macmillan. 132.

____________________. 2002. *Nationalism*. New Delhi: Rupa & Company. 29.

Upadhyay, R. 2003. "URDU CONTROVERSY-is dividing the nation further". http://www.southasiaanalysis.org/paper675.(재검색일: 2022. 9. 25)

• • • •

제3장

석유 시대의 개막과 중동의 세계사적 등장

유달승(한국외국어대학교 페르시아어 · 이란학과)

I. 인류 문명과 에너지 자원

현대사회를 움직이는 가장 중요한 원동력은 에너지 자원이다. 인류는 에너지 없는 삶을 상상조차 할 수 없고 사실상 인류의 문명은 새로운 에너지의 개발사라고 볼 수 있다. 인류가 불을 발견한 이후 최초의 주요 에너지 자원은 숯이었다. 숯의 등장과 함께 인류의 철기 시대가 시작되었고 이는 17세기까지 지속되었다. 18세기 산업혁명 이후 본격적인 화석 에너지가 최고의 연료로 등장하면서 19세기에는 석탄을 기반으로 한 증기 기관의 시대, 20세기에는 석유를 기반으로 한 내연 기관의 시대가 시작되었다. 화석연료는 단순한 자원이 아니라 세계 패권의 원천이다. 19세기 영국은 석탄을 기반으로 한 산업혁명을 통해 세계 패권을 장악했다. 하지만 20세기 석탄에서 석유로 에너지 전환이 이루어지면서 미국은 석유를 장악했고 이를 통해 세계 패권국이 되었다.

20세기는 석유의 시대였다. 양대 세계대전을 거쳐 석유는 전쟁의 승패를 좌우할 정도로 그 중요성이 크게 부각되었다. 석유는 '검은 황금', '땅속의 진주'로 불리며 가장 중요한 에너지 자원이며 세계 패권의 원천이기도 했다. 제1차 세계대전 직전부터 미국은 전함의 연료를 석탄에서 석유로 전환하기 시작했다. 석유는 수송과 열효율 등 다양한 측면에서 석탄보다 많은 이점을 가지고 있었기 때문이었다. 미국은 1920년 세계 석유 생산량의 3분의 2를 차지했고 1920년대부터 1970년대까지 세계 석유 시장을 움직이는 7개 석유 메이저 가운데 5개가 미국 회사였다. 미국 정부는 석유회사와 긴밀히 협력해 해외 석유 매장량을 확보하고 유지해 왔고 이는 미국의 국가 안보와 석유회사의 이익을 반영하는 것이었다. 제2차 세계대전 이후 트루먼, 아이젠하워, 닉슨 및 카터 독트린과 같은 미국 외교 정책의 주요 교리는 직간접적으로 중동의 석유와 관련되어 있다.

또한 석유의 역사는 현대 중동의 전쟁사라고도 부를 정도로 4차례에 걸친 중동 전쟁, 이슬람 혁명, 이란-이라크 전쟁, 걸프 전쟁 등 수많은 중동 전쟁과 분쟁에 깊숙이 연관되어 있다. 석유 시대의 등장과 함께 석유 자원의 보고인 중동은 지역을 뛰어넘어 전세계적인 정치경제의 중심이 되었다. 제1차 세계대전 당시 클레망소 프랑스 총리는 "석유 한 방울은 피 한 방울"이라고 표현했다. 석유왕 록펠러는 석유를 '악마의 눈물'이라고 불렀다. 심지어 "역사는 잉크 대신 석유로 쓰여진다"라고 언급되기도 한다. 20세기 이후 일어난 거의 모든 전쟁과 분쟁의 이면에는 언제나 석유가 있다. 모든 것이 석유에서 시작되었고 모든 것이 석유와 연결되어 있다. 세계의 에너지원이 석탄에서 석유로 바뀌게 되면서 세계열강들은 중동에 주목하기 시작했고 석유를 둘러싼 각축전이 벌어졌다.

II. 석유와 세계대전

1. 제1차 세계대전과 중동의 비극

제1차 세계대전 이전 석유는 주요한 에너지 자원이 아니었고 주로 조명의 연료로 사용되었다. 1914년 석탄은 전세계 에너지 공급의 74%를 차지했지만, 석유는 5%에 불과했다. 그러나 제1차 세계대전을 통해 세계 석유 소비량이 50% 이상 증가한 반면 유럽의 석탄 생산량은 급속히 감소하기 시작했다(Black, 2012: 130). 제1차 세계대전 이전 영국의 지정학적 지배력은 증기 동력의 해군에 의해 확보되었고 영국은 세계 최고의 에너지 수출국이었다. 하지만 제1차 세계대전은 에너지 전환의 새로운 전환점이 되었고 석유는 변화하는 지정학적 역학관계의 중심이 되었다(Toprani, 2019: 19).

제1차 세계대전은 석유의 전략적 중요성을 부각시킨 결정적인 계기였고 서구 열강들은 점차 중동에 주목하기 시작했다. 영국은 미국보다 먼저 중동을 지배한 첫 번째 서구 열강이었고 영국 식민주의의 유산은 오늘날까지도 뿌리 깊은 상처로 남아있다. 1901년 5월 26일 영국 자본가 윌리암 크녹스 다아시(William Knox D`Arcy)는 이란의 카자르 왕조(Qajar Dynasty: 1789–1925)와 역사적인 계약을 체결했다. 이 계약에 따르면 카자르 왕조는 현금 2만 파운드와 2만 파운드 상당의 주식 그리고 원유 채굴시 '연간 순수익의 16%'을 받고 다아시는 이란 영토의 4분의 3에 해당하는 지역에 대해서 60년간 채굴권을 확보했다. 이 계약에서 이란 영토의 전체가 포함되지 않은 이유는 러시아가 반대했기 때문이었다. 러시아에 인접한 아제르바이잔(Azerbaijan), 길란(Gilan), 마잔다란(Mazandaran), 아스타라바드(Astarabad), 호라산(Khorasan) 5개 주를 제외시켰다. 1908년 5월 26일 다아시는 이란에서 석유탐사를 시작한 지 7년 만에 서남부에 있는 '솔로몬의 사원'이라는 의미를 가진 '마스제데 솔레이만'(Masjed–e Soleyman)에서 엄청난 매장량을 가진 유전을 발견했다. 그날 이후 중동의 역사가 바뀌었다. 중동은 세계 최대의 석유 매장지로 알려지게 되었고 석유의 역사가 새롭게 쓰여졌다.

1914년 6월 28일 오스트리아 황태자 부부 암살사건에 대한 보복으로 한 달 뒤 오스트리아가 세르비아에 선전포고하면서 비극적인 제1차 세계대전이 시작되었다. 제1차 세계대전은 중동의 석유를 장악하기 위한 한판 승부였고 영국은 그 목적을 달성하기 위해 수많은 개입과 음모를 꾸몄다. 1913년 7월 17일 당시 해군 장관이었던 윈스턴 처칠은 의회 연설을 통해 승자가 되기 위해서는 석유 공급을 확대해 나가야 한다고 강조하면서 "만약 우리가 석유를 얻지 못하면 식량도 섬유도 그리고 대영제국의 경제 발전 동력에 필요한 그 어떤 것도 얻을 수 없다"고 말했다. 앵글로 페르시아 석유회사는 이란에서 석유가 발견된 이후 1909년 4월 14일 설립된 회사로 석유와 무역을 해군이 통제해야 한다는 윈스턴 처칠의 주장에 따라 영국은 1914년 이 회사의 주식 51%를 매입했다. 이 회사는 1935년 앵글로 이란 석유회사(AIOC: Anglo-Iranian Oil Company)로 개칭했다가 1954년 브리티시 페트롤리움(BP: British Petroleum)이 되었다.

1914년 11월 5일 영국은 오스만 터키에 대한 선전 포고하기 이전 영국령 인도에 지시해서 인도 원정군 D를 편성해 페르시아만으로 이동시켰다. 11월 6일 페르시아만에 상륙한 인도 원정군은 11월 23일 바스라까지 진격했다. 이는 앵글로 페르시아 석유회사(APOC: Anglo-Persian Oil Company)를 보호하기 위한 조치일 뿐만 아니라 메소포타미아의 석유까지도 장악하기 위한 것이었다.

영국은 오스만 터키와의 전쟁을 이겨 중동 석유를 장악하기 위해 중동 지배 전략을 수립했다. 영국은 독립을 명분으로 아랍인들을 끌어들이기로 결정하면서 메카 태수 후세인 이븐 알리(Hussein ibn Ali)과 그의 두 아들 압둘라(Abdullah)와 파이잘(Faisal)을 선택했다. 하심 가문은 예언자 무함마드 직계 후손이고 이슬람의 성지인 메카를 통치하는 후세인 이븐 알리는 하심 가문의 대표였다. 물론 영국이 처음부터 그들을 선호한 것은 아니었다. 1914년 2월 5일 압둘라는 카이로에서 허레이쇼 허버트 키치너 이집트 총영사를 만나서 터키가 자신의 아버지 후세인이 관리하고 있는 메카를 위협하고 있다면서 만약 후세인이 터키에 대항하여 국지적 저항을 일으키면 영국이 지원할 수 있는지 물었다. 키치너는 압둘라의 제안에 대해서 후세인이 민족주의보다는 성지를 수호하고 재정 지분을 보호하는 데 관심이 더 많다고 판단했다. 오스만 터키는 1908년 다마스쿠스에서 메디나로 연결되는 헤자즈 철도를 개통시켰다. 이는 메카 성지순례를 편리하게 하겠다는 구실로 아라비아 사막 종단철도를 건설한 것이다. 하지만 이 철도는 보수적인 종교계의 반발을 불러일으켰을 뿐만 아니라 기존 낙타 무역의 상권을 위협했다. 키치너는 "헤자즈의 아랍인들은 우리들에게서 어떤 지지도 받지 못할 것이다. 우리의 관심사는 아라비아에서 무슬림 순례의 안전과 위안이다"라고 설명했다(Ferrier, 1982: 214).

하지만 영국의 입장이 바뀌었다. 이집트 주재 영국 고등 판무관 맥마흔은 1915년 7월부터 1916년 3월까지 후세인과 10여 차례에 걸쳐 서신을 교환했는데, 이것이 바로 그 유명한 후세인-맥마흔 서한이다. 후세인은 참전의 대가로 아랍지역 전체의 독립을 요구했다. 하지만 맥마흔은 1915년 10월 24일자 서한에서 아랍인들의 독립을 지지하고 인정하지만 "메르시아(Mersina)와 알렉산드레타(Alexandretta) 지역과 시리아 서쪽에 위치한 다마스쿠스, 홈스, 하마, 알레포는 순수한 아랍의 영토라고 말할 수 없기에 제외해야 한다"고 주장했다. 후세인은 11월 5일자 답신에서 메소포타미아 대신에 이 지역의 역사적인 명칭인 이라크를 사용하면서 "성스러운 이라크는 모든 아랍인들의 것"이라고 설명했다. 아랍인들은 메소포타미아를 포기하지는 않았지만 영국은 그곳을 위임통치할 수 있는 명분을 얻었다. 후세인은 새로운 아랍 왕국이 건설될 때까지 단기간 영국 군대의 주둔을 허용했다. 영국이 원한 것은 사실상 메소포타미아였다.

영국과 프랑스는 1916년 5월 16일 오스만 터키의 영토 분할에 관한 비밀 협정을 체결했는데, 이는 러시아의 동의 아래 이루어졌다. 이 협정은 협상 대표였던 영국의 마크 사이크스와 프랑스의 조르주 피코의 이름을 따서 사이크스-피코 협정이라고 부른다. 이 협정에서 전쟁 이후 영국은 오스만 터키의 남부 지역에 해당하는 메스포타미아를, 프랑스는 오스만 터키의 북부 지역에 해당하는 레바논과 시리아를 차지한다는 것이었다. 러시아도 터키의 동부 지방을 차지해 오랜 숙원사업이었던 동방 문제를 해결할 수 있었다. 더 나아가 영국은 1917년 11월 2일 팔레스타인에 유대인 국가 건설을 지지하는 밸푸어 선언을 했다. 영국 외무상 아서 밸푸어는 유대인 금융재벌 로스차일드에게 "팔레스타인에 유대인의 모국을 세우는데 호의를 베풀 것이며 그 목적을 달성하기 위해 최선을 다 할 것입니다."라는 서한을 보낸 것이다. 결국 영국의 삼중 외교는 오늘날 중동 비극의 시작이었고 이 지역을 '세계의 화약고'이자 '분쟁의 대명사'로 만든 근본 원인이라고 볼 수 있다.

오스만 터키의 영토였던 메소포타미아(이라크) 석유개발을 목적으로 1912년 10월 23일 설립된 터키 석유회사(TPC: Turkish Petroleum Company)는 도이치뱅크, 앵글로 색슨 석유회사(로열 더치 셸의 자회사), 터키국립은행(영국 계열) 및 미스터 5 퍼센트(Mr. Five Percent)로 알려진 아르메니아 출신 사업가 칼루스테 굴벤키안(Calouste Gulbenkian)의 공동소유로 출범했으나 1914년 앵글로 페르시아 석유회사가 50%까지 매입했다. 이 회사는 1929년 이라크 석유회사(IPC: Iraq Petroleum Company)로 개명했다. 1920년 4월 25일 영국과 프랑스는 이탈리아의 산레모에서 이라크 석유 이권을 둘러싸고 협정을 체결했다. 영국은 산레모 협정을 통해 독일이 갖고 있던 이라크 석유회사(IPC)의 지분 가운데 75%를 차지했고 나머지 25%는 프랑스가 가졌으며 미국을 이라크 유전 지대에서 배제시켰다.

미국이 중동에 개입하기 시작한 시기는 1930년대부터였다. 미국은 이라크 진출이 어렵게 되자 사우디아라비아에 관심을 갖기 시작했다. 1933년 미국 석유회사 스탠더드오일 오브 캘리포니아(SOCAL)는 사우디아라비아 정부로부터 석유 채굴권을 받아 텍사코와 함께 캘리포니아아라비아스탠더드석유회사(CASOC: California-Arabian Standard Oil Company)를 설립했다. 이 석유회사는 1944년 아람코(Arabian American Oil Company)로 명칭을 바꿨다. 미국은 1920년 세계 석유 생산량의 3분의 2를 차지했다. 미국은 제1차 세계대전 중 연합국 석유의 80% 이상을 공급했고 1917년 4월 6일 참전한 이후 유럽으로 석유를 운송하는 유조선을 제공하고 보호하는 역할을 담당했다. 19세기 후반부터 석유를 동력으로 한 내연기관이 발전했고 20세기에는 운송 부문에서 보편적으로 채택되어 미국경제를 변화시켰다. 석유는 자동차, 트럭, 선박 및 항공기에 동력을 공급해 운송에 혁명을 일으켰고 물리적, 경제적 및 사회적 환경을 변화시켰다(McNeill, 2000: 297-311).

세계 석유 시장을 둘러싼 영국과 미국의 각축전은 아크나카리 협정을 통해 협력 관계로 바뀌었다. 1928년 9월 17일 스탠더드 오일 뉴저지(Standard Oil of New Jersey), 로열 더치 쉘(Royal Dutch Shell), 앵글로 페르시아(Anglo - Persia: BP의 전신) 등 미국과 영국의 석유회사는 스코틀랜드의 아크나카리에서 석유 가격 안정과 서남아시아 석유 이권에 관한 비밀 협정을 체결했다. 아크나카리 협정은 적선 협정 또는 현상유지 협정으로도 알려졌는데, 시장 분할과 가격 담합을 위한 최초의 국제 석유 카르텔을 결성했다. 이 체제는 1949년까지 유지되었다.

미국은 풍부한 석유매장량을 가진 국가였고 석유 수요를 확대하는 방식으로 점차 영향력을 행사하면서 세계 경제를 변화시켰다. 미국의 자동차 등록 대수는 1916년 340 만대에서 1920년대 후반에는 2,310만 대로 늘어났다. 석유는 1925년까지 미국의 에너지 소비량 1/5을 차지했고 이 수치는 제2차 세계대전 시기에는 1/3로 증가했다(Nye, 1998: 175 - 215). 대조적으로, 미국 이외의 다른 지역에서 석유는 주로 운송 및 군사 용도로 사용되는 2차 연료였으며 제2차 세계대전 이전까지 서유럽과 일본에서는 에너지 소비의 10% 미만을 차지했다(Yergin, 1991: 208).

2. 제2차 세계대전과 석유 패권

제2차 세계대전은 석유에 대한 의존도가 제1차 세계대전에 비해 현저하게 증가한 세계 분쟁이었다. 이 전쟁을 통해 대서양을 횡단하는 에너지 수출입의 형태가 변화되었다. 제2차 세계대전 이전까지 영국은 여전히 세계의 주요 에너지 수출국 중 하나였다. 제1차 세계대전 중 영국은 베네수엘라, 이라크, 이란 등 다양한 국가로부터 석유를 공급받아 미국에 대한 의존도가 점차 줄어들었다. 그러나 제2차 세계대전이 격화되면서 이 지역의 항로는 중단되었고 영국은 석유 공급의 90%를 미국에 의존하게 되었다(Edgerton, 2006: 145).

제2차 세계대전은 석유에서 시작되었고 석유로 끝났다고 할 정도로 석유는 제2차 세계대전의 발발에서 중요한 역할을 했다. 1939년 9월 1일 독일이 폴란드를 침공하면서 유럽에서 제2차 세계대전이 시작되었다. 독일은 석유 자원 문제를 해결하기 위해 석탄에서 석유를 추출하는 석탄 액화법에 주력했고 1939년까지 석탄에서 추출한 합성연료 비율이 46%를 차지했다. 독일은 영토 확장을 통해 석유 자원을 확보하고자 했다. 1940년 11월 독일은 루마니아의 플로에스티 유전을 장악했고 플로에스티 유전은 독일 전체 수입량 가운데 58%를 차지했다. 독일은 플로에스티 유전에 대해 소련의 위협을 우려했고 더 나아가 새로운 유전 확보가 필요했다. 1941년 6월 22일 독일이 소련을 침공한 요인 중 하나는 바쿠와 다른 코카서스 유전을 확보하기 위한 것이었다. 히틀러는 "바쿠 유전을 얻지 못하면 전쟁은 진 것이다"라고 말했다.

일본이 미국을 공격한 주된 목적도 석유와 관련되어 있다. 1930년대 일본은 석유를 100% 대외 수입에 의존했고 그 가운데 80%가 미국 석유였다. 하지만 1941년 7월 25일 미국은 미국 내 일본 자산의 동결을 명령했고 이 동결 명령을 사실상 석유의 전면 금수조치로 전환시켰다. 8월 초 일본에 대한 석유 수출은 전면 중지했다. 1941년 12월 7일 일본이 진주만을 공격하며 태평양 전쟁을 감행한 결정적인 동기도 미국의 석유 금수조치 때문이었다.

독일과 일본이 전쟁에서 패배한 주된 요인도 석유를 확보하지 못한 것이었다. 독일은 1939년 바쿠 유전을 점령했고 1942-43년 북아프리카 유전지대를 확보했지만 이 지역을 빼앗기면서 전쟁에 패배했다. 일본은 1941년 진주만 공습을 통해 인도네시아, 말레이시아 등의 유전지대를 확보했지만 미국의 공습으로 석유공급이 끊겼고 비축유도 거의 바닥이 났다.

제2차 세계대전 동안 미국은 석유 공급의 확보에 관심을 기울이기 시작했다(Auzanneau, 2018: 177). 1943년 말 미국 정부가 후원해 중동을 조사한 석유 탐사단은 "세계 석유 생산의 중심이 카리브해 지역에서 중동으로 이동하고 있으며 지속적으로 이동할 가능성이 있다"고 결론내렸다. 루스벨트 행정부는 중동 석유에 대한 미국의 영향력을 확대하기 위한 목적으로 사우디아라비아 석유의 국유화를 추진하기 위해 스탠더드오일 오브 캘리포니아(SOCAl)과 텍사코의 지분 100%를 매입하겠다고 제안했다. 더 나아가 미국 정부는 페르시아만에서 지중해를 연결하는 송유관을 건설해 소유하는 방안을 기획했다. 하지만 미국 석유회사들은 미국 시장에 값싼 외국산 석유가 넘쳐날 것이라고 우려하면서 반대했고 결국 이 제안은 무산되고 말았다. 1944년 8월 8일 미국과 영국은 중동 석유의 통제권에 관한 영미 석유협정을 체결했다. 이 석유협정에서 페르시아 석유는 영국, 이라크와 쿠웨이트 석유는 공유, 사우디아라비아 석유는 미국에게 권한이 있다고 언급하면서 중동 석유를 분할하기로 합의했다. 더 나아가 양국은 국제석유위원회를 통해 산유국들의 생산량을 통제해 석유 가격을 결정하는 계획을 추진했지만 미국 석유회사들의 반대로 이 안은 실패하고 말았다.

1946년 10월 사우디아라비아 석유개발에 참여하기 위해 스탠다드 오일 뉴저지(Standard Oil of New Jersey)와 스탠다드 오일 뉴욕(SOCONY: Standrad Oil of New York)는 영국에게 아크나카리 협정의 파기를 요청했다. 이후 1970년대 초반까지 세계 석유 시장은 '7자매'라 불리는 석유 메이저(International Major Oil Company)가 장악한다. 미국 석유회사는 스탠다드 오일 뉴저지(1972년 엑손[Exxon]으로 명칭을 바꾸며 1998년 모빌[Mobil]과 합병해 현재 엑손모빌[Exxon Mobil]이 됨), 걸프 오일(Gulf Oil Corporation: 1984년 스탠다드 오일 캘리포니아에 인수됨. 현 쉐브론 텍사코), 스탠다드 오일 캘리포니아(SOCAL: Standard Oil Company of California. 1984년 걸프를 인수해 쉐브론[Chevron]으로 변경했고 2001년 텍사코와 합병해 현재는 쉐브론 텍사코[Chevron Texaco]), 텍사스 석유회사(Texas Oil Company: 1959년 텍사코[Texaco]로 명칭을 바꾸고 2001년 쉐브론과 합병해 현재 쉐브론 텍사코), 스탠다드 오일 뉴욕(1966년 모빌로 바꾸고 1998년 엑손과 합병해 현재 엑손 모빌), 영국 석유회사 브리티시 페트롤리움(British Petroleum Company), 영국과 네덜란드 합작사 로열 더치 셸(Royal Dutch Shell Group: 현재는 쉘[Shell])이다. 7대 석유회사 가운데 5개는 미국계, 1개는 영국계, 나머지 1개는 영국과 네덜란드 합작 회사이다.

III. 석유와 국제질서

1. 석유와 냉전

제2차 세계대전 이후 세계는 미국 중심의 자본주의 진영과 소련 중심의 사회주의 진영으로 나뉘어 대립하는 냉전체제가 형성되면서 본격적인 군비 경쟁의 시대가 나타났다. 냉전체제에서는 핵무기와 탄도미사일의 개발 경쟁이 치열하게 전개되었음에도 불구하고 석유는 군사력에서 매우 중요한 역할을 했다. 핵추진 항공모함과 핵추진 잠수함을 제외한 대부분의 전함은 항공기와 자동차처럼 석유를 사용했다. 게다가 새로운 세대의 무기들은 이전 모델보다 더 많은 양의 석유를 소비했다. 전후 미국의 세계전략은 석유와 밀접한 관계를 가지고 있었다. 석유를 통제하는 것은 미국이 소련의 영향력을 효율적으로 봉쇄할 수 있을 뿐만 아니라 자본주의 국가 간의 정치적, 경제적 및 군사적 경쟁을 관리하는 등 다양한 목적을 가지고 있었다. 이 전략의 일환으로서 미국은 전세계 곳곳에 광범위한 해외 군사기지를 설치했고 해외 석유 매장량에 대한 통제를 강화시켰다.

제2차 세계대전 이후 석유의 중요성이 점차 증가하자 미국은 중동에 적극적인 관심을 가지게 되었다. 미국은 이란을 페르시아만 석유를 둘러싼 소련과의 경쟁에서 완충지대로 파악했다. 제2차 세계대전 중 미국, 영국 및 소련은 이란을 점령하면서 전쟁이 끝나면 6개월 내 이란에서 모든 군대를 철수하기로 합의했다. 미국과 영국은 1946년 1월 이란에서 군대를 철수시켰지만, 소련은 이를 거부했다. 하지만 국제사회의 압력과 이란 내부의 저항에 직면해 소련은 1946년 6월 이란에서 철수했다. 1947년 3월 12일 트루먼 미국 대통령은 미 의회 상하 양원 합동회의에서 소련의 남하정책을 저지하기 위한 미국의 새로운 대외정책을 발표했다. 그는 "공산주의 체제를 강요하려는 공격적 움직임에 대항해 자신들의 자유와 국가를 지키려는 사람을 미국이 기꺼이 돕지 않는다면, 우리는 우리의 목적을 깨닫지 못하고 있는 것이다. 직접적이든, 간접적이든 침략 행위를 통해 자유 시민에게 공산주의 체제를 강요하는 것은 국제

평화의 기반을 무너뜨리고, 미국의 안보를 침해하는 것이다.... 자신들을 지배하려는 외부의 압력과 소수 무장세력에 저항하는 자유민들을 돕는 것이 미국의 정책이 되어야만 한다고 믿는다"고 말했다. 미국은 1947년 그리스와 터키에 대한 경제 및 군사 원조를 위해 4억 달러, 1948년 이란에 대한 경제 및 군사 원조 2천 8백만 달러를 제공했다. 트루먼 독트린은 동지중해와 중동에서 소련의 위협을 저지하기 위한 목적으로 가지고 있으며 석유에 대한 언급은 없지만 주된 목적은 사실상 석유와 관련되어 있다(Painter, 1986: 113–14). 동시에 미국의 주요 석유회사들은 중동에서 입지를 더욱 강화시켰다.

중동 석유는 마셜 플랜의 성공에 결정적인 역할을 했다. 전후 서유럽은 전시의 과잉 생산과 파괴로 인해 심각한 석탄 부족에 직면해 있었다. 설상가상으로 소련이 동유럽으로 확장하면서 폴란드의 석탄 공급원 뿐만 아니라 석유 매장량 대부분을 통제하게 되었다. 서유럽의 경제 부흥과 소련의 영향력 확대를 저지하기 위해 미국은 중동 석유에 관심을 기울였다. 미국은 1947년 6월 5일 유럽 경제재건을 위한 마셜 플랜(Marshall Plan)을 발표해 서유럽 16개국을 지원했다. 공식 명칭 유럽 부흥 계획(ERP: European Recovery Program)은 서유럽의 경제 부흥을 위해 4년간 160억 달러를 지원했는데, 그 가운데 10% 이상이 미국의 석유 구입이었다. 이는 서유럽의 에너지를 석탄에서 석유로 전환시키는 것이었고 중동의 값싼 석유의 공급처를 확보하기 위한 목적도 가지고 있었다. 미국 정부는 중동에서 미국 석유회사의 입지를 공고히 하기 위해 미국 석유회사와 산유국 간 50대 50의 이익 분배협정을 지원했다.

2. 석유 민족주의 운동과 석유수출국기구(OPEC)의 탄생

제2차 세계대전 이후 석유 메이저들의 중동 진출이 본격화되면서 이에 대한 중동 산유국들의 저항 운동도 점차 확산되기 시작했다. 중동 산유국들은 석유 자원에 대한 자주적 관리를 위한 석유 국유화 운동을 주장했고 이를 통해 석유 민족주의가 등장했다. 중동 최초의 석유 국유화 운동은 이란에서 출발했다. 앵글로 이란 석유회사는 이란의 석유를 통제하면서 이란경제를 장악했다.

1949년 이란에서는 민족주의 연합체인 국민전선이 결성되었고 국민전선의 지도자 모함마드 모사데크(Mohammad Mosadeq)는 석유를 정치 이슈로 부각시키면서 석유 국유화 운동을 주장했다. 이는 이란 국민들의 광범위한 지지를 받았고 1951년 4월 30일 모사데크는 총리로 취임해 5월 1일 이란 의회는 역사적인 석유 국유화 법안을 승인했다.

1951년 이란의 석유 민족주의 운동은 중동 안보와 주요 석유 메이저의 협력 관계 등 전후 석유 질서의 다양한 측면에서 매우 중요한 사건이었다. 앵글로 이란 석유회사는 영국의 가장 중요한 해외 자산이었고 이를 계기로 영국의 해외 투자가 위태로워질 것을 우려했다. 미국도 이란의 민족주의가 성공하면 중동과 다른 지역으로 확산될 것을 걱정했다. 석유 민족주의 운동은 이란에서 매우 인기가 높았고 미국은 이를 반대하기 위한 즉각적인 무력 사용이 사태를 악화시킬 뿐만 아니라 오히려 친소련 성향의 투데당의 영향력이 확대될 것이라고 판단했다. 게다가 그 시기에는 한국 전쟁이 진행 중에 있었고 또 다른 지역에서 무력 충돌이 발생하는 것을 원하지 않았다. 미국은 영국이 가능한 한 자신의 입장을 최대한 보존하는 합의에 도달할 것을 촉구했다. 하지만 합의를 중재하려던 미국의 노력도 실패했고 모함마드 모사데크 총리를 제거하기 위해 샤를 설득하는 시도도 마찬가지였다. 미국과 영국은 이란산 석유 불매 운동을 벌여 이란경제를 마비시키면서 이란 정부를 압박했다. 1953년 한국 전쟁이 끝나자 미국은 이란에 대한 보다 공격적인 정책을 추진할 수 있게 되었다. 미국과 영국은 소련의 영향력이 점차 확산되었고 이란 석유 불매 운동이 약화될 것을 우려하면서 모함마드 모사데크 총리가 샤를 대신에 실질적으로 이란을 통치할 수도 있다고 판단했다. 결국 모함마드 모사데크를 제거하기 위한 쿠데타를 추진했다.

1953년 8월 15일 모함마드 레자 샤는 모사데크 총리를 해임시켰지만 오히려 모사데크 총리를 지지하는 대규모 시위가 일어나자 모함마드 레자 샤는 이란을 떠나 이탈리아 로마로 망명하게 되었다. 미국 CIA와 영국 MI6는 팔레비 왕정 복원을 위한 아작스(Ajax) 작전을 실시해 8월 19일 자헤디 장군은 군사 쿠데타를 일으켜 모사데크 민족주의 정부를 전복시켰다. 1953년 쿠데타 이후 이란 석유는 석유 메이저들의 컨소시엄 형태로 운영되었고 컨소시엄과 이란은 50대50의 이익 배분권을 갖기로 합의했다. 컨소시엄의 지분 구성은 영국 40%, 미국의 5개 석유 메이저 40%, 그리고 나머지 20%는 로얄 더치 셸(Royal Dutch Shell)과 프랑스 석유회사(CFP: Compagnie Française des Pétroles, 오늘날 토탈[Total])에 분배되었다. 이번 사태를 계기로 이란 석유는 영국의 독점적인 지배권에서 미국과 영국이 동등한 지위를 가지게 되었다.

이집트의 수에즈 운하 국유화 선언은 중동의 전략적 중요성을 부각시킨 또다른 사건이었고 미국의 중동 석유에 대한 관심과 대중동정책을 구체화시킨 결정적인 전환점이 되었다. 1952년 7월 23일 가말 압델 나세르(Gamal Abdel Nasser)를 중심으로 한 자유장교단은 쿠데타를 일으켜 친영 파루크 왕조를 폐지하고 공화국 체제를 수립했다. 나세르 이집트 대통령은 아랍 민족주의를 표방하면서 비동맹 중립 노선을 선언했지만 소련과 협력 관계를 강화시켰다. 영국과 미국은 아스완 하이댐 건설을 위한 자금 지원을 중단하자 이집트는 1956년 7월 26일 유럽과 아시아를 잇는 최단 해상로인 수에즈 운하의 국유화를 선언했다.

수에즈 운하는 중동에서 석유와 국제 무역의 주요 동맥을 가진 대표적인 상징이었다. 페르시아만에서 서유럽으로 가는 석유의 3분의 2가 이 운하를 통과했다. 게다가 이집트는 홍해로 향하는 유일한 해로인 아카바만 입구의 티란 해협을 통제하면서 이스라엘이 페르시아만 석유에 대한 접근을 차단하겠다고 위협했다. 미국은 가말 압델 나세르 이집트 대통령의 조치에 대해서 반대했지만 이를 뒤집기 위해 무력을 사용하는 것은 중동에서 서구의 입장을 위태롭게 만들 것이라고 판단했다(Bialer, 1999: 220－222). 그러나 영국, 프랑스 및 이스라엘은 '3국 동맹'을 맺어 수에즈 전쟁(2차 중동 전쟁)을 일으켰다. 이스라엘은 영국과 프랑스와의 비밀회담을 통해 10월 29일 이집트의 시나이 반도를 공격해 점령했으며, 영국과 프랑스는 10월 31일 이집트에 대한 폭격을 단행했다. 이에 맞서 이집트는 수에즈 운하에 있던 40척의 배를 침몰시켜 해상운송을 차단했다. 사우디아라비아는 영국과 프랑스에 대한 석유 수출을 금지했으며 시리아는 이라크에서 지중해로 향하는 송유관을 폐쇄했다. 미국은 사전에 논의 없이 감행된 군사 공격에 대해 거세게 반발하면서 영국과 프랑스에 석유 제공을 거부하고 파운드화 매각을 통해 영국 경제를 파탄시키며 3개국이 이집트에서 철수할 때까지 이스라엘에 대한 경제 원조를 중단하겠다고 위협했다. 결국 이집트를 침공한 3개국이 철수하면서 이 사태가 종결되었다.

수에즈 위기 이후 미국은 아랍 민족주의가 중동 전역으로 확산되어 소련의 영향력이 보다 더 강력해질 것을 우려하게 되었다. 이에 미국은 중동에 소련의 팽창을 견제하기 경제적, 군사적 지원뿐만 아니라 필요하다면 직접 군대를 동원하겠다는 '아이젠하워 독트린'을 발표했다. 아이젠하워 독트린은 1957년 1월 5일 미 의회에 보낸 중동 특별 교서였다. 아이젠하워 미국 대통령은 의회 연설을 통해 공산주의 침략에 대비하기 위해 중동 지역에서 미군의 주둔 권한을 대통령에게 줄 것, 중동 지역에 대한 경제, 군사 원조를 위해 2년간 4억 달러를 지출하겠다는 계획을 발표했다. 나세르의 아랍 민족주의를 저지하기 위해 아이젠하워 미국 대통령은 보수적인 아랍 정권들을 지지하고 경제적, 군사적 원조를 통해 친 서구 연합을 강화하려고 노력했다. 아이젠하워 독트린으로 명명된 이 정책은 미국이 중동에서 영국을 대신해 서구 이익의 수호자를 자임하는 중요한 이정표가 되었다(Yaqub, 2004: 106－11).

제2차 중동 전쟁으로 불린 수에즈 운하 국유화 사건은 가말 압델 나세르를 이집트의 지도자에서 아랍 세계의 영웅으로 부각시켰고 나세르의 아랍 민족주의는 아랍 민족의 통합운동으로 발전했다. 1958년 2월 21일 이집트와 시리아는 '통일아랍공화국'(UAR: United Arab Republic)을 선포하면서 아랍통합의 이상을 현실화시켰다. 통일아랍공화국은 단일 민주공화국으로 단일 국기를 사용하고 단일 군대를 보유하며 이집트와 시리아 두 지역으로 구성되어 각 지역에는 집행위원회를 설치했다. 통일아랍공화국의 초대 대통령은 나세르가 임명되었고 부통령 4명 중 2명은 시리아인이 임명되었다. 이를 계기로 아랍 민족주의는 아랍 전역으로 확산되었다. 특히, 아랍 민족주의에 공감하는 이라크 청년 장교들은 1958년 7월 14일 군사 쿠데타를 일으켜 하심 왕정을 전복시키고 공화국 체제를 수립했다. 하지만 이라크 혁명 이후 아랍 민족주의 운동은 더 이상 확산되지 않았고 통일아랍공화국 내 이집트와 시리아 간의 경쟁 구도가 나타났다. 1961년 9월 28일 시리아 내 반나세르파 군부가 쿠데타를 일으켜 권력을 장악해 통일아랍공화국 탈퇴를 선언하면서 해체되었다. 아랍 내부의 주도권 경쟁과 갈등이 심화되면서 아랍 민족주의 운동은 점차 약화되었다.

1960년 9월 14일 세계석유수출의 85% 이상을 차지했던 사우디아라비아, 이란, 이라크, 쿠웨이트 및 베네수엘라는 이라크의 수도 바그다드에서 회의를 개최해 석유수출국기구(OPEC: Organization of Petroleum Exporting Countries)을 결성했다. OPEC 창설 이후 1961년 카타르, 1962년 인도네시아와 리비아, 1967년 아부다비(1974년 아랍에미리트 명칭으로 참여함), 1969년 알제리, 1971년 나이지리아, 1973년 에콰도르, 1975년 가봉 등이 가입했다.

OPEC은 석유 메이저들에 대항하여 산유국의 발언권을 강화하기 위한 목적으로 창설되었는데, 1959년과 1960년 석유 메이저들이 두 차례에 걸쳐 일방적으로 단행한 유가 인하 조치가 직접적인 계기가 되었다. 1971년 7월 비엔나에서 개최된 OPEC 회의에서 처음으로 산유국의 주권 20% 참여 문제가 제기되었고 1971년 9월 베이루트에서 열린 OPEC 특별회의에서 참여에 관한 협상 항목이 정식 의제로 상정된 이후 리비아의 선도적 국유화를 시작으로 본격화되었다. 1973년 9월 1일 리비아는 혁명 4주년 기념식을 계기로 자국 내 석유회사 주권 51%를 국유화할 것을 선언하면서 유가를 2배로 인상했다.

1967년 제3차 중동 전쟁은 중동 석유를 확보하기 위한 미국의 대중동 정책 기조를 구체화시킨 전쟁이었다. 1966년 2월 21일 시리아에서는 1963년 3월 8일 쿠데타로 권력을 장악한 바트당의 내부 갈등이 심화되면서 또다른 친위쿠데타가 일어나 신정부가 수립되었다. 시리아 정부는 친소련 사회주의 노선을 표방하면서 더이상 서구 석유회사를 보호하지 않겠다고 선언했다. 미국은 중동 위기가 확산되어 중동 석유를 관리하는데 커다란 어려움에 직면할 가능성이 높다고 판단했다. 하지만 당시 미국은 베트남 전쟁으로 인해 다른 지역으로 미군을 파병하는 등 직접적인 군사 개입이 현실적으로 불가능했다. 미국은 이스라엘과 군사협력을 강화시키면서 신형 비행기와 미사일을 제공하기 시작했다. 1966년 6월 11일 제임스 페론(James Feron) 특파원은 뉴욕 타임스에 특별기고를 통해 "미국은 직접 개입을 모면하기 위한 가장 중요한 대책으로 그 지역 정권에 의존해야 한다고 결론을 내렸다. 이스라엘은 이 정의에 합당하다"고 썼다.

수에즈 위기 이후 아카바만 최북단에 위치하는 이스라엘의 항구도시인 에일라트는 이란에서 이스라엘로 들어오는 석유의 주요 통로로 부상했다. 1960년대 초반까지 이스라엘이 수입하는 석유 중 85%가 이란에서 들어왔다. 1967년 5월 19일 이집트는 아카바만 입구인 티란 해협에 주둔하고 있던 유엔군을 추방하고 5월 30일에는 요르단이 이집트, 시리아와 상호방위조약을 체결했다.

제3차 중동 전쟁은 6월 5일 이스라엘의 선제공격으로 발발했다. 이스라엘은 막강한 공군력으로 이집트, 시리아, 요르단, 이라크의 공군력을 초토화시켰고 이집트로부터 시나이 반도와 가자 지구, 요르단으로부터 서안 지구와 동예루살렘, 시리아로부터 골란 고원을 빼앗았다. 이 전쟁을 아랍에서는 6월 전쟁, 이스라엘은 6일 전쟁이라고 부른다. 미국 언론은 이 전쟁을 다윗과 골리앗의 싸움으로 묘사하면서 이스라엘의 영웅적 승리를 대대적으로 보도했다. 미국과 이스라엘의 유대관계를 위한 후원 활동이 급증했는데, 이번 전쟁에서 이스라엘에 대한 미국의 기부금은 총 6억 달러에 이르렀다. 1967년 전쟁은 미국과 이스라엘 간의 긴밀한 전략적 관계로 발전했고 이스라엘은 미국의 경제 및 군사 지원의 최대 수혜국이 되었다. 1948년부터 1967년까지 미국의 이스라엘에 대한 경제 및 군사 지원은 다른 국가들에 비해 상대적으로 적었다. 하지만 1967년 전쟁 이후 이스라엘에 대한 미국의 지원은 450%나 증가했다.

IV. 석유 위기와 페트로 달러 시대의 시작

1. 1970년대의 석유 위기

1970년대 세계 경제는 석유 중심으로 급속히 변화되었고 석유 소비가 급증했다. 1945년에서 1973년 사이에 미국의 자동차 등록 대수는 2천 5백만 대에서 1억 이상의 대로 증가했으며 1인당 석유 소비량은 두 배 이상 증가했다. 1972년까지 미국의 전체 에너지 소비량 가운데 석유가 차지하는 비중은 45.6%였다. 또한 미국의 석유 수입은 1970년 23.2%에서 1973년 36.3%로 증가했다(Schneider, 1983: 59-63). 서유럽과 일본은 에너지 수요를 충족시키기 위해 석유에 훨씬 더 의존했다. 두 곳 모두에서 자동차 보급률이 급속도로 증가했고 1972년 석유는 서유럽 에너지 소비량의 59.6 %와 일본 에너지 소비량의 73%를 차지했다. 서유럽과 일본 석유 수입의 약 80%가 중동과 북아프리카에서 왔다. 중동 석유는 다른 지역에 비해 저렴했기 때문에 세계 석유 시장 점유율은 1950년 7%에서 1973년 40%로 증가했다.

1970년대의 석유 위기는 1973년 제4차 중동 전쟁과 1978-79년 이란의 이슬람 혁명이 직접적인 계기가 되면서 발생했다. 특히 1973년 제3차 중동 전쟁은 국제관계에서 지역 정치, 구체적으로 석유 정치학의 위상을 보여준 전환점이 되었다. 석유 정치학은 석유(petroleum)와 정치(politics)의 합성어로서 세계의 정치 흐름이 석유와 천연자원을 많이 보유한 나라에 의해 좌지우지되고 있다는 것을 뜻한다. 하지만 석유 정치학이란 용어는 단순히 자원을 보유한 국가들과 세계정치의 상관관계만을 의미하는 것이 아니다. 그것에는 석유를 둘러싼 패권과 세계 패권 그리고 세계정치경제의 지형변화도 함축하고 있다.

제1차 석유 파동은 1973년 10월 6일 이집트와 시리아의 선제공격으로 시작된 제4차 중동 전쟁은 이스라엘에 대한 미국의 군사 원조로 전세가 역전되었다. 이에 반발해 10월 16일 OPEC 회원국 내 페르시아만 연안 아랍 6개 산유국은 유가를 배럴당 3.65 달러로 17% 인상하겠다고 발표했고 10월 17일에는 아랍석유수출국기구(OAPEC: Organization of Arab Petroleum Exporting

Countries)가 석유 생산의 단계적 삭감을 결의했다. 10월 20일 OAPEC은 이스라엘이 점령지로부터 철수할 때까지 이스라엘 지원국에 대한 석유 금수조치를 발표하면서 자원민족주의 운동을 전개했다. 비록 이란, 베네수엘라 및 비아랍 OPEC 회원국들은 금수조치에 동참하거나 생산과 수출을 줄이지 않았지만, 이 혼란은 석유 수입국들의 4배가 되는 유가와 경제 문제를 야기시켰다(Venn, 2002: 7–21). 중동 전쟁은 미국의 중재로 개전 17일 만이 23일 휴전에 들어갔지만 세계 경제는 심각한 위기 상황을 맞이하게 되었다. 이번 조치로 국제유가는 1973년 9월 말 배럴당 3.07 달러에서 1974년 1월 말 11.65 달러로 4배가량 폭등했고 세계 경제는 불황과 인플레이션으로 큰 타격을 받았다. 이 전쟁은 1974년 3월 5일 미국의 중재로 이스라엘군이 수에즈 운하에서 철수하자 3월 18일 오스트리아의 수도 빈에서 사우디아라비아 석유장관이 '유가 동결과 석유 수출금지 해제'를 발표하면서 제1차 석유 위기는 종결되었다.

제2차 석유 파동은 1978년 12월 17일 알 오비타 석유수출국기구(OPEC) 의장은 "유가를 내년부터 단계적으로 14.5% 인상하겠다"고 발표하면서 시작되었지만, 이란의 이슬람 혁명으로 본격화되었다. 세계 석유공급의 15% 수준을 점하고 있던 이란이 석유의 전면 수출금지 조치를 취하자 국제 석유 시장은 커다란 혼란에 빠졌다. 1979년 11월 4일 테헤란 주재 미국 대사관 인질 사태와 1980년 9월 22일 발발한 이란–이라크 전쟁은 석유 위기를 더욱 심화시켰다. 특히, 이란–이라크 전쟁으로 '세계 에너지의 생명선'이라고 불리는 호르무즈 해협에서 유조선 운행이 중단되기도 했다. 호르무즈 해협은 전세계 석유공급의 1/5을 차지하는 중요한 수송로이다. 1978년 초 배럴당 13.66달러였던 국제유가가 1981년 10월 말 38.28달러로 34개월 동안 180% 폭등했다.

1970년대의 석유 위기는 베트남 전쟁에서 미군 철수, 워터게이트 위기, 제3세계에서 혁명 물결 등 다양한 사건과 맞물려 약화된 미국의 이미지를 불러일으켰다. 1979년 2월 이란의 이슬람 혁명, 같은 해 12월 소련의 아프가니스탄의 침공으로 미국의 영향력은 쇠퇴하기 시작했다. 이에 대처하기 위해 1980년 1월 23일 카터 대통령은 "페르시아만 지역을 지배하려는 어떠한 외부 노력의 시도도 미국의 중요한 이익에 대한 공격으로 간주할 것이며 이러한 공격은 군사적 방법을 포함한 모든 필요한 수단에 의해 저지될 것이다"라는 요지의 카터 독트린을 발표하였다. 또한 이를 뒷받침하기 위한 신속배치군을 창설했다. 이 신속배치군은 레이건 행정부에서 독립적인 부대로 편성되었다. 1983년 1월 1일 미국은 유럽 사령부와 태평양 사령부의 '중간'에 위치한다는 의미로 중부 사령부를 창설했다. 중부 사령부의 작전 범위는 중동, 북아프리카 및 중앙아시아이고 본부는 미 플로리다주 탬파에 있다.

1970년 석유 위기는 미국의 세계 패권을 강화시키는 또다른 요인으로 나타났다. 1971년 이후 미국경제는 오랜 기간 불안정 상태에 빠졌다. 1971년부터 1993년까지 22년 중 9년은 심각한 경기 침체(1971년 미니 경기 침체, 1973-75년 심각한 경기 침체, 1979-80년 초인플레이션 기간, 1981-82년 심각한 경기 침체, 1987년 부동산 거품과 주가 대폭락, 1992-93년 심각한 경기 침체)가 나타났다. 미국이 지속적인 경제 위기를 극복한 주된 요인은 페트로 달러 체제(Petrodollar System)로 달러로만 석유 대금을 결제할 수 있게 하는 현재의 체제 때문이었다.

페트로 달러 체제는 미국 화폐의 힘과 위신을 제공했고 세계정치의 초점을 석유가 풍부한 중동으로 옮겼다. 페트로 달러 체제란 용어는 1972년에서 1974년까지 미국과 사우디아라비아가 일련의 협상과 합의를 통해 석유 판매를 달러에 연결하는 방식에서 유래했다. 그 결과 1974년 6월 미국과 사우디아라비아는 '미국-사우디아라비아 경제협력위원회'로 알려진 군사·경제 협정을 체결해 사우디아라비아의 모든 석유 수출을 달러로 결제하고 그 대신 미국은 사우디아라비아에게 경제 및 군사 지원을 제공하기로 약속했다. 1974년 비밀 협약을 통해 사우디아라비아는 중동에서 신뢰할 수 있는 미국의 주요 동맹국이 되었다. 사우디아라비아는 세계 석유의 25%가 매장된 최대 생산국으로 OPEC에서 결정적인 영향력을 행사했다. 결국 OPEC은 1975년부터 달러화로만 석유를 거래했고 흔들리던 달러화 체제를 다시 공고화되는 계기가 되었다.

석유는 단지 국제적으로 거래되는 가장 중요한 상품이 아니다. 그것은 주요 산업 광물로 현대사회에서 가장 기본적이고 필수적인 에너지원이다. 페트로 달러는 1971년 이전 달러를 금으로 바꾸는 금태환 제도를 사실상 대체하게 되었고 달러 헤게모니를 더욱 강화시켰다. 세계 각국의 중앙은행들은 석유를 거래하기 위해 대량의 달러를 비축해야 했다. 결국 달러는 1971년 8월 15일 금태환 정지 선언에도 불구하고 기축통화의 지위를 유지시켰다.

2. 석유와 탈냉전

20세기 말까지 석유는 운송 에너지 사용량의 90% 이상을 포함하여 세계 에너지 소비량의 약 40%를 차지했다. 세계 석유 소비량은 선진국(특히, 미국)의 석유에 의존한 소비 구조의 확대와 개발도상국(특히, 중국과 인도)의 경제 성장으로 인해 지속적으로 증가했다(Klare, 2008: 14 – 21).

냉전 시기 해외 주둔 미군의 병력 규모는 점차 증가해 1990년에는 61만 명에 달했지만 1991년 소련 붕괴 이후 냉전체제가 해체되면서 2000년에는 25만 8천 명까지 줄었다. 비록 냉전 이후 해외 주둔 미군의 병력은 다소 줄어들었지만, 전차, 항공기, 항공모함 등 군 장비를 유지하는데 방대한 양의 석유가 필요했고 미국은 사실상 세계 최대 석유소비국이었다.

미국 외교정책의 최우선 과제는 외국 석유, 특히 페르시아만의 방대한 석유 자원을 확보하는 것이었다. 페르시아만의 석유는 세계 석유 경제에서 매우 중요한 역할을 했기 때문에 이 지역의 석유에 대한 접근 통제는 미국의 동맹국 뿐만 아니라 잠재적인 적대국에 대해서 막강한 영향력을 행사할 수 있다. 그 대표적인 사건이 걸프 전쟁이었다. 1990년 8월 2일 이라크가 쿠웨이트를 침공하자 이에 대한 미국은 대응은 페르시아만 석유를 통제하는 것이 핵심 목표였다. 이라크가 쿠웨이트를 점령하면서 사담 후세인은 세계 석유 매장량의 약 20%를 장악하게 되었다. 만약 이라크가 사우디아라비아의 유전도 장악한다면, 세계 매장량의 거의 절반을 장악하게 될 것이다. 이라크군이 쿠웨이트에만 주둔해도 이라크는 여전히 막대한 자원을 통제하고 다른 페르시아만 국가들에 대한 많은 영향력을 행사할 수 있었다. 이에 대해 미국은 쿠웨이트에서 이라크를 몰아내기 위해 다국적군을 결성해 1991년 2월 28일 걸프 전쟁을 일으켰다. 걸프 전쟁은 개전 43일, 지상전 개시 4일 만에 이라크의 완패로 끝났고 전쟁 이후 사담 후세인 정권을 봉쇄하기 위해 이라크에 대한 경제 제재를 실시했다(Hurst, 2009: 83 – 113).

1991년 소련 붕괴 이후 중앙아시아의 지정학적 중요성이 크게 부각되었고 미국은 카스피해 연안국가들에게 관심을 기울이기 시작했다. 중앙아시아는 고대로부터 동양과 서양을 연결하는 교역로, 즉 실크로드(Silk Road)였다. 또한 카스피해는 중동에 이어서 세계에서 두 번째로 많은 자원의 매장지로 석유 매장량은 2,500 – 3,000억 배럴, 천연가스 매장량은 15 – 20조 입방미터이다. 1999년 5월 미 의회는 실크로드 전략법(SRS: Silk Road Strategy Act)을 제정했다. 실크로드 전략법은 지중해에서 중앙아시아까지 이르는 폭넓은 지역에서 미국의 광범위한 경제적, 전략적 이익을 규정한다.

실크로드 전략법에 따르면, 미국의 외교 정책은 석유 사업에서 러시아, 중국, 이란을 견제하고 약화시키는 목적을 가지고 있다. 미국은 반러시아 노선을 표방하는 구암(GUUAM: Georgia, Ukraine, Uzbekistan, Azerbaijan and Moldova)을 조직했다. 이 기구는 1997년 10월 그루지야(현 조지아), 우크라이나, 아제르바이잔, 몰도바 4개국으로 구성되었고 1999년 우즈베키스탄이 가입하면서 각국의 첫 글자를 따서 구암으로 명명되었다. 구암은 전략적으로 카스피해에서 석유와 천연 가스 지대의 핵심부에 위치해 있는 지역 군사 동맹이며 몰도바와 우크라이나는 서방 세계에게 송유관을 제공한다. 궁극적으로 구암은 카스피해의 석유와 천연가스 매장지에서 러시아를 축출하고 또한 모스크바를 정치적으로 고립시키는 것이다. 하지만 2005년 5월 우즈베키스탄이 탈퇴를 선언하면서 현재 4개국 구암(GUAM: Georgia, Ukraine, Azerbaijan and Moldova)이 되었다.

또한 실크로드 전략법은 중앙아시아에 미군을 배치하는 것이다. 2001년 9.11 테러 사태 이후 미국은 우즈베키스탄과 키르기스스탄 등 중앙아시아에 군사기지를 세웠다. 우즈베키스탄의 하나바드 군사기지는 2001년 10월 아프가니스탄 침공의 전초기지가 되었다. 하지만 이 기지는 2005년 11월 우즈베키스탄의 반발로 철수되었다. 실크로드 전략법은 러시아에 대항해 중앙아시아와 남부 코카서스에 강력한 정치, 경제 및 안보협력 체제를 구축하는 것이다.

카스피해는 '제2의 페르시아만'이라고 부른다. 카스피해는 중국과 인도 등 에너지 소비가 늘어나면서 아시아의 중요한 자원의 보고로 등장하고 있다. 또한 카스피해는 유라시아의 통로이기도 하다. 카스피해를 둘러싼 개입과 갈등은 점차 확대되고 있다. 미국과 러시아는 물론 중국, 터키, 이란, 사우디아라비아가 경쟁적으로 개입하고 있다. 이에 따라 카스피 해는 과거 페르시아 만을 둘러싼 갈등구조의 패턴이 반복되고 있다. 미국의 실크로드 전략법은 동쪽, 남쪽, 북쪽에서 오는 정치적, 경제적 압력에 취약한 지역을 강화하기 위한 목적을 가지고 있다. 미국은 이 지역의 안정에 대한 위협으로 러시아(북쪽)뿐만 아니라 중국(동쪽)과 이란, 이라크(남쪽)에서 나온다고 주장했다. 따라서 실크로드 전략법의 성공적인 실행은 광대한 석유 및 가스 매장량에 대한 통제권을 확보하는 것이다. 또한 이것은 석유회사들을 위한 송유관 경로를 보호하는 수단으로 나타나고 있다. 결국 이를 통해 미국의 에너지 패권 전략을 추진하고자 한다.

V. 21세기 석유의 미래

20세기는 에너지 자원이 석탄에서 석유로 전환된 시기였고 석유 자원의 보고인 중동이 주목받았으면 분쟁과 갈등의 중심지가 되었다. 21세기에 들어와서 화석 에너지가 몰락하고 신재생 에너지가 부흥한다는 에너지 패러다임의 대전환이 이루어질 것이라는 전망이 나타나고 있다. BP는 2020년 9월 14일 '연례 에너지 전망 보고서'에서 2050년까지 30년간 석유 수요는 규모와 속도의 차이만 있을 뿐 크게 감소할 것이라고 전망했다. 이를 두고 많은 전문가들과 언론들은 111살 석유 공룡의 종말 선언이라고 분석했다. 대기 오염과 기후 온난화의 주된 요인으로 내연기관 자동차가 지목받으면서 친환경차로 알려진 전기차가 주목하고 있다. 하지만 전기차는 아직까지 친환경차라고 볼 수 없다. 전기차의 미세먼지 배출총량은 가솔린과 경유차와 거의 비슷하다. 사실상 자동차가 발생시키는 미세먼지 가운데 배기가스가 차지하는 비중은 10%이고 나머지 90%는 타이어 마모에서 나온다. 또한 앞으로 발생한 폐배터리 문제도 더불어 고민해야 한다. 현재 화석연료는 세계 에너지 소비의 84%를 차지하고 있다. 에너지 자원의 중심축이 화석 연료에서 신재생 에너지로 이동하고 있다는 큰 흐름에는 변함이 없지만 석탄에서 석유로 대체하기까지 약 100년이 걸렸다는 점에서 아직까지는 많은 부분을 고민해야 한다. 이런 측면에서 21세기 에너지 자원은 다양화, 다원화할 가능성이 높고 이에 따라 석유 자원의 중요성은 앞으로도 지속될 것이다.

20세기 석유 시대의 개막은 페트로 달러 체제를 탄생시키고 유지시키는 원동력이 되었다. 페트로 달러 체제는 미국 화폐의 힘과 위신을 제공해 달러화 기축통화 체제를 구축하고 있는 토대가 되었고 세계정치의 중심을 석유가 풍부한 중동으로 옮겼다. 하지만 21세기에 들어와서 페트로 달러 체제에 대한 위기와 도전이 나타나기 시작했다. 2001년 이라크는 원유 결제통화를 유로화로 받기 시작하면서 세계 최초로 페트로 유로(Petro Euro)를 시도했고 2006년부터 이란은 유로화로 사용하겠다고 선언했다. 2009년 카다피 리비아 국가수반은 아프리카 연합(AU) 회원국에게 달러와 유로 모두를 거부하고 새로운 통화인 금화 디나르(Golden Dinar)를 통한 결제 시스템을 도입해 이를 원유 결제통화로 사용하자고 제안했고 2023년까지 금에 기반한 공통 통화를 창설하기로 합의했다. 하지만 2011년 카다피가 리비아 내전에서 살해당하면서 금화 디나르 창설에 관한 논의는 더이상 추진되지 않았다.

또한 페트로 위안(Petro Yuan)에 관한 논의도 점차 확산되고 있다. 2018년 3월 26일 중국은 상하이 선물거래소 산하에 설립한 국제에너지거래소(INE: International Energy Exchange)를 통해 원유 선물거래를 시작했다. 국제원유 거래를 위안화로 결제하는 것은 위안화를 국제화하기 위한 목적을 가지고 있다. 러시아도 루블화 결제를 주장하기 시작했다. 지난 2월 24일 러시아의 우크라이나 침공 이후 미국과 유럽연합(EU: European Union)을 중심으로 대러시아 제재가 강화되자 러시아는 에너지 수입 의존도가 높은 유럽 국가들에게 천연가스 대금을 루블(Ruble: 러시아 화폐)과 가상 화폐로 요구했다. 중국은 이번 우크라이나 전쟁을 계기로 페트로 달러에서 페트로 위안으로 바꾸는 전략을 추진하고 있다. 만약 위안화가 원유 결제통화로 사용되면 세계 석유 시장의 구도에 커다란 변화가 예상된다.

참고문헌

Auzanneau, Matthieu. 2018. *Oil Power and War: A Dark History*. London: Chelsea Green Publishing Co.

Black, Brian C. 2012. *Crude Reality: Petroleum in World History*. Plymouth: Rowman & Littlefield Publishers.

Edgerton, David. 2006. *Warfare State: Britain, 1920–1970*. Cambridge: Cambridge University Press.

Ferrier, R. W. 1982. *The History of the British Petroleum Company, Vol. 1: The Developing Years, 1901–1932*. Cambridge: Cambridge University Press.

Hurst, Steven. 2009. *The United States and Iraq Since 1979: Hegemony, Oil, and War*. Edinburgh: Edinburgh University Press.

Klare, Michael T. 2008. *Rising Powers, Shrinking Planet: The New Geopolitics of Energy*. New York: Henry Holt.

McNeill, J. R. 2000. *Something New Under the Sun: An Environmental History of the Twentieth–Century World*. New York: W. W. Norton.

Nye, David E. 1998. *Consuming Power: A Social History of American Energies*. Cambridge, MA: MIT Press.

Painter, David S. 1986. *Oil and the American Century: The Political Economy of U.S, Foreign Oil Policy, 1941–1954*. Baltimore: Johns Hopkins University Press.

Schneider, Steven A. 1983. *The Oil Price Revolution*. Baltimore: Johns Hopkins University Press.

Toprani, Anand. 2019. *Oil and Great Powers: Britain and Germany, 1914 to 1945*. Oxford: Oxford University Press.

Uri Bialer, Uri. 1999. *Oil and the Arab–Israeli Conflict, 1948–63*. New York: St. Martin's Press.

Venn, Fiona. 2002. *The Oil Crisis*. London: Routledge.

Yaqub, Salim. 2004. *Containing Arab Nationalism: The Eisenhower Doctrine and the Middle East*. Chapel Hill: University of North Carolina Press.

Yergin, Daniel. 1991. *The Prize: The Epic Quest for Oil, Money, and Power*. New York: Simon & Schuste.

제4장

소연방과 중앙아시아: 지역 정체성과 결정화, 그 역사적 수렴과 발산*

정세진(한양대학교)

I. 포스트소비에트 시기의 정치적 상황, 그리고 전쟁

1985년 서기장 고르바초프의 집권과 개혁적 태도에도 불구하고 1991년 소련이 해체되었다. 소련은 체제 전환을 시작하였고 민주주의와 시장경제를 추진하면서 서방의 정치적 가치를 받아들였다. 소련 체제는 무너졌지만, 유라시아 지역의 역사 문화 정체성은 아직 확실히 정립되지 못한 상황이라고 하겠다. 러시아와 우크라이나 전쟁은 과거 구소련권에서 벌어지는 현재 상황을 총체적으로 보여주는 사건이 되었다. 러시아는 이미 조지아와 2008년 전쟁을 치른 바 있다. 우크라이나 전쟁은 끝이 없는 것처럼 보이고 2022년 9월 현재 해결의 기미가 보이지 않고 있다. 러시아 정부는 국민들에게 부분 동원령을 내렸으며, 전쟁은 이로써 더 확대될 가능성도 높아졌다. 그리고 전술 핵 사용에 대한 위험성도 증대되고 있다.

* 이 글은 "소연방과 중앙아시아: 지역정체성과 결정화, 그 역사적 수렴과 발산." 『중소연구』 46-2(2022), 359-397에 같은 제목으로 게재하였다.

과거 구소련 국가는 아니었지만, 중앙아시아의 인근 국가인 아프가니스탄의 탈레반이 2021년 8월 재집권하면서 중앙아시아 안보의 위협 요소로 등장했다. 러시아는 탈레반 사태에 가장 민감한 타지키스탄에 군대를 주둔하고 있다. 앞으로 중앙아시아 안보에 어떠한 위협 요소가 벌어지는지가 관심의 대상이다. 이런 상황 이외에 중앙아시아 국가끼리 국경 분쟁이 끊이지 않고 있다. 2021년 4월에 키르기스스탄과 타지키스탄 국경에서 벌어진 군사 충돌로 수백 명의 사상자가 발생했다. 그 이전에 이미 여러 차례 키르기스스탄의 오쉬 지역에서 우즈베크 인과 키르키즈 인 간에 유혈 폭동이 일어나 수백 명이 사망하는 사건이 벌어졌다. 즉 21세기가 한참 지나간 이 시점까지 과거 소련에 속한 국가끼리 군사 분쟁이 발생하였다.

2022년 벽두에 카자흐스탄 국민의 시위가 발생해 CSTO(Collective Security Treaty Organization, 집단안보조약기구) 출범이후 처음으로 CSTO 평화유지군이 카자흐스탄에 전격 투입되는 사건이 발생했다. 평화 유지군 2,500명 중에 약 2,000명이 러시아 군인이었다. 러시아 주도의 평화유지군은 카자흐스탄에 파견되었는데, 이후 내정 상황이 안정되면서 곧 철수하였다. 국제전문가들은 카자흐스탄이 향후 러시아의 영향력 안으로 급속하게 재편될 것이라는 전망을 내놓았다. 카자흐스탄의 토카예프 대통령이 시위를 평정할 수 있었던 결정적인 이유는 CSTO 평화 유지군이 급파되었기 때문이었다. 카자흐스탄이 러시아의 지원을 받았기 때문에 카자흐스탄의 행동 범위에 제약이 있을 것이라는 전망이 있다. 그런데 러시아-우크라이나 전쟁의 발발로 카자흐스탄 정부는 도리어 우크라이나의 영토 통합성을 지지한다는 입장을 발표, 향후 카자흐스탄 등 중앙아시아 국가들이 러시아에 어떤 방식으로 대응할지는 확실치 않다. 다만 러시아는 최근 구소련 지역에 소련시기의 영향력을 복원하고자 하는 강력한 정책을 펼치고 있다. 어떤 상황이든지 우크라이나 전쟁은 글로벌 국제 환경의 변화를 예고하고 있으며, 향후 국제 질서가 어떻게 변할지는 예의 주시해야할 것이다.

다만 중앙아시아는 과거부터 공동의 정체성을 지닌 공간이었고 문명사적으로 이슬람 문화권, 유목 문화 및 정주 문화의 교차로서의 역사적 삶의 양식을 지닌 지역이었는데, 왜 소련 해체 이후 지속적으로 이 지역에서 민족 간의 분쟁, 국가 간의 갈등 상황이 여전히 종식되지 않고 지속되고 있을까? 소련 해체의 역사적 사건이 새로운 역사적, 정치적 단계로 접어들고 있다. 이러한 관점에서 본고는 중앙아시아 지역 정체성의 역사적 변천이 현재의 중앙아시아를 설명하는 여러 논점을 제공할 것이라는 관점을 가지고 서술될 것이다. 소련 해체 이후 중앙아시아 등 유라시아권에서 영토 분쟁, 국경 분쟁, 전쟁 상황이 지속되고 있기 때문이다. 포스트 소비에트 시기 구소련 공화국에서 이러한 이슈가 발생하는 것은 제정 러시아의 중앙아시아 정복 이후 중앙아시아 지역 정체성의 변동으로 말미암은 데에 그 원인이 있다는 점을 제기한다.

특히 중앙아시아 공간은 B.C. 시기부터 현재적 시점에서의 민족이 구체적으로 형성되지 않았으며, 페르시아계와 투르크계가 그 공간에서 공동의 삶을 영위해 나갔다. 중국 북방과 시베리아 북방의 유목제국들과 원주민들의 역사적 관계가 있었으며, 전쟁뿐만 아니라 경제적 교류를 형성해 나갔다. 그런 관점에서 이 지역은 소련이 점령하기 이전까지는 민족 보다는 지역적 공동성과 그 공감대가 있었으며, 실크로드 문화의 형성으로 해석되는 경우가 많았다.

이 글은 러시아가 중앙아시아를 본격 경략한 19세기 중반기 이후 중앙아시아 지역 정체성의 함의를 일별하는 시도라고 하겠다. 예를 들면 1924년 소련 지배층은 중앙아시아에서 전격적인 국경 경계 획정을 통해 소위 '창조된 민족'을 만들면서 새로운 구성공화국을 탄생시켰다. 이는 현 단계 중앙아시아의 분쟁 요소가 되었는데, 본 논고의 주요한 분석 기제로 작용한다. 소련 내부의 민족 분쟁이었으며, 이는 작금의 상황에서도 존재하는 것을 의미한다.

이 글은 2장에서 러시아의 중앙아시아 점령에 관련된 중앙아시아 지역 정체성의 형성과 그 실제를 분석하고 3장에서 소연방 초기 중앙아시아 지역 정체성의 형성과 그 특성을 규명한다. 4장에서는 소련 지도자들의 대 중앙아시아 지역 관점 및 정책의 수렴을 논증하고 5장에서는 포스트 소비에트 시기 중앙아시아 지역 정체성과 그 징후에 대해 서술할 것이다.

II. 러시아의 중앙아시아 점령: 중앙아시아 지역 정체성의 형성과 그 실제

중앙유라시아 지역에서는 오랫동안 스텝의 유목민족과 정착민족 간의 유목 문명과 정주 문명들 간의 상호 관계와 권력 교체가 반복되었다. 유목제국들은 중원의 정착 민족으로부터 강탈한 물자에 기반을 두면서 삶을 영위하였으며, 중원 국가가 약화되어 멸망하면 유목제국 또한 소멸되는 현상이 발생했다(양승조, 2015: 25). 중앙아시아의 문명사적 관점에서 유목 및 정주 문화는 핵심적인 역사적 인자였다. 모스크바국 시기 16세기 이반뇌제(재위 1533 – 1584)는 남부 지역으로 영토를 확장하였다. 16세기 중엽 카잔 칸국과 아스트라한 칸국을 1552, 1556년에 점령함으로써 과거 몽골이 러시아를 지배한 시대를 일컫던 그 유명한 용어인 '몽골의 멍에'(монгольское иго)를 드디어 벗어버렸다. 그런데 20세기 러시아의 유라시아주의자들은 러시아는 일정 부분 몽골의 정치적 유산을 물려받았고, 몽골의 영향력을 긍정적으로 해석하였다. 이는 여전히 역사적 논쟁으로 남아있지만 러시아가 1480년 몽골의 지배에서 벗어났다는 것은 분명한 사실이었고 16세기 중엽 몽골의 계승국가를 정복하였다. 필자가 보기에 러시아가 몽골의 지배 이데올로기에서 완전히 벗어난 사건은 16세기이다. 카잔 칸국 등은 몽골의 후계 국가로 인식되었기 때문에 모스크바국은 제국의 세기로 접어들었다고 할 수 있다. 물론 러시아 역사에서 제국의 시작은 표트르 대제(재위: 1682 – 1725)가 18세기 황제의 칭호를 받으면서 본격화되었다는 일반적 해석이 있지만, 필자의 견해로는 16세기 중엽에 러시아 제국 확장의 역사가 열린 것으로 판단된다.

이후 러시아는 동쪽으로 세력을 확장하였다. 그때도 이반뇌제 시기였다. 러시아의 동쪽은 시베리아였다. 그의 통치 시기 모스크바국은 시비리 칸국을 점령했다. 1582년 10월 26일, 예르마크는 시비리 칸국의 수도인 카실리크로 입성할 수 있었다(정세진 외, 2020: 11). 이후 시베리아 지역 영토 확장이 뒤따랐다. 역사가들은 모스크바국이 의도적으로 제국 확장이라는 거창한 목표를 설정하고 영토를 넓힌 것이 아니라 당시 경제적 자산 가치로 매우 높았던 모피를 획득하기 위해 시베리아 경략에 나선 것이라고 해석하고 있다. 시베리아 영토는 광대했다. 주지하듯 18세기 중엽에 제정러시아는 캄차카 반도까지 나아갔고 알래스카를 발견하고 중국과 조약을 체결하면서 시베리아 국경을 완성했다.

러시아는 1864년에 북카프카스를 완전 점령하였고, 이후 중앙아시아 지배에 성공했다. 러시아는 이미 19세기에 남코카서스인 조지아, 아르메니아, 아제르바이잔에 대한 정치적 지배권을 확보하고 있었고 중앙아시아 정복은 영토 확장의 결정적 전기가 되었다. 러시아는 대륙을 뛰어넘은 식민지 확장을 시도하지 않았지만, 인근 국경을 넘나들면서 영토를 지속적으로 확보하였으며, 그 절정은 19세기 중반이었다.

그런데 러시아가 식민지 영토를 확장하면서 국경 경계에 여러 문제점이 발생했다. 이는 이미 유럽 제국주의 국가들이 당면한 문제였다. 유럽이 아프리카를 점령하면서 강대국의 구미에 맞게 식민지를 마치 도끼로 쪼개듯 멋대로 재단하면서 거주민들을 강대국의 의지대로 지배하는 패턴은 당시에 반복되고 있었다. 1991년 소련이 해체되었고 동유럽에서 공산주의 통치가 종식되었다. 그 이전 유고 연방이 여러 국가로 나누어졌다. 이 과정 중에 과거 제국이 멋대로 국경 경계를 획정한 여러 일들이 현대 사회의 문제로 변했고 국경 분쟁 요소가 되었다. 연방은 다수 국가로 분화되었으며, 새로운 국가가 등장했다. 국경 문제가 수반되었다. 1991년 이후 신생국들은 국경 경계를 지배하고 경계를 짓고 주권국으로 새롭게 출범했다. 지역 정체성규정이 국가 발전의 핵심적 시험대가 되었다. 러시아가 중앙아시아로 관심을 가진 시기는 17세기 이후였다. 실제적으로 관련이 있던 시점은 1675년이었다. 당시 러시아 사절단이 인도 델리를 방문하고자 했는데, 델리까지 가는 경로에 지금 우즈베키스탄에 속하는 부하라가 있었다. 사절단은 부하라를 통과했지만, 결국 델리까지 도착하지 못했다. 그러나 러시아 역사상 처음으로 중앙아시아 도시를 방문하게 된 셈이었다.

러시아는 중앙아시아를 본격 점령하기 이전 히바 칸국에 대한 군사 원정을 시도한 적이 있었는데, 러시아는 이 칸국에 대한 정치적 통제권 혹은 지배권을 가지고자 시도했다. 히바 칸국은 1511년 이래 우즈베크 민족 그룹의 왕조에 의해 통치되던 독립 국가였다. 페르시아가 1740 – 47년, 잠시 간접 통치하던 시기가 있었다. 1830 – 1840년대에 영국 상품이 중앙아시아로 많이 유입되었는데, 러시아를 방문한 중앙아시아 칸국 상인들이 이 사실을 전해주었다. 러시아 정부는 히바 칸국에 대한 관심을 기울였다. 영국 – 아프가니스탄 전쟁 시기 러시아의 오렌부르크 총독 겸 주둔군 사령관인 바실리 알렉세예비치 페로프스키(Vasily Alexeevich Perovsky, 1794 – 1857)가 히바 원정에 나섰다. 상업 통로의 확보 등 경제적 이익에 대한 러시아의 관심은 19세기 중반, 면화 수입량이 중앙아시아로부터 폭발적으로 증가하면서 시작되었다. 아직 중앙아시아 지역 경제에 대한 큰 관심은 가지고 있지 않았지만, 원정의 공식 목적은 칸국에 의해 포로로 잡힌 러시아 인을 구하고 상업 통로를 일정하게 확보하는 일도 중요하였다. 전쟁의 원인은 러시아 노예 문제가 가장 컸다. 히바에서 노예로 일하던 러시아 인을 해방하는 일이 전쟁을 선택한 이유였다. 이외에 히바 칸의 카자흐 민족에 대한 개입이 러시아의 반발을 불러 일으켰다(곽성웅, 2020: 85). 러시아는 국경 분쟁의 종식을 원했다. 페로프스키는 니콜라이 1세의 승인으로 원정에 나섰다.

1830년대, 히바 칸국은 전략적 – 군사적, 상업적 우위를 놓고 중앙아시아에서 경쟁을 벌인 영국과 러시아 간의 거대게임의 대상이었다. 1839년 11월, 페로프스키는 군사 원정에 나섰다. 당시 그 원정에 함께 했던 병사는 약 5,000명이었다. 낙타도 대동하였는데, 무려 1만 마리 정도의 규모였다. 약 2천 마리의 말도 전쟁에 동원되었다. 러시아는 당시 영국과 소위 거대게임을 벌이고 있었다. 영국도 적극적인 대외 정책을 추진하고 있었다(Федеров, 1995: 415). 영국이 제1차 아프간 전쟁(1839 – 40)으로 휘말린 시기를 활용, 러시아가 국경을 확장하고자 하는 시도도 히바 칸국 원정의 추동 원인이었다. 그러나 이 원정은 재앙으로 끝났다. 따뜻한 옷도 없고 연료도 부족하고 열악한 무장 상태였던 러시아 군대는 기록상 가장 혹독한 겨울 중 하나에 직면했고 단한 번의 전투도 치르지 못했다. 실패의 가장 큰 이유는 준비 부족 때문이었다. 원정대에 대한 지원도 바닥이 나면서 전쟁을 계속 수행할 상황이 되지 못했다. 러시아 군대는 약 1,000명의 병사와 낙타 대부분을 추위와 질병으로 잃었다. 병사들 간에 눈병이 전염되면서 1840년 6월에 원정대는 오렌부르크로 복귀하였다. 히바는 정복되지 못했지만, 이후 협상을 통해 1840년에 약 600명의 러시아 포로들은 고국으로 귀환했다. 러시아는 이후 19세기 중반기 카프카스 전쟁에서 승리한 이후 중앙아시아 정복에 나섰다.

러시아는 18세기에 카자흐스탄에 대한 정치적 지배권을 가지는데 성공했다. 그리고 한참 이후인 1865년에 타슈켄트를 점령하고 이 지역에 소위 '투르키스탄 총독부'를 설립하면서 본격적으로 중앙아시아 지배에 나섰다. 5월 17일 러시아 군대가 타슈켄트를, 5월 24일 호잔트를 점령했다. 러시아는 1867-68년에 부하라 칸국에 대한 공격에 나서 사마르칸트를 장악함으로써 러시아와 부하라 칸국은 평화 조약을 맺었다. 1871년 실질적으로 부하라 칸국은 러시아에 복속되었다. 러시아는 1873년 히바 칸국을 점령하고 투르키스탄 총독부에 편입시켰다. 이후 페르가나 지역을 기반으로 세워졌던 코칸드 칸국은 러시아 군대에 의해 핵심지역을 상실했다. 1876년, 최종적으로 이 칸국은 복속되었다(Сахарова, 2010: 165). 부하라 칸국은 1920년까지 부하라 아미르 국으로 남아있었다(Орлов et al., 2008: 378). 러시아는 1880년대 투르크멘 민족을 정복, 중앙아시아 전 지역을 복속하였다. 러시아가 투르크메니스탄을 완전히 점령한 연도는 1887년이었다. 제정러시아는 1892년 지금 타지키스탄에 속하는 파미르 고원을 정복하면서 중앙아시아 점령을 완결하였다. 러시아 국경, 즉 러시아 변경은 비로소 고정되었다. 러시아는 새로운 식민지 공간에 총독제를 형성하면서 통치 권리를 향유했다.

러시아는 왜 중앙아시아를 지배하고자 했을까? 1853-56년 러시아와 오스만 투르크 간의 크림전쟁은 다른 의미로는 러시아와 서유럽 국가 간의 전쟁이었다. 그 험난했던 크림전쟁에서 패배하면서 러시아는 국가적 자존심에 상처를 받았다. 러시아는 이 전쟁 이후인 1864년에 북카프카스를 점령하였는

데, 이로 인해 중앙아시아로 관심을 돌릴만한 여유가 생겼으며, 중앙아시아 정복의 계기가 되었다. 러시아는 크림전쟁의 패배를 외교적으로 만회했다. 그런데 이 시기는 러시아가 시베리아를 거쳐 태평양에 도달한 시점보다 약 200년이 경과한 뒤였다.

전체적으로 18세기 이후 중앙아시아 지역 정체성에 결정적으로 균열을 일으킨 제국은 제정러시아였다. 러시아가 1860년대 중앙아시아를 본격 정복하고 1917년 볼셰비키 혁명과 그 이후의 1924년 중앙아시아 국경 경계 획정까지의 반세기 동안 그 지역의 사회 구조는 큰 변화가 없었다는 주장이 있다(Mandel, 1942: 389). 이 지역은 소위 유라시아 제국사가 펼쳐진 공간이지만, 러시아는 특별히 민족주의 감정으로 충일한 국가였다. 러시아는 전통적으로 메시아적 감정을 가지고 이웃 민족을 대하는 경향을 보였다. 그래서 러시아와 러시아정교를 언급할 때, 러시아는 '신성한 러시아'(Holy Russia)라는 용어로 설명되는 경우가 많다. 중앙아시아에서의 메시아적 감정은 범슬라브주의의 확산과 연결되어 있다. 러시아의 마지막 시기와 볼셰비키 초기에도 러시아인은 민족주의 감정을 타민족 통치에 활용하고자 했고, 완전한 통제권을 가지고자 애썼다. 슬라브 인의 전통성, 민족성은 러시아정교를 통해 발현된 측면이 많았다. 러시아는 민족주의를 주창하는 국가였다. 리아사노프스키는 19세기 중반기의 러시아 민족주의에 대해 다음과 같이 기술하였다(Riasanovsky, 1969: 137–138).

> 민족주의는 전설적인 과거, 구속복을 입은 현재, 그리고 영광스러운 메시아적 미래의 의미이다. 러시아 민족은 주인에 종속된 순종적인 체스의 졸(卒)이다. 동시에 위대한 사명의 보유자이다. 러시아는 슬라브 민족의 집단적 공동체인 '슬라브돔'(Slavdom)을 지닌 국가이며, 엘베 강, 비인, 그리고 콘스탄티노플까지 진군하는 운명을 가진 민족이다. 메시아적인 러시아는 니콜라이 1세와 정부의 보수적이고 합법적인 기원으로서의 정책뿐만이 아니라 그것과 대칭되는 모험적, 공격적, 심지어는 혁명적인 대외정책을 요구해왔다.

19세기 중앙아시아 지도를 만든 핵심 국가는 러시아와 영국이었다. 영국은 인도를 점령하고 아프가니스탄까지 그 세력권에 두고자 했다. 러시아는 그 이외의 영토를 지배하고자 했다. 양국은 중앙아시아에서 거대게임을 벌였으며 경쟁한 국경선을 명확히 정했다. 영국은 러시아의 인도 변경 지역으로의 전진을 억제하는데 총력을 기울였다. 양국의 방어선 경계는 '아프가니스탄 완충선', 남쪽의 아무 다리야(Amu Darya), 그리고 그 북쪽 가장자리인 동부 파미르의 빅토리아 호수에서 출발하는 아무다리야 강이었다(Golunov, 2005: 65). 아무다리야 강은 지역 경계 구성에 있어서 산맥보다도 더 유용하게 활용되었다. 강은 어떤 왕조가 어느 지역을 통제할 수 있는지 결정짓는 경계에 속했다. 일반적으로 과학적, 역사적 관점에서 산맥이 경계를 짓는 데 더 적절하게 활용되는 경향이 있다. 그러나 경계를 정확히 구분하는 것은 매우 어렵다. 영국의 자연과학 연구자들은 힌두 쿠시(Hindu Kush) 산맥이 인도의 자연적 방어선의 경계로 보았지만, 통치 당국은 이에 동의하지 않았다. 영국은 이 지역을 중심으로 국경 경계를 짓지 않았다. 만약 그렇지 않았다면 유라시아 지역의 세력 분포는 완전히 달라졌을 가능성이 있다(Golunov, 2005: 65).

20세기 초, 만주, 몽골, 신장, 아프가니스탄, 그리고 중앙아시아는 방대한 전략적 완충 장치 지대라는 역사적 의미장을 구성했다. 투르키스탄, 부하라, 세미레치예(Semirechie), 히바(Khiva), 투르크메니아(Turkmenia) 등은 러시아 차르가 보기에는 인적 자원 및 천연자원이 매우 풍부하여 충분히 발전할 만한 가능성이 있던 공간이었다. 러시아는 이 거대 인구의 중앙아시아를 자체적으로 정립된 러시아식 지역 정체성으로 완벽히 통합할 수 없었고, 그러한 방식으로 변화시킬 수도 없었다. 그 결과로 중앙아시아의 러시아 제국으로의 통합은 정치적으로나 경제적으로나 허약했다. 러시아의 문화적 영향력은 카프카스에서 성취한 것처럼 중앙아시아에서는 강력히 발동되지 못했다. 러시아와 카프카스 국가와의 문화적 연대감은 비교적 끈끈했고 19세기에 그러한 경향이 형성되었다(Abdullaev, 2018: 72).

러시아의 중앙아시아 점령 시기, 중앙아시아 지역 정체성을 어떻게 규정할 수 있을까? 필자는 특정 권역권, 혹은 특정 국가의 역사 정체성은 지역 정체성과 밀접한 관계가 있다는 점을 제기한다. 중앙아시아의 역사적 상황에는 일련의 공통성, 공동성이 있다. 원래 피식민지 원주민, 즉 토착민들은 스스로 변별적이고 고유한 지역 정체성을 생성하기 위해 노력한다. 전통적으로, 역사적으로 고유한 정체성이 축적되는 양상을 보인다. 노스롭은 "토착민 정체성은 복잡하고 다변화되어 있고 변경 가능하다"고 정의를 내린 바 있다(Northrop, 2004: 17). 예를 들면, 중앙아시아의 매우 특별한 공간은 페르가나 분지이다. 그런데 페르가나 분지에서는 전통적 의미의 민족-국가가 형성되지 않았다. 독특한 '페르가나 정체성'이 존재했다. 그 어떤 왕조가 페르가나 분지를 독점하여 차지하지 않았다. 이 지역에서 민족 국가는 생성되지 않았다. 왕조가 등장하였으며, 봉건 체제가 형성되었다. 아디브 칼리드는 페르가나 분지에서 건국된 코칸드 칸국을 "여러 중개자 연결을 통해 주요 통치자 중 한 명에게 충성을 빚진 족장, 아미르, 장군의 집합체"(Khalid, 2009: 202)라고 설명했다.

필자가 여러번 제기했듯이 소련 체제의 출범 이전에 중앙아시아는 공동의 정체성을 지닌 공간이었고 현재적 의미의 민족 정체성이 강력히 추동되지는 않았다. 근대 시기 중앙아시아는 칸국이 통치하면서 개별 영토에서 지도자들이 등장하며 통치하던 특색을 보여주었다. 민족 창출이 구체적으로 구현된 것은 3장에서 보듯 국경 경계 획정이 확정되면서 구성된 측면이 있다. 그런 측면에서 중앙아시아 역사를 문명사적 함의로 해석될 수 있으며, 이슬람, 실크로드, 투르크, 페르시아 문화의 집적체로서 지역적 함의가 설정될 수 있다고 하겠다.

중앙아시아에서 가장 인구 밀도가 높고 크고 비옥한 곳은 페르가나 분지의 남쪽 경계이다. 이 지역은 인종적으로나 정치적으로 다양하지만, 정치 체제는 단일하였다. 즉 페르가나 정체성은 공동의 정체성, 혹은 공존의 정체성으로 규정될 수 있다. 다른 말로 한다면, 페르가나 지역 정체성은 다른 형태의 인종, 지역, 종교 정체성과 공존한다는 의미로 해석될 수 있다. 현재 페르가나 분지는 독립적인 키르기스스탄, 우즈베키스탄, 타지키스탄으로 구분되어 있다(Reeves, 2009: 1284). 과거 이 지역에 페르가나 정체성이 성립되어있었다면, 1924년 소련 당국의 중앙아시아 국경 경계 획정으로 페르가나 공동의 정체성에 균열이 일어났다.

III. 소연방 초기 중앙아시아 지역 정체성의 형성과 그 특성

1. 소련 시기 지역 정체성의 형성과 그 역사적 함의

제정러시아 시기 중앙아시아 지역 정체성에 대해 2장에서 다루었다. 그렇다면 소련 시기 지역 정체성은 어떤 식으로 전개되었을까?

소련은 다양한 민족으로 구성된 연합 공화국의 성격을 가졌다. 이 과정은 소련 내 어떤 지역에서보다도 중앙아시아에서 더 급진적으로 이루어졌다. 중앙아시아를 제외한 다른 구성 공화국에서는 민족 명칭을 통해 광범위한 민족 정체성이 형성되었다. 즉 러시아 정체성, 아르메니아 정체성, 조지아 정체성 등이다. 그러나 중앙아시아에서는 특정 민족 정체성이 뚜렷하게 나타나지 않았고, 공동의 공간 정체성이 강력히 발현된 권역권 특징이 있다. 올워스의 언급이 중요한데, 그는 중앙아시아에서 창출된 민족명은 결과적으로 "소련 당국이 죽어있던, 혹은 사멸해가는 중세의 지명을 임의적으로 선택하고 정치적 법령에 따라 지역 주민들에게 각각의 민족명을 부여했다"(Allworth, 1990: 206)라는 표현으로 만들어졌다고 언급했다.

1917년 10월 볼셰비키 혁명 이후 1918년 5월, 투르키스탄 자치 소비에트 사회주의 공화국이 선포되었다. 당시 소비에트 권력을 강화하려는 정치적 동기가 있었다. 그리고 이에 더해 토착 거주민의 정치 활동이 결합되면서 볼셰비키 정부는 새로운 차원으로 중앙아시아 민족 구분 정책을 펼칠 수 있었다. 1920년대 볼셰비키의 대원칙은 국가 창설을 통해 소비에트 권력이 강력히 정착되어야한다는 것이었다. 결국 이런 정책이 채택되었다. 당시 중앙아시아 지역 정체성의 핵심은 소비에트 권력 형성이었다. 그것이 가장 핵심적인 이슈였다. 이 권력 유지를 위해 내전이 벌어졌으며, 적군의 승리로 볼셰비키 통치 기반이 마련되었다. 언어, 정치 엘리트, 문화 지원과 더불어 러시아 소비에트 사회주의 공화국 내에 자치 공화국이 형성되었고, 1922년 소연방이 출범했다. 러시아 소비에트 사회주의 공화국, 우크라이나 소비에트 사회주의 공화국, 벨로루시 소비에트 사회주의 공화국, 그리고 남코카서스 소비에트 사회주의 공화국 등이 소연방에 처음 합류한 4개국이었다. 남코카서스 공화국에 참여한 민족은 조지아, 아르메니아, 아제르 민족이었다. 이후 1924년부터 중앙아시아 구성공화국이 출범하였다. 보치카레바는 "각 민족의 다양한 정치적 문화가 소비에트 권력을 강화하는 정치적 메커니즘으로 작동했다"고 강조했다(Бочкарева, 2019: 22).

소련 역사가들도 새로운 지역 정체성의 창출을 위한 용어를 창출하였다. 중앙아시아는 '소비에트 중앙아시아'(Soviet Central Asia)라는 이름으로 통합되었다. 그런데 이 용어 자체는 전형적으로 중앙아시아 거주민과 문화 경향을 가리키는 상징적 용어인 '투르크', '무슬림', '페르시아' 등과는 매우 이질적이다. 당국은 인위적 구성으로 중앙아시아 민족을 창출하기를 원했다. 소련 정부는 아무 다리야 강을 지나 투르크멘 평원을 가로지른 공간을 중앙아시아의 정치적 국경 지대로 산정했으며, 이를 구성공화국의 형태로 자의적 방식으로 소연방에 포함시켰다. 볼셰비키는 혹독한 내전에서 승리하면서 연방을 출범시킬 수 있었다. 볼셰비키 세력은 1917년 10월 혁명 이후 이 지역을 직접적으로 완전히 장악하지 못했다. 내전 상황이 급박했기 때문이다. 그러나 볼셰비키는 결국 1922년 연방을 구성했다. 소련 당국은 이를 바탕으로 1924년 중앙아시아 거주민들을 개별 민족으로 나누었다. 이것이 그 유명한 '창조된 민족'(Invented Nation) 개념이다. 지도자들은 제정러시아의 소위 '분할 통치'(divide and rule) 정책보다도 더 세련된 민족 분리 정책을 가동했다. 그것이 1924년 중앙아시아 국경 경계 획정으로 이어졌다.

볼셰비키는 특정 영토에서 새롭게 구성공화국으로 출범하는 데 있어 일련의 원칙을 세웠다. 특정 지역 내에서 다수 인구의 민족명으로 구성공화국의 영토로 지정하는 방식이었다. 즉 민족 단위 영토의 통일성을 국경 경계 획정에 적용하였다. 각 공화국은 민족 간 갈등을 줄이면서 소비에트 권력 강화를 최우선적인 통치 원칙으로 삼아야 했다(Халид, 2010: 99).

국경 경계 위원회는 가동되었지만, 획정의 주체자는 소련 지도자들이었다. 우즈베키스탄에 속한 3개 칸국, 즉 히바 칸국, 부하라 칸국, 코칸드 칸국에서 동거하면서 거주하던 타지크 민족은 역사적 고향으로 간주하고 있던 사마르칸트와 부하라를 상실했다. 이 도시들은 국경 경계 획정시 우즈베크 공화국에 귀속되는 것으로 결정되었다. 이 도시에는 타지크 인이 많이 거주하고 있었기 때문에 이들의 상심은 매우 컸다. 타지크 인은 1991년 독립 이후에도 한때 이 도시들을 자국으로 귀속시켜달라고 요구하기도 했다. 키릴 노우르자노프는 역사적으로 "타지크 민족은 소위 '문화적 감수 분열'(cultural meiosis)의 결과로서 아리안 문화, 헬레니즘, 대 이란(Greater Iran), 페르시아-이슬람 문화, 투르키스탄 등과 같은 전형적인 복합적 문명의 연속을 통해 등장했다"고 언급했다. 그는 이 과정의 각 단계는 특정한 '기억의 정치'(politics of memory)로 타지크 인의 집단적 지식 체계에 흔적을 남겼다고 강조했다(Nourzhanov, et al., 2013: 35).

그런데 1924년 부여된 우즈베크 공화국의 명칭조차도 우즈베크 민족만의 국가라고 규정하고 정의하기에는 어려움이 따른다. 1924년 당시 우즈베크 소비에트 사회주의 공화국 내의 자치공화국으로 출발한 타지크 공화국은 1929년에 타지크 소비에트 사회주의 공화국으로 소련의 구성 공화국이 되면서 우즈베크 공화국으로부터 독립했다. 1936년 키르기즈 공화국이 러시아 공화국으로부터 분리되어 독립했다. 국경 경계 설정에는 경제적 타당성이 주요한 판단 근거로 부상하기도 했다. 볼셰비키는 새로이 창설된 민족 공화국의 경제 잠재력과 발전 수준이 민족마다 불평등할 수 있다는 점도 인식했다. 페르가나 분지에서 당시 우즈베크 민족 인구가 더 많았던 오쉬를 예로 들 수 있는데, 오쉬는 이후 키르기즈 공화국에 포함되었다. 이러한 결과가 1991년 독립 이후 우즈베크-키르기즈 민족 간의 분쟁의 원인이 되었다(Бочкарева,

2019: 26).

2. 1924년 소련의 국경 경계 획정과 중앙아시아

피터 B. 골든은 기념비적인 저서인 '중앙아시아사'에서 문명사적으로 중앙아시아 인들은 단일 지역 혹은 민족을 이룬 역사적 경험이 없다고 책의 서문에서 밝혔다. 즉 씨족, 부족, 신분, 지역과 종교에 중앙아시아 인의 정체성이 존재하였으며, 이는 일반적으로 중첩되었다고 적시하였다. 동시에 유목민들에게 정치적 경계선은 결정적인 의미가 아니었다고 지적했다(Golden, 2021: 15).

1924년 소련에 의해 중앙아시아 국경 경계 획정이 전격 단행되었다. 창조된 민족이 등장했다. 우즈베크 공화국은 부하라, 히바, 코칸드 칸국의 수도를 할당받았다. 타지크와 투르크멘 거주민은 역사적으로 직접 통치했던 지역만을 할당받았다. 우즈베크 민족이 받았던 땅에 비해서는 좋지 못했다(Manz, 2003: 93). 즉 타지크와 투르크멘 민족은 경계 획정으로 이익을 얻지 못했다. 필자의 관점으로 이 과정에서 가장 부각된 민족은 우즈베크와 타지크 민족이라고 하겠다. 이 두 민족의 국경 경계 획정의 과정과 함의는 무엇일까?

볼셰비키 혁명이후 타지크 민족은 투르키스탄 자치공화국과 부하라 인민사회공화국에 속해있었다. 타지크는 1924년, 우즈베크 공화국의 자치공화국으로 편입되었는데, 어떤 이유로 정식 구성공화국에 포함되지 못했으며, 우즈베크 공화국이 핵심 지역을 할당받은 이유는 어디에 있었을까? 그리고 국경 경계 획정이 이 민족들에게 주는 역사적 함의는 무엇일까?

첫째, 중앙정부가 경계 획정을 주도하면서 개별 특정 민족별로 영토가 주어졌다는 점이다.

스탈린은 유럽 제국들이 아프리카에 식민지를 세우면서 사용한 국경의 인위적 조정과 거의 유사한 방식을 적용했다. 사마르칸트와 부하라에는 당시 민족명으로 본다면, 우즈베크라고 명명될 수 있는 일단의 민족 그룹이 거주하였고 왕조가 형성되어 있었다. 타지크 민족도 매우 많이 거주하고 있었다. 소위 우즈베크와 타지크 인이 동거하던 형태였다. 러시아가 코칸드, 부하라, 히바 칸국을 점령하던 당시 칸국 통치자는 우즈베크 민족 그룹의 일원이었다.

둘째, 국경 경계 획정으로 새로운 국가가 형성되었는데, 이는 각각의 개별 민족 정체성 형성의 과정으로 해석될 수 있다. 1924년 이후 중앙아시아는 각 민족별로 구성공화국을 형성했다. 즉 중앙아시아 공간은 각 민족별로 해체되었다. 볼셰비키 세력은 범 투르크 정서가 확대되지 않도록 노력했는데, 소위 투르크 공화국 프로젝트를 실현할 가능성이 무엇인지 당시 고민했다. 그들은 영토 경계의 구획이 중앙아시아의 역사적 추세를 반영한다고 간주하였다. 당국은 각 공화국의 정치 엘리트를 통합하여 투르크 정체성을 기반으로 인구를 통합하고자 하였다. 이 정책으로 토착민 문화가 형성되기 시작했다. 민족 간에는 정체성의 차이가 발생하면서 민족주의가 형성되었다. 각 민족에게 새로운 국가 공간이 형성되었고, 민족 정체성의 성장과 새로운 지역 민족주의가 배태되는 결과를 낳았다(Бочкарева, 2019: 26). 그들은 자신의 언어, 역사, 그리고 가능하다면, 국경에 부합하는 정체성을 형성하도록 장려되었다. 과거 통치자들과 명망가들은 출신 민족별에 따라 개별공화국에 배정되었다. 언어 정책은 중앙 유럽 모델을 따라갔다. 공식적인 문어가 존재하지 않았지만, 유럽식 모델을 따라 민족 언어 발전이 있었으며, 많은 민족 정책들은 오스트리아-헝가리 제국의 전통적 방식처럼 민족 국가로 적용되었다. 교육 및 행정 관련 일이 공화국 언어로 표기되었다.

IV. 소련 지도자들의 대 중앙아시아 지역 관점 및 정책의 수렴

그렇다면 전체적으로 소련 시기 지도자들이 중앙아시아 지역을 바라보았던 관점은 어떤 것이었을까? 그리고 이에 관련된 중앙아시아 지역 정체성은 어떤 의미를 지닐까?

첫째, 중앙정부는 중앙아시아를 후진 지역으로 규정하였다. 그런 관계로 이 지역을 새로 통합된 중앙 집중식 운송 시스템을 통해 농업과 공업 분야의 생산과 공급을 소련식 사회주의 현대화에 맞게 재정비하고자 했다. 이 시점부터 소비에트 현대화가 실제 작동되었다. 그 결과로 중앙아시아 공화국의 전통적인 문화적, 정치적 일관성은 약화되었다. 중앙정부는 각 공화국 내에서 재정착 실행 정책, 건물 프로그램, 광산 작업, 도로, 철도 정비 등 일련의 유토피아 프로젝트를 실행했지만, 이는 구성 공화국의 경계선을 거의 고려하지 않고 진행되었다(Reeves, 2009: 1285).

둘째, 소련 시기 연방 지도자들은 러시아 유럽 지역에 거주하던 러시아인들을 중앙아시아로 꾸준히 이주시켰다. 정부는 이를 거의 강요하면서 추진하였다. 당국은 중앙아시아 유목 문화를 부정적으로 인식했다. 유목 목축 지대의 거주민들의 생활 형태와 생활 방식은 공산주의 사회에서는 실행 가능하지도 않고, 제거되어야하는 문화 양식으로 간주했고 실제적으로 그렇게 선언했다. 지도부는 유목민 집단을 정착 사회로의 정착을 이데올로기적 용어로 정당화하면서 현대적 제도의 설립, 문맹 퇴치를 위한 학교 건설, 현대 경제 및 국가 제도로의 참여를 가능하게 하는 정책을 추진하였다(Schmidt et al., 2008: 113).

셋째, 중앙 정부는 고지대 유목민들을 농업 지대로 이동시켰다. 특히 국경 근처에서 여러 국가사업이 각 구성 공화국의 민족 프로젝트에 해를 끼쳤다. 국경 한쪽에 있는 집단 농장에서 다른 국경 지대에 속한 토지에 대한 임대 행위가 벌어졌고, 관개용수 공급에 대한 대가로 토지 교환이 행해졌는데, 이는 사실상 국경선의 변경으로 받아들여질 수 있다. 정부가 유목민들을 정착 농업 지대로 이동시키는 정책을 가동했기 때문에 고지대 유목민들은 '계획된 마을'로 재정착의 과정을 거쳤다. 그들은 1970년대까지 고지대에서 더 아래 계곡으로 내려갔다. 그런데 여름마다 이주 행태가 자주 발생하여 인근 공화국의 땅을 통과해야만 하는 상황이 벌어졌다. 저수지와 운하 건설에는 공화국의 원래의 경계선이 무시되었다(Reeves, 2009: 1285).

넷째, 중앙 정부는 각 공화국에서 민족 정체성, 혹은 역사 문화 정체성이 강력히 발동되지 않도록 고유한 영토에 제한 정책을 가동하였다. 사실상 땅 문제는 전혀 다른 영역이다. 땅은 민족의 거주지이며 역사이다. 영토는 원래 그 민족 고유의 영역에 속한다. 특정 민족의 역사 문화 정체성은 많은 부분 영토와 관련되어 있고 지역 정체성과 결부되어 있다. '꼬레니자찌야'(коренизация)정책이 가동되었지만, 소련 당국의 정책은 각 개별 민족 정체성이 분명히 확립되지 않도록 펼쳐졌다. 소련은 연방 국가로 제도화된 다민족 국가였다. 소련은 국가 영토와 민족이라는 2개의 구성 요소 사이의 법적 불일치, 그리고 공간의 불일치 뿐 아니라 2개의 독립적이고 심지어는 양립하기 어려운 긴장 상태에 놓인 정치 및 사회문화 체제를 지니는 한계점을 가지고 있었다. 하나의 요소로는 영토 및 정치적 요소들, 다른 하나의 요소에는 개인적, 민족 문화적 요소 등으로 구분될 수 있다. 소련의 국가 체제(nationality regime)는 그 체제 내에 존재하는 민족성(nationhood), 혹은 민족 정체성이 국가 내에 제도화된 것으로 해석된다. 그러나 소련 시기에 고유한 민족 정체성은 연방 내에서 그렇게 강조되어서 발현될 수 없었다.

중앙아시아 지역 정체성은 일반 대중이 아닌 정치 엘리트에 의해 주도되었다는 점이다. 주로 하향식(top–down)으로 제공되었다. 특히 관료주의에 물들었던 구공산지도자가 이 일을 맡았다. 그들은 다른 이익 집단과 나란히 자신들의 지리적, 지정학적 자산을 이용하여 더 높은 단계의 사회적 결속력을 달성하고 권력 정당성을 강화하기 위해 국제 지원을 모색하였다(Tolipov, 2001: 186). 이들은 소비에트 시민사회라는 인식이 매우 강하던 시기 자민족 역사에 대한 지식을 습득할 기회가 별로 없었다. 중앙아시아 문화는 소비에트 시민사회라는 특별하고 거대한 공통의 정치 공간에 합류되었다. 중앙아시아 엘리트들은 소비에트 시민이 되어 있었다. 그들은 자신이 속한 국가의 민족 문화를 새롭게 창달하지 못했으며, 그저 소비에트 문화에 적응되었다. 중앙아시아 엘리트는 소비에트 엘리트가 되었다. 그들은 소비에트 식 정치 경험을 통해 자신의 지위를 공고히 해나갔으며, 출세를 위해 소비에트 문화를 재빨리 흡수했다. 지역 정체성 측면에서 본다면, 그들은 자신이 거주한 전통적인 아시아적 농업사회의 틀을 벗어났다(Juska, 1999: 540).

하나의 국가는 무엇인가? 무엇을 의미하고 있는가? 그것은 헌법을 갖추고 있는 체제를 말한다. 그런데 소련에 대해 언급할 때는 늘 체제(regime)라는 용어가 따라붙고 있다는 것을 알 수 있다. 용어상으로 소비에트 체제라고 부르는 경우가 많다. 소련 국가는 어떠한 국가일까? 이 연방 국가에도 다른 국가와 경계를 구분 짓는 지점이 있다. 그것은 국경(border)이다. 영토 경계는 자치적 통치가 이루어지고 그것은 집단성이 내포된 공간이다. 그 집단성은 영토 및 정치적 틀에 의해 구성된다. 즉 국가는 개념적으로, 인과적으로 모두 정치적 영역에 의존한다. 그런데 모든 영토 체제가 국가는 아니다. 그러나 국가성이 적어도 완전히 실현되기 위해서는 영토 체제 내에서 영토 통합성이라는 제도적 틀이 요구된다(Brubaker, 1994: 55). 이런 차원에서 소련 체제는 중앙아시아 지역을 구분하였고 소련 영토 내에 모든 민족을 포함하고자 노력했다. 그러나 소련의 영토 정책은 최종적 성공을 얻었던 것은 아니다. 소련 해체가 그 해답을 주었다. 소련 내 많은 민족들이 영토와 주권, 국민을 가지는 국가로 출범하기를 원했다. 1991년 독립 이후에도 기존의 영토 경계 내에서 지속적으로 분쟁이 발생하고 있다. 이는 소련의 지역 정책이 실패했다는 것을 반증한다.

다섯째, 소련 정부는 유럽과 아시아 지역의 국경 개념을 상이하게 해석하고 받아들였다는 점이다. 소련 유럽 지역에서 펼쳤던 정책은 유럽 민족에 속한 사람들에게 적용되었다. 그리고 그 틀 안에서 지역 정체성이 형성되었다. 그런데 동쪽, 즉 소련의 아시아 지역에서 부과된 정책은 완전히 이질적인 정체성, 즉 지역주의 특성으로 이들을 대했다. 소련이 추구한 민족 정책은 특정 민족지학지의 형태에 따라 적용되었다. 이에 따르면 언어와 고유한 민족 특성들이 주요한 평가 요소가 되었다(Manz, 2003: 92). 중앙아시아 사회는 소련 체제에 순응적이었다. 무슬림이 문명에 뒤떨어진 이들이며, 더 진보된 러시아 문화를 수용했다는 평가가 소비에트 지도자들의 인식에 남아있었다. 제국주의, 식민주의 관점으로 전개된 소비에트 정책은 국가 및 사회 발전, 체제의 옹호라는 이유로 정당화되었다(Saroyan, 1997: 248).

이러한 점에서 소련 체제를 이끌어간 지도자의 대 중앙아시아 인식과 지역 정책은 매우 중요한 관점을 제시한다. 레닌의 민족 정책은 철저하게 꼬레니자찌야로 민족 자치였다. 개별 민족이 주체성을 지니고 민족 문화 및 민족 발전에 나서야 한다는 것이 그의 입장이었다. 이런 점에서 레닌은 중앙아시아 민족들에게 일정한 자치를 부여해주는 지도자였다. 스탈린의 민족 정책도 기본적으로 레닌의 정책을 이어가는 형태를 외형적으로 보여주었다. 다만 자치를 부여한 스탈린의 민족 정책은 전체적으로 개별 민족에게 충분히 보장되지 않았다. 기본적인 삶의 정체성이 유목 문화권이었던 카자흐 인은 스탈린의 강제적 집단농장 정책으로 인해 고통을 겪었다. 피터 B. 골든은 스탈린의 집단농장 정책을 "사적 농업과 사적 목축을 종식시킨 농업집산화와 유목민의 정착화 정책"으로 표현했다(Golden, 2021: 291).

스탈린에 의한 소비에트 사회와 경제 정책은 이 지역에 주요한 영향력을 미쳤다. 스탈린이 행한 집단농장 등의 경제적 행위는 폭력적 방식이었다. 그에 뒤따른 1932–1933년의 기아, 1930년대의 대숙청 등은 카자흐와 키르기스 민족의 유목 문화 전통을 근본적으로 변화시켰다. 스탈린 통치 하에 고려인, 독일인, 우크라이나 인, 체첸 인, 타타르 인들이 카자흐스탄으로 강제이주 당했다. 이들 중의 많은 이들이 지식인들, 우상파괴자들, 그리고 당시 사회의 주요한 인적자원을 이룬 사람들이었다(Ziegler, 2010: 802). 이 와중에 카자흐 인을 예로 든다면, 약 100만 명이 사망했다. 1930년 5월, 카자흐스탄 콜호즈가 전체 농장의 28.5%였는데, 1937년에 전체 농장의 97.5%가 콜호즈였다. 사회주의 농촌 건설 운동 자체가 카자흐스탄에 급속도로 전파되면서 정착 문화로의 변화를 추진하는 과정에서 민족적 재난이 발생했다(최한우, 2004: 52). 개별 민족이 지니고 있었던 고유한 문화 특성을 존중하지 않던 정책의 추진은 외형적으로 내세운 스탈린의 꼬레니자찌야 정책과 부합되지 않았다. 소련의 마지막 지도자는 고르바초프였다. 그러나 소련 해체 직전, 고르바초프는 영향력을 거의 상실하였으며 당시 러시아공화국의 옐친 대통령이 소련의 실세로 등장했다. 그의 영향력 내에서 소련은 해체의 길을 걸어갔다. 옐친은 러시아 민족국가 설립을 주장한 측면이 있다(최한우, 2003: 200). 아이러니하게도 소련의 핵심 구성공화국이던 러시아의 지도자였던 옐친에 의해 소련 해체가 결정되었다.

V. 포스트 소비에트 시기 중앙아시아 지역 정체성의 수렴과 발산

소련의 당당한 일원이었던 중앙아시아에서 지역 정체성의 역사적, 정치적 함의는 포스트소비에트 시기에 어떻게 해석될 수 있을까?

첫째, 국경 경계 획정이 소련 뿐 만 아니라 포스트소비에트 시기에도 여전히 일정한 영향력을 강하게 추동하고 있었다는 점이다.

1992년 독립 이후 국경 분쟁은 주로 우즈베키스탄-키르기스스탄, 타지키스탄-키르기스스탄 사이에서 발생하였다. 우즈베키스탄-타지키스탄 사이에도 분쟁이 없지 않다. 우즈베키스탄 서쪽의 카라칼팍스탄은 동쪽 방향(부하라, 사마르칸트, 타슈켄트)으로 통합되지 않고 북부인 카자흐스탄, 혹은 남쪽의 투르크메니스탄으로 통합되었어야 그 경계가 올바르게 획정되었다고 평가될 수 있다. 1924년 이래 페르가나 지역에서는 '인클레이브'(enclave), 즉 소위 '비지' 지역이 등장했는데, 독립 이후 국가 간 분쟁요소가 되었다. 국경의 위치와 국경 거주 문제가 정치적 문제로 부상했다. 각 정부에서는 소위 민족 국경을 더 강화하는 국가 정책을 펼쳤다(McDowell, 2012: 22). 소련 해체 이후 중국-키르기스스탄 국경 문제는 양국이 합의해서 점진적으로 해결되고 있으며 중국은 중앙아시아 각 국가와 국경 문제를 해결하기 위해 적극 노력하고 있다. 그러나 이는 중국이 야심차게 추진하고 있는 '일대일로' 정책의 연장선상에서 중국 정부가 추진하고 있는 과제이기 때문에 중국 측 이득이 반영될 가능성이 높다. 소련 해체 이후 소련이 식민지 공간을 정복하고 확보하면서 형성된 국경 경계가 분쟁으로 이어졌다. 특히 페르가나 분지를 국경 경계로 했던 우즈베키스탄, 키르기스스탄, 타지키스탄 등 3개국이 '비지' 문제와 복잡한 국경선으로 크고 작은 분쟁이 있어왔다. 국경 획정의 여러 사항들, 특히 비지 문제는 해결되지 않은 상태였다. 소련 시기 국가 영토는 행정 영토 개혁으로 구성되었다. 민족의 인구 분포가 공화국 형성의 유일한 기준은 아니었다(Golunov, 2005: 37). 분쟁 사태는 중앙아시아 국가 간의 경계 획정의 문제가 여전히 지금도 현재 진행형이라는 사실을 말해준다.

본 글에서는 국경 경계 획정의 직접적인 원인이라는 주장을 논증하기가 애매하지만, 독립 이후 실제적인 실례를 통해 여전히 이 지역의 분쟁 사태에 주목하고자 한다. 키르기스스탄의 '오쉬' 지역에서는 우즈베크 인 등 비 키르기즈 인이 소수 민족이 되었다. 독립 이후 오쉬에서 우즈베크와 키르키즈 민족 간에 여러 차례 대형 유혈 사태가 발생해 수백 명이 사망했다. 타지키스탄-키르기스스탄 국경 획정 경계도 잘못 규정된 측면이 있었다. 양국의 비지에서도 독립 이후 간혹 분쟁 사건이 이어졌는데, 급기야 2021년 양국은 전투를 벌이면서 유혈 사태가 발생하면서 수백 명의 사상자가 생겼다.

이 사건의 개요를 보면 다음과 같다. 2021년 4월 28일 키르기스스탄 남서부 바트켄(Batken) 주와 타지키스탄 북서부 수그드(Sughd) 주 국경지대에서 군사 충돌이 이틀이나 지속되었다. 양국 정부의 공식적 발표로는 키르기스스탄 정부가 5월 2일, 군인과 민간인 희생자는 36명, 부상자는 183명이었다고 밝혔다. 타지키스탄은 5월 6일, 군인 6명을 포함, 총 19명이 사망하고 87명이 부상했다고 발표했다. 키르기스스탄 사상자 수가 더 많았다. 국경지대의 양국 군인들이 상대편 초소를 향해 총격을 가하고, 이어 유탄발사기와 박격포로 공격하면서 교전이 일어나고 건물 수십 개가 불에 타거나 파괴되었다. 민간인 피해 또한 야기됐다. 양국은 서로 상대편에서 먼저 공격을 했다고 주장했다.[1]

이번 사건은 국경 지대에서의 물 분쟁으로 초래되었다. 즉 이스파라

---

1 https://www.emerics.org: 446/issueDetail.es?brdctsNo=315856&mid=a10200000000&&search_option=ALL&search_keyword=&search_year=2021&search_month=05&-search_tagkeyword=&systemcode=04&search_region=&search_area=2¤t-Page=1&pageCnt=10 [이슈트렌드] 키르기스스탄-타지키스탄 간 국경 충돌.... 병력 철수 및 정상 회담으로 약속 『이머릭스 러시아 유라시아판』(검색일: 2021. 5. 14).

(Isfara) 강 상류의 물 문제를 둘러싼 양국 간의 갈등으로 촉발됐다. 양국은 해당 지역을 자국 영토로 주장해왔다. 국경 분쟁이 항시 일어날 수 있는 곳이었다. 양국이 공동 이용하는 저수시설 물이 있는데, 키르기스 인들이 불공정하게 분배하고 있다는 것이 타지크 인의 주장이었다. 타지크 인들이 전봇대에 감시카메라를 설치하자, 키르기스 주민들이 이를 철거하는 과정에 충돌이 벌어졌다. 총격전으로 번지며 군사 충돌로 확대되었다. 러시아와 카자흐스탄이 중재에 나서 일정한 영향력을 행사하고자 했다. 특히 양국과 모두 밀접한 관계를 유지하고 있는 러시아가 분쟁 조정에 나섰다. 타지키스탄과 키르기스스탄은 러시아 주도의 안보 협력체인 '집단안보조약기구' 회원국이다. 양국 충돌 이틀 후인 2021년 4월 30일에 블라디미르 푸틴(Vladimir Putin) 러시아 대통령은 중재자 역할을 할 준비가 되어 있다고 밝혔다. 5월 9일 러시아의 전승기념일 행사 참석차 모스크바를 방문한 에모말리 라흐몬(Emomali Rahmon) 대통령과 이번 분쟁에 관련하여 논의했다. 카자흐스탄의 카심-조마르트 토카예프(Kasim-Jomart Tokayev) 대통령도 4월 30일, 카자흐스탄이 양국이 받아들일 수 있는 해결책을 모색하겠다고 강조했다. 5월 1일 토카예프는 사디르 자파로프(Sadyr Japarov) 키르기스스탄 대통령과 전화 통화를 통해 키르기스스탄에 인도적 지원을 제공할 것이라 밝혔으며, 5월 19일에는 타지키스탄을 방문하고 라흐몬 대통령과 관련 분쟁에 대해 상의했다.

키르기스스탄과 타지키스탄은 양국 980km에 달하는 국경 가운데 400km 구간의 영유권이 아직 정확히 경계로 정해지지 않았다. 자파로프 대통령과 라흐몬 대통령은 2021년 6월 29일 두샨베에서 정상회담을 하였고 이 사태에 대해 언급했다. 그런데 라흐몬은 양국 충돌과 관련, 특별한 언급을 하지 않았던 반면, 자파로프는 이러한 사건이 반복되지 않도록 해야 한다는 입장문을 발표했다.[2] 양국 국경에서의 충돌은 오랜 기간 동안 국경 지대에서의 긴장 고조의

2 https://www.rferl.org/a/kyrgyz-president-deadly-border-clashes/31331575.html 『이머릭스 뉴스 브리핑』(검색일: 2022. 6. 30).

징후에도 불구하고 충격적인 사건이었다. 독립 이후 양국이 상호 전투를 벌인 것은 이번이 처음이었다. 3일간 짧은 기간의 교전이었지만, 양국 전투는 이전에는 볼 수 없던 대규모로 이루어졌으며, 대부분의 사상자는 민간인이었다.[3]

이번 상황은 대체적으로 국제관계 입장에서 봉합되었지만, 이러한 분쟁은 언제든지 재발할 가능성이 있다. 4월 30일 양국 대통령은 전화 통화로 휴전 및 병력 철수에 합의한 바 있다. 5월 1일, 양국 안전보장이사회 사무총장은 키르기스스탄에서 회담을 가진 후 완전한 휴전과 병력 철수에 합의했다고 발표했다. 그런데 이 와중에서도 국경 분쟁 상황은 불안정한 상태였다. 5월 18일 키르기스스탄 악사이(Ak-Sai) 마을과 타지키스탄 보루흐(Vorukh) 사이에 법 집행과 국경 수비를 위한 합동 검문소를 설치했는데, 그 직전 양국은 또다시 충돌하였다. 키르기스스탄은 자국민 3명이 타지크 인들로부터 심하게 구타를 당했다고 주장했다. 이 사건은 결국 키르기스 시민들을 구타하는 데 연루된 타지크 관리들과 시민들을 처벌하는 선에서 합의했다.[4]

둘째, 중앙아시아 지역 정체성은 소련 시기의 역사적 유산으로 해석되는 것이 타당하다. 국경 경계를 획정하면서 소련 정부가 의도했던, 의도하지 않았던 소련 지도자들은 정치적, 군사적, 전략적 우위를 정당화하는 계기를 가졌다. 개별 민족 정체성은 중앙아시아의 지정학과 연관이 있다는 점이다(Banuazizi et al., 1994: 11). 국민 국가 개념은 소련 해체 이후 비로소 이 지역에 등장했다. 결정적으로 국경은 국제 원조 정책에 의해 강화된 안보 체제를 정당화하여 영토에 대한 권력을 투사한다. 국가는 국경을 보호하는 역할을 추동하며, 국경 공동체가 인정하는 역할을 맡는다. 집단적인 국경 수비대 역할을 부여하는데, 이는 국경 안보에 대한 두려움을 투영한다는 사실을 의미한다(Matveeva,

3 https://www.rferl.org/a/majlis-podcast-making-sense-of-the-clashes-at-the-kyrgyz-tajik-border/31246182.html(검색일: 2022. 7. 1).

4 https://www.rferl.org/a/kyrgyzstan-tajikistan-agree-to-joint-security-controls-along-disputed-border-/31261592.html(검색일: 2002. 7. 3).

2017: 1).

우즈베키스탄과 타지키스탄의 경계 지역인 사마르칸트와 페르가나 분지도 재조정 되어야 한다는 주장이 여전히 제기되고 있다. 즉 타지크 엘리트들에 의해 부각된 주장이었는데, 일부는 타지키스탄 국가 방어선을 부하라, 사마르칸트까지 현재의 국경선 바깥 경계까지 연장하여 규정하였다. 이는 마치 중앙아시아 전 지역이 과거 타지크 민족 거주지임을 의미한다(정세진, 2013: 238-239). 그들의 주장에 따르면 이는 타지키스탄이 중앙아시아의 심장부에 속하는 영토를 탈환하는 지정학적 전략의 토대가 된다. 쉬린 헌터는 "중앙아시아 역사는 제국, 부족, 지역에 관련된 담론"이라고 강조했다. 민족의 개념, 민족-국가의 개념은 지역, 민족-문화 정체성, 그리고 정치적 권위라는 3각 관계로 규정된다. 투르크어 사용 국가와 페르시아어 사용 국가 간의 오래된 분쟁은 사마르칸트, 부하라 지역에서 지속되어 왔다(Hunter, 1996: 11). 타지키스탄 정부는 이 도시들이 반환되기를 강력히 희망하지만, 그것이 불가능하다는 사실을 인지하고 있다. 독립 이후에도 이러한 분쟁이 끝나지를 않는다. 소련이 만들어놓은 역사적 유산이 지속되고 있기 때문이다.

셋째, 타지키스탄 내전(1992-97)도 국경 경계 획정으로 인한 지역 정체성의 일환으로 해석될 수 있다. 내전은 타지키스탄 국내에 만연한 지역주의 현상과 인종적 민족주의가 발동했기 때문에 발생했다. 내전에 여러 정파가 참여했다. 특히 반군 세력을 이끈 집단은 '타지키스탄 이슬람 부흥당'(IRPT: Islamic Renaissance Party of Tajikistan), 타지크 민족주의를 기반으로 한 '라스토헤즈'(Rastokhez), 서방 민주주의의 가치를 목표로 했던 '타지키스탄 민주당'(Democratic Party of Tajikistan), 동부 지역의 자치권 확대와 파미르인 권리 보호를 핵심 가치로 내세운 '랄리 바다흐샨'(Lali Badakhshan)이었다. 물론 이에는 이슬람 원리주의 세력이 강력한 반군 세력으로 참여하였지만, 내전의 직접적 원인은 지역주의였다. 이외에도 우즈베키스탄에 반대한 인종적 민족주의도 내전의 원인이었다(정세진, 2008: 263-270).

국경 경계 획정 당시 우즈베키스탄 국경에서 가까운 지역인 후잔트는 타지키스탄 영토 내로 포함되었지만, 다른 지역에 비해 많은 혜택을 누리고 있었다. 독립 당시 타지크 인의 내면에는 지역적으로 소외되었다는 인식 및 감정으로 가득 차 있었다. 이런 배경이 내전으로 이어진 측면도 있었다. 국경 경계 획정으로 타지키스탄 중심 지역이 아닌 거주지에 살던 이들의 소외감은 컸다. 그러한 영향으로 타지키스탄 지역주의가 발생했다. 내전 당시 '종족-지역적 민족주의'(ethno-regional nationalism)가 강하게 부상했다. 반 우즈베크 민족 분위기가 독립 이후 지역주의가 강하게 부상함으로 내전 상황에까지 이르렀다. 우즈베키스탄 정부가 타지키스탄 정부를 지원하기 위해 군대를 파견함으로써 반군 입장에서 반 우즈베크 민족 정서가 강하게 형성되었다. 근원적으로 따져본다면, 개별 민족 간의 민감한 영토 분쟁과 피해 의식은 1924년부터 본격 시작되었다고 보는 것이 타당할 수도 있다는 판단이다.

VI. 중앙아시아 지역 정체성의 함의, 그리고 그 관점

협의적 공간에서 본다면, 중앙아시아 지역 정체성은 역사적으로 투르크, 페르시아, 이슬람 문화 속에서 발현되었다. 그것은 공동의 지역 정체성이었다. 공통의 역사적 문화 속에서 축적된 권역권의 특성을 보여 왔다. 제정러시아 시기, 중앙아시아 지역 정체성은 투르키스탄 지역 정체성이었다. 투르키스탄 총독부를 제정러시아 정부가 출범시켰다. 제국이 주체가 된 지역 및 권역권의 창출이었다. 식민지 도시였으며, 식민지 공간 지대의 특성으로 구현되었다. 제국의 피식민적 경험 체계로 중앙아시아는 수용되었다. 소련 시기에는 당국의 강제적인 국경 경계 획정이 지역 정체성을 추동한 측면이 있었다. 중앙아시아 각 국가는 국경, 영토, 경계를 부여받고 민족국가가 되었다(Owsiak, 2012: 56).

1924년 10월, 중앙아시아 구성 공화국이 형성되었다. 제정러시아 시기에도 러시아는 중앙아시아를 지배했지만, 소련 사회에 들어와서도 여전히 러시아는 중앙아시아 인을 소련에 합류시켜 지배력을 가졌다. 1924년 먼저 우즈베크, 카자흐, 투르크멘 공화국이 출범했다. 1929년에 타지크 공화국이, 1936년에는 키르키즈 공화국이 소련 구성공화국이 되었다. 비록 연방이었지만 구체적 민족에 국가 명칭이 부여되었다. 소비에트 당국은 민족 이름을 부여했으며, 민족 정체성을 수여해주었다. 민족 내 지역의 방언은 언어로 성문화되었다. 국가, 혹은 민족사도 새로이 창출되었다. 도시와 마을은 이전에 있던 것과 유사하지 않은 이름과 경계를 가졌다. 소련은 제국주의 관점에서 메트로폴리탄이라는 중심부에서 떨어져 있는 지역으로 중앙아시아를 규정하지 않았다. 즉 분리된 지역으로 간주하지 않았다. 중앙아시아는 거대한 땅(land-mass)을 포함하는 유라시아 지역이다(Wheeler, 1955: 318). 국경 경계 획정 과정은 국가적 자아 인식과 결정의 과정으로 이해되었다. 이는 소비에트 권력에 위협으로 인식되던 투르크 민족 프로젝트로부터 각 민족 정체성을 축적하는 계기가 되었다.

역사를 통찰해본다면, 소련 정부는 1991년 소련 해체 이후 독립 국가가 대거 발생할 것이라고는 당연히 상상하지 않았을 것이다. 소련 지도자들이 행했던 국경 경계 획정으로 민족이 탄생하였다. 그리고 이는 1991년 소련 해체로 독립국가로 이어졌다. 1991년 신생 공화국의 탄생은 1922년 소련이 형성되면서 시작되었다. 과거에 정확히 민족 구분이 되지 않은 지역에서 국경 경계가 확정되었다. 중앙아시아 이외에서는 이미 역사 속에서 특정 민족명이 형성된 측면이 있다. 중앙아시아는 민족-정치 형태의 이름으로 민족명을 결정하기가 어려운 공간 지대에 속했다. 1936년에 키르기즈 공화국이 러시아연방으로부터 분리되면서 중앙아시아 국경 경계는 완결되었다. 이는 1860-70년대 타슈켄트, 코칸드, 부하라, 히바 칸국 등을 정복하고 1880년대 가장 늦게 투르크멘 민족을 정복한 제정러시아의 중앙아시아 점령에 이어 소련판 완전 정복 시리즈의 완결판이었다.

국경 획정의 특성은 '인위적 조정'이었다. 소련식 통치 목적에 가장 편리한 방식이 작동되었다. 그것이 민족 창조 개념으로 포장되었다. 타지크 인은 역사적 도시를 상실했다는 인식을 가졌고 이는 타지크인의 민족주의와 지역주의를 추동했다. 우즈베크 공화국은 1924년 국경 경계 획정에 있어서 비교적 혜택을 많이 받은 구성공화국에 속했다. 이 공화국에는 광범위한 투르크 민족 계가 포함되었으며, 타지크 계의 많은 인구가 이 공화국에 속해있어 지역-민족이 일치되지 못한 상황이 되었다. 그런 관계로 소련 당국이 결정했던 중앙아시아 국경 경계 획정에는 여러 문제점을 가진 채 이루어졌다. 그리고 중앙아시아에서 여러 국가가 영토를 나누었던 페르가나 지역 정체성도 전체적으로 중앙아시아 지역 정체성과 밀접한 관련성을 지녔다. 소위 '페르가나 정체성'은 여러 민족이 혼재하는 공간적 특징을 지니고 있었다. 국경 경계 획정 당시 우즈베키스탄, 키르기스스탄, 타지키스탄 등이 영토 할당을 받았다. 그러나 이 지역에서는 중앙아시아 독립 이후 '비지' 지역을 중심으로 국경 분쟁이 자주 발생하고 있으며, 이는 소련의 통치적 유산과도 결부되어 있다.

소련 시기 중앙 당국은 기본적으로 중앙아시아를 후진적으로 규정하는 일면이 있었다. 즉 생활 및 문화 양식에서 개선되어야할 공간으로 규정했다. 소련 당국에 의해 창출된 민족 정체성은 인위적으로 부과되었다. 중앙아시아 인들은 소비에트 문화, 사고의 많은 부분을 흡수하였다. 그런 점에서 소련 시기 벌어졌던 분리주의 운동 및 민족주의 운동에 중앙아시아 국민 대부분이 광범위하게 참여하지 않았다. 피식민적 질서에 놓였던 중앙아시아 인은 완전한 복종을 하든지, 혹은 수동적인 순종을 보여야만 했다. 이런 식으로 중앙아시아 인은 소련이라는 거대 사회의 위계질서를 수용하였으며, 강요된 질서 그 자체를 용인하였다. 가장 성공적인 지식인들, 그리고 정치가들은 러시아어를 매우 잘 구사하였다. 그들은 소비에트 문화에 비교적 잘 적응하고 성공적인 경력을 쌓았다. 그러나 동시에 러시아화된 중앙아시아 인은 자신들이 고향이나 출신 지역을 떠나 학업에 매진하거나 소련 군대에서 군인으로 근무하면서 부분적으로 차별을 느끼는 일이 많았다. 그러므로 중앙아시아 지역 정체성은 소련 전체 사회의 주체성으로 작동하지 못했다. 비록 국경 경계 획정으로 개별 민족 정체성이 구현되었지만, 중앙아시아 지역 정체성은 주체적으로 발전되지 못한 한계가 분명히 있었다. 이로써 각 민족 간의 영토적, 지역적 분쟁의 요소가 되었으며, 소련 해체 이후에도 각 국가 간, 각 민족 간 분쟁의 요소로 발전된 측면이 있었다.

소비에트 시민 사회 정체성은 소련 제국이 추구한 이념적 요소였으며, 중앙아시아 사회에도 이 분위기는 오랫동안 지속되었다. 진보, 사회주의, 그리고 발전이라는 소비에트 식 담론이 중앙아시아 인의 사고에 상당한 영향력을 끼쳤다. 전체적으로 소비에트 정체성은 중앙아시아 지역 정체성과 많은 부분 결부되었다. 20세기 소련의 특성은 전체주의와 권위주의로 요약될 수 있다. 문화 정체성에서는 사회주의 리얼리즘이 핵심 문화 요소였으며, 소비에트 시민사회가 소련 국민들에게 강조되었던 문화적 기준점이었다. 그러나 소련 사회의 핵심은 러시아였으며, 러시아가 남긴 유산은 소련의 유산과도 연관성을 지닌 채로 현재까지 이르고 있다고 할 수 있다.

참고문헌

곽성웅. 2020. "19세기 히바 칸국과 러시아제국의 외교관계 연구: 주요 외교적 쟁점들을 중심으로." 한양대학교 박사학위논문.

양승조. 2015. "러시아, 중국 그리고 근대 중앙아시아: 역사적 회고." 세계속의 아시아 연구시리즈 010. 『중국의 부상과 중앙아시아』. 서울: 진인진.

정세진. 2013. "우즈베크-타지크 민족 기원론 소고: 독립 이후의 역사적 논쟁을 중심으로." 『러시아연구』 23권 1호, 229-258.

______. 2008. "타지키스탄 민족 정체성 연구-민족주의와 지역주의를 중심으로." 『한국이슬람학회논총』 18권 1호, 249-275.

최한우. 2003. 『중앙아시아 연구(상)』. 서울: 펴내기.

______. 2004. 『중앙아시아 연구(하)』. 서울: 펴내기.

Golden, B. Peter 저. 이주엽 역. 2021. 『중앙아시아사. 볼가강에서 몽골까지』. 서울: 책과함께.

Abdullaev, Kamoludin. 2018. "Emigration Within, Across, and Beyond Central Asia in the Early Soviet Period from a Perspective of Translocality." in Manja Stephan-Emmrich, Philipp Schröder, eds. *Mobilities, Boundaries, and Travelling Ideas: Rethinking Translocality Beyond Central Asia and the Caucasus*. Cambridge: Open Book Publishers.

Allworth, E. 1990. *The modern Uzbeks*. Stanford, CA: Hoover.

Banuazizi, Ali, and Weiner, Myron. 1994. *The New Geopolitics of Central Asia and Its Borderlands*. Bloomington: Indiana University Press.

Brubaker, Rogers. 1994. "Nationhood and the National Question in the Soviet Union and Post-Soviet Eurasia: An Institutionalist Account." *Theory and Society* Vol. 23. No. 1. 47-78.

Golunov, V. Sergey. 2005. "Border Security in Kazakhstan: threats, policies and future challenges." *Journal of Slavic Military Studies* Vol. 18.

31–58.

Hunter, Shireen. 1996. *Central Asia Since Independence.* Westport, CT: The Washington Papers/168.

Juska, Arunas. 1999. "Ethno-political transformation in the states of the former USSR." *Ethnic and Racial Studies* Vol. 22. No. 3. 524–553.

Khalid, Adeeb. 2009. "From noble city to People's Republic: Reimagining Bukhara, 1900–1924." in Lindsay, J. ed. *Historical Dimensions of Islam: Essays in honor of R. Stephen Humphreys.* Armajani, Princeton, NJ: Darwin Press.

Mandel, M. William. 1942. "Soviet Central Asia." *Pacific Affairs* Vol. 15. No. 4. 308–409.

Manz, F. Beatrice. 2003. "Multi-ethnic Empires and the formulation of identity." *Ethnic and Racial Studies* Vol. 26. No. 1. 70–101.

Matveeva, Anna. 2017. "Divided we fall … or rise? Tajikistan-Kyrgyzstan border dilemma." *Cambridge Journal of Eurasian Studies* 1: #94D4RC, https://doi.org/10.22261/94D4RC, p. 1.

McDowell, Christopher. 2012. "'Death to Sarts': History, injustice and a complex insult in Central Asia." *Anthropology Today* Vol. 28. No. 6. 22–24.

Northrop, D. 2004. *Veiled empire: Gender and power in Stalinist Central Asia.* New York: Cornel University Press.

Nourzhanov, Kirill and Bleuer, Christian. 2013. *Tajikistan: A Political and Social History.* Canberra: ANU Press.

Owsiak, P. Andrew. 2012. "Signing Up for Peace: International Boundary Agreements, Democracy, and Militarized interstate conflict." *International Studies Quarterly* Vol. 56. No. 1. 51–66.

Reeves, Madeleine. 2009. "Materialising State Space: 'Creeping Migration' and Territorial Integrity in Southern Kyrgyzstan." *Europe–Asia Studies* Vol. 61. No. 7. 1277–1313.

Riasanovsky, V. Nicholas. 1969. *Nicholas I and official nationality in Russia,*

1825–1855. Berkeley: University of California Press.

Saroyan, Mark. 1997. *Minorities, Mullahs, and Modernity: Reshaping Community in the Former Soviet Union*. Berkeley: International and Area Studies, University of California,

Schmidt, Matthias and Sagynbekova, Lira. 2008. "Migration past and present: changing patterns in Kyrgyzstan." *Central Asian Survey* Vol. 27. No. 2. 111 –127.

Tolipov, Farkhod. 2001. "Nationalism as a geopolitical phenomenon: the Central Asian case." *Central Asian Survey* Vol. 20. No. 2. 183 –194.

Wheeler, G. E. 1955. "Soviet Policy in Central Asia." *International Affairs*(Royal Institute of International Affairs 1944 –) Vol. 31. No. 3. 317 –326.

Ziegler, E. Charles. 2010. "Civil society, political stability, and state power in Central Asia: cooperation and contestation." *Democratization*. Vol. 17. No. 5. 795 –825.

Бочкарева, И.Б. 2019. "Национально-территориальное размежевание в Средней Азии в 1924 г.: причины и влияние на этнополитические процессы в регионе." Известия АлтГУ. *Исторические науки и археология*. No. 2(106).

История России XIX – начала XX вв. Учебник для вузов. 1995. Москва.

Сахарова, А.Н. Отв ред. *История России*. 2010. Том 2. Москва: Проспект.

Орлов, А.С. Георгиев, В.А. Георгиева, Н. Г. Сивохина Т,А. Реды. *История России. Учебник*. 2008. Москва: Проспект.

Масов, Р.М. 1988. *История исторической науки и историография социалистического строительства в Таджкистане*. Душанбе: Ирфон.

Халид А. 2010. *Ислам после коммунизма. Религия и политика в Центральной Азии*. Москва: Новое литературное обозрение.

https://www.emerics.org: 446/issueDetail.es?brdctsNo=315856&mid=a10200000000&&search_option=ALL&search_keyword=&search_year=2021

&search_month=05&search_tagkeyword=&systemcode=04&-search_region=&search_area=2¤tPage=1&pageCnt=10 [이슈트렌드] 키르기스스탄-타지키스탄 간 국경 충돌.... 병력 철수 및 정상 회담으로 약속 『이머릭스 러시아 유라시아판』(검색일: 2021. 5. 14).

https://www.rferl.org/a/kyrgyz-president-deadly-border-clashes/31331575.html 『이머릭스 뉴스 브리핑』(검색일: 2022. 6. 30).

https://www.rferl.org/a/majlis-podcast-making-sense-of-the-clashes-at-the-kyrgyz-tajik-border/31246182.html(검색일: 2022. 7. 1).

https://www.rferl.org/a/kyrgyzstan-tajikistan-agree-to-joint-security-controls-along-disputed-border-/31261592.html(검색일: 2002. 7. 3)

• • • •

제6장

20세기 초 동아시아 연대의 '빛'과 '그림자': 베트남 독립운동가들의 해외 활동과 자민족중심주의

윤대영(서울대학교 아시아연구소)

I. 지식의 전파와 연대

지리상의 발견 이후에 서구 열강은 점점 동진(東進)하면서 각지에 거점을 마련해 나갔고, 이러한 흐름 속에서 아시아는 19세기에 새로운 전환기를 맞이하게 되었다. 동남아시아와 동북아시아에 식민지를 건설한 구미 열강과 일본은 동아시아 각지의 개항장을 중심으로 해상 교통로를 확보했고, 전신 시설과 국제 우편 제도를 확립하면서 식민지 지배의 효율성을 높이고자 했다.

이러한 식민 정책에 직면한 동아시아의 지식인들은 서구와 일본의 선진적인 지식을 수용하면서 자국의 개혁과 독립에 관심을 기울이게 되었다. 특히, 19세기 후반 이후에 신학문(新學問)을 소개하기 위해 일본과 중국에서 간행되기 시작한 '신서(新書)'가 '근대적인' 해상 교통망의 발달에 힘입어 베트남 사회에도 유입되어, 개혁 사상과 개혁 운동의 발달에 결정적인 역할을 했다(Youn, 2007). 그리고 이러한 지식의 전파는 서적의 영향에만 국한되지 않고 동아시아 지식인들의 직접적인 만남으로 이어졌다. 베트남의 지식인들[1]은 러일전쟁

1 주로 1860－80년대에 출생한 베트남의 마지막 사대부 세대이다. 이 세대는 어렸을 때부터 전

이후의 동유운동(東遊運動)과 신해혁명(辛亥革命) 이후 중국 남부의 망명 생활 등을 경험하며 자신들의 동아시아 인식과 독립운동 전략을 보다 구체적으로 재구성할 수 있었다.

일본과 중국에서 활동했던 베트남의 독립운동가들은 동아시아 지식인들과 협력하고 연대 조직에 참여하면서 자국의 독립을 모색했다. 그리고 이들은 아시아 연대론에 기초한 동아시아 연대 조직을 건설해 나가면서 '제국주의로부터 탈출'한다는 공동의 목표를 달성하기 위해 주변 나라의 지식인들과 함께 보조를 맞추어 나간 것이 사실이기는 하다.

그런데 베트남의 개혁 운동가들은 '생존경쟁(生存競爭)'을 통해 자국의 '적자생존(適者生存)'을 도모하고자 했던 동아시아 각국의 사회진화론자들과 어떠한 성격의 연대를 형성하고 있었을까? 이들은 각국의 '생존경쟁'과 '적자생존'의 논리를 초월하여, '진정한 연대'에 기반한 공동의 보편적인 동아시아를 실현하려고 노력했을까? 아니면, 다른 동아시아 지식인들과 마찬가지로 표면적인 연대를 통해 자국의 이익을 끊임없이 관철하려는 경향이 강했던가? 또한, 전통 시대부터 이념적으로 혹은 실질적으로 조공국으로 간주했던 주변의 라오스나 캄보디아에 대한 시각이 전환기 베트남의 개혁 운동가들에게 이르러서는 어떤 변화가 있었는가? 이 글에서는 이상과 같은 문제 제기를 통해 20세기 초 베트남 지식인들의 동북아 한(韓)·중(中)·일(日) 삼국(三國)과 동남아 라오스·캄보디아에 대한 전반적인 동아시아 인식을 검토해 보고자 한다.

II. '출양(出洋)'과 동아시아 연대의 형성

베트남 지식인들이 아시아 연대를 주창하던 조직들의 인사와 처음으로 접촉

통적인 유교 교육을 받았으며, 과거(科擧)를 통해 학위를 취득하여 관리가 되는 경우도 있었다. 이러한 신세대 중에서 다수의 개혁 운동가들이 출현하게 되었다.

한 해는 1883년으로 거슬러 올라간다. 당시 청조(淸朝)의 사신으로 파견되었던 정사 팜 턴 주엇(Phạm Thận Duật, 1825–85)과 부사 응우옌 투엇(Nguyễn Thuật, 1842–1911)은 당시 중국의 저명한 언론인이었던 왕도(王韜, 1828–98)의 소개로 일본군 장교이면서 흥아회(興亞會) 회원이었던 소네 도시토라(曾根俊虎, 1847–1910)[2]를 1883년 12월에 만나게 되었다. 그는 베트남 사신들에게 흥아회의 선전 책자를 보여 주면서 이 조직의 성격과 아시아 각국 연대의 중요성에 대해서 설명했다(Nguyễn Thuật, 1980: 59; 『アジア歴史事典』, 1959–1961: vol. 5, 394). 이후 19세기 말의 상황에 대해서는 구체적으로 알려진 바가 아직 없으나, 20세기 초반부터 베트남의 개혁 운동가들은 독립운동의 일환으로 동아시아 각국 지식인들과 활발히 교류함으로써 동아시아 연대 조직의 형성에도 적극적인 관심을 보이게 되었다. 이러한 과정에서 중심적인 역할을 한 사람이 바로 베트남 중부 응에 안(Nghệ An) 성(省) 출신의 판 보이 쩌우(Phan Bội Châu, 1867–1940)였다.

1. 동유운동 시기의 연대

1905년 초에 판 보이 쩌우는 반식민(反植民) 운동의 재원을 마련하고 무기를 구입하기 위해 일본으로 떠났다. 당시 그는 일본이 메이지유신 이후에 새로운 정책으로 서구의 도전을 효과적으로 막아 냈고, 중국뿐만 아니라 러시아를 상대로 승리를 거둔 아시아의 성공 사례로 인식하고 있었다. '출양'에 나서기 전까지 판 보이 쩌우는 외국인들과 접촉한 경험이 거의 없었는데, 베트남인들만의 단결로는 '대의(大義)'를 달성하기에 충분치 않다고 판단했기 때문에 중국인들이나 다른 외국인들과 협력하여 자국의 독립을 도모하고자 했다(Phan Bội Châu, 1957: 51; AMAE, NS Indochine: vol. 3, 28–29).

1905년 4월 일본에 도착한 판 보이 쩌우는 도일(渡日) 이전부터 『무술정

2 그는 1883년 무렵에 『남표안남기사(南漂安南記)』란 제목으로 1794년 후반에 베트남 남부로 표류한 대승환(大乗丸)의 표류기(漂流記)를 한역하기도 했다(嶋尾稔, 2015–2021: 18).

변기(戊戌政變記)』, 『중국혼(中國魂)』, 『신민총보(新民叢報)』 등을 읽으며 알게 된 중국의 개혁 운동가 양계초(梁啓超, 1873-1929)를 만나기 위해 요코하마(横浜)로 갔다. 그가 베트남의 독립 문제에 대해 조언을 구하자, 양계초는 일단 일본이 군사 개입을 하게 되면 결코 물러가지 않는다고 경고하면서, 베트남인들 스스로 내적인 힘을 기르는 일이 중요하다고 강조했다. 판 보이 쩌우가 받아들인 또 하나의 권고는 "프랑스의 혹독한 식민 정책 아래에서 베트남이 처한 곤경에 대해 글을 많이 써서 세계에 알리는 것"이었다(Phan Bội Châu, 1957: 52, 58). 이 권고에 따라 상해(上海) 광지서국(廣智書局)에서 1905년 9월에 간행된 『월남망국사(越南亡國史)』(*Việt Nam Vong Quốc Sử*)는 책 표지의 '월남(越南) 망명객(亡命客) 소남자(巢南子, 판 보이 쩌우의 호) 술(述) 양계초(梁啓超) 찬(撰)'이란 표현에서 볼 수 있듯이, 20세기 초 베트남·중국 지식인 연대의 단초로 볼 수 있는 대표적인 사례이다.

그리고 양계초를 통한 일본 지식인들과의 접촉도 주목할 만하다. 그는 판 보이 쩌우에게 국민의 의식을 일깨우고 전반적인 교육 수준을 높이는 첫 번째 방법으로 베트남 젊은이들의 유학을 권유했다(Phan Bội Châu, 1957: 58). 이러한 취지에서 양계초는 일본의 진보당 인사 이누카이 쓰요시(犬養毅, 1855-1932)와 오쿠마 시게노부(大隈重信, 1838-1922), 동아동문회(東亞同文會)의 간사 가시와바라 분타로(柏栢文太郎, 1869-1936) 등을 소개해 주었다. 이어서, 이누카이는 육군참모장 후쿠시마 야스마사(福島安正, 1852-1919)와 동아동문회의 회두(會頭) 네즈 하지메(根津一, 1860-1927)와의 만남도 주선했다. 이들 모두 역시 인재 양성이 급선무임을 말하고 유학생을 보내면 받아 주겠다고 제안하게 되었다(白石昌也, 1993: 311-312, 325).

특히, 귀족원(貴族院) 의장 고노에 아쓰마로(近衛篤麿, 1863-1904)가 후원한 동아동문회는 동문(同文)·동종(同種) 중국의 문명을 학습한다는 취지에서 1898년 11월에 창설되었고, 이듬해에는 북경(北京), 상해, 한구(漢口), 광주(廣州), 복주(福州) 등지에도 지부가 설립되었다(東亞同文會 1898; 『황성신문(皇城新聞)』 1899/05/08). 동시에, 한국으로도 파견된 동아동문회의 회원들은 북청과평양에서는 일어학교를 설립하고자 했고, 서울에서는 『한성월보(漢城月報)』를 출간하고자 했다(『황성신문』 1899/05/08, 1899/05/27, 1899/06/19, 1899/07/07; 『日本外務省文書』, MT 3.10.2.13: 17–27, 139–145). 동아동문회의 활동은 1899년과 1901년 사이에 동경(東京), 남경(南京), 상해 등지에서 동문서원(同文書院)의 건립으로 이어졌다(ASME, 1906: 246; Frédéric, 1996: 1119). 이처럼 아시아 연대를 지향하고 있던 동아동문회와 판 보이 쩌우의 만남은 베트남 지식인들의 '출양'에 커다란 전환점이 되었다.

당시 중국, 한국, 태국, 인도 등지의 유학생들을 후원하던 동아동문회가 베트남 유학생들의 동문서원 입학을 결정하자, 베트남 청년들의 일본 유학 운동이 일어났다(AMAE, NS Indochine: vol. 3, 162; AOM, GGI *Agitation anti-française*: 25). 우선, 판 보이 쩌우는 학생들을 일본으로 데려가기 위해 1905년 8월에 베트남으로 밀입국했다. 1906년에 그가 최초로 3명의 학생을 데리고 일본에 온 이후에 유학생 수는 점차 증가하여, 1907년에는 100여 명에 달했고, 1908년에는 200명을 넘었다. 베트남 학생들의 이러한 일본 유학 현상을 동유(東遊, Đông Du)운동이라고 한다. 동아동문회의 지원으로 형성된 베트남의 '동유' 풍조는 이렇게 베트남과 주변 동아시아 지식인들과의 만남을 주선한 중요한 계기가 되었다.

베트남 개혁 운동가들의 인적 네트워크는 중국 및 일본 혁명파 그룹으로도 확대되었다. 판 보이 쩌우가 1905년 초에 베트남을 떠나 일본으로 가던 중 홍콩에 잠시 들려 중국 혁명파 그룹의 대표적인 신문이었던 『중국일보(中國日報)』의 주필 풍자유(馮自由, 1881–1958)를 만나 독립운동에 대해 자문을 구했다.[3] 같은 시기에 강유위(康有爲, 1858–1927) 계열의 개혁파 신문 『상보(商報)』의

3 판 보이 쩌우가 풍자유를 알게 된 경위는 분명하지 않지만, 『중국일보』가 베트남에 유입되다가 인도차이나 식민 당국의 1904년 7월 3일 법령으로 유통이 금지된 것을 보면, 판 보이 쩌우가 '출양' 이전부터 이미 풍자유에 대해 알고 있었을 가능성이 높다(AOM, GGI: dossier 43933, dossier 26752 참조).

책임자 서근(徐勤, 1873–1945)이 판 보이 쩌우의 면담 요청을 냉담하게 거절한 것과는 달리, 풍자유는 자신이 베트남의 독립운동을 즉시 지원할 수 없는 상황을 설명했다. 그에 의하면, 중국을 차지하고 있는 만주족을 축출하는 임무가 선결 과제이므로, 이 과업이 완수된 이후에야 베트남을 도울 수 있다고 말했다. 아울러, 풍자유는 당시 양광총독(兩廣總督) 잠춘훤(岑春煊, 1861–1933)이 베트남 인근의 광서(廣西) 출신이므로, 그에게 접근하여 과거 '중국과 베트남의 전통적인 관계'를 일깨우면서 도움을 요청한다면 의외의 성과가 있을 수도 있다고 충고해 주었다(Phan Bội Châu, 1957: 51–52; AMAE, NS Chine: vol. 8, 140, vol. 28, 38).[4]

판 보이 쩌우는 일본에 도착한 이후에도 혁명파 인사 탕예(湯叡, 즉 탕각돈[湯覺頓, 1878–1916])를 알게 되었다(Phan Bội Châu, 1957: 63–64; Phan Bội Châu, 1999: 259; 徐友春 編, 1991: 1184). 또한, 그는 1905년 겨울에 이누카이의 소개로 미국에서 일본으로 막 돌아온 손문(孫文)을 요코하마의 치화당(致和堂)에서 만났다. 이미 판 보이 쩌우의 『월남망국사』를 읽은 손문은 입헌군주제의 문제점을 지적하면서 베트남 독립운동가들이 중국혁명동맹회(中國革命同盟會)에 가담하라고 제안했고, 중국 혁명이 성공하면 제일 먼저 베트남의 독립을 지원하겠다고 약속했다. 이러한 제안과 약속에 대해 공화 정체(政體)의 장점을 인정하던 판 보이 쩌우는 동맹회가 먼저 베트남 독립운동에 협조한 이후에야 베트남 북부를 광동(廣東)과 광서로 진격하는 전진 기지로 활용할 수 있다고 주장하면서 혁명 방안을 두고 열띤 토론을 벌였다(Phan Bội Châu, 1957: 67). 아울러 1905년 말 당시에 동유운동에 참가하고 있던 베트남 청년 르엉 응옥 꾸옌(Lương Ngọc Quyến, 1885–1917)이 다른 두 명의 베트남 학생들과 함께 도쿄

4 이 충고에 따라 이후 1905년 9월 초에 판 보이 쩌우는 잠춘훤을 만나 베트남의 독립운동을 지원해 달라고 요청했는데, 양광총독은 당시 반불(反佛) 성향이 강한 휘하의 유영복(劉永福), 육영정(陸榮庭), 장온관(莊蘊寬, 1866–1932), 곽인장(郭人漳) 등을 소개해 주었다(Phan Bội Châu, 1957: 60; AOM, GGI *Agitation anti-française*: 16; 徐友春, 1991: 378–379, 701–702, 806).

의 민보사(民報社)로 파견되어 일하면서 장병린(章炳麟, 1868–1936)이나 장계(張繼, 1882–1947)와도 교분을 쌓을 수 있었다(Phan Bội Châu, 1957: 63; Boudarel, 1981: 168).

이후 베트남 독립운동가들과 각국 혁명파 인사들과의 유대는 연대 조직의 성립으로 발전하게 되었다. 판 보이 쩌우는 '중화 혁명당'과 '일본 평민당' 사이를 오가면서 1907년 여름 도쿄에서 동아동맹회(東亞同盟會)[5] 결성에 참가할 수 있었다. 구성원에는 판 보이 쩌우 이외에도 베트남인 당 뜨 먼(Đặng Tử Mẫn), 응우옌 꾸인 럼(Nguyễn Quỳnh Lâm) 등 10여 명, 그리고 중국인 장병린, 장계, 경매구(景梅九), 유사배(劉師培, 1884–1919) 등이 있었다. 다른 아시아 활동가로는 한국의 정부 장학생 조소앙(趙素昂, 1887–1950), 인도인 "대군(帶君)" 1명, 필리핀인 "달군(怛君)" 1명 등을 들 수 있다. 일본인도 10여 명이 적극적으로 지원했는데, 대표적인 인물로 사카이 도시히코(堺利彦, 1870–1933), 미야자키 도오텐(宮崎滔天, 1870–1922), 고토쿠 슈스이(幸德秋水, 1871–1911), 오스기 사카에(大杉榮, 1885–1923) 등을 들 수 있다(『日本外務省文書』, MT 1.3.1.4: 502; Phan Bội Châu, 1957: 118; 조소앙, 1992: iii–iv; 白石昌也, 1981: 264–265; Jansen, 1954: 124; Bergère, 1994: 166–167).

다음으로 주목할 만한 사례는 운남성(雲南省) 및 광서성(廣西省) 출신의 동맹회 그룹과 베트남 독립운동가들의 연대 조직이다. 1905년 여름에 판 보이 쩌우는 양계초의 소개로 동경에서 운남(雲南) 출신의 진무학교(振武學校) 졸업생 은승환(殷承瓛, 1877–1946)을 만났다. 그는 판 보이 쩌우에게 다시 같은 학교의 동향(同鄉) 재학생 양진홍(楊振鴻, 1874–1909), 조신(趙伸, 1876–1930), 당계요(唐繼堯, 1881–1927) 등을 소개시켜 주었다(AOM, GGI *Agitation anti-française*: 25; Phan Bội Châu, 1957: 59, 64–65; 雲南省歷史學會·雲南省中國近代史研究會, 1991: 26, 37–38; 白石昌也, 1993: 419). 또한, 이러한 만남이 계기가 되어 재

---

5 동아동맹회는 '아주화친회(亞洲和親會)', '동아화친회(東亞和親會)', '동아망국동맹회(東亞亡國同盟會)' 등으로도 불렸다.

일운남성인(在日雲南省人)들의 잡지 『운남(雲南)』의 편집 위원이 된 판 보이 쩌우는 「해외혈서초편(海外血書初編)」(4호, 1907.02.13), 「해외혈서속편(海外血書續編)」(5호, 1907.03.31), 『월남망국사』의 일부에 해당하는 「월남지사지참결국(越南志士之慘結局)」(6호, 1907.07.20), 「애월조전(哀越弔滇)」(6호), 「화루공언(和淚貢言)」(7호, 1907.07.20) 등의 기사를 발표할 수 있었다(白石昌也, 1993: 423).[6] 1907년 여름에 판 보이 쩌우는 운남유학생회 회장 조신과 광서유학생회 회장 증언(曾彦)의 적극적인 지지를 얻어 운남·광서·베트남의 재일 학생 조직 연맹체 전계월월연맹회(滇桂粵越聯盟會)를 조직하는 데 성공했다(Phan Bội Châu, 1957: 119).

전계월월연맹회의 활동은 베트남 국내로까지 확대되었던 것 같다. 인도차이나 식민 당국은 운남성 관리들의 자제들을 교육하기 위해 1905년 1월 10일 하노이(Hà Nội)에 빠비 학교(École Pavie)를 세워서 1908년 7월 11일까지 운영했었다(Youn, 2007: 308–310). 그런데, 손문이 1905년 12월에 인도차이나의 항구들을 중심으로 동맹회 지부를 설치하고서 하노이에 총부를 설치했을 때 현지 화교들이 동맹회에 가입하기 시작했는데, 운남성 출신의 유학생들 가운데에서도 1906년부터 동맹회 회원들이 등장하기 시작했다(中國國民黨中央黨黨史史料編纂委員會, 1977: 卷2, 12, 72–73, 100; 『하노이제일국가문서고자료』, RST: dossier 36685, dossier 38105; AMAE, NS Chine: vol. 582, 86). 이러한 상황에 호응하여 판 보이 쩌우는 1907년 베트남에 밀입국하여 도 꺼 꽝(Đỗ Cơ Quang, 1878–1914)의 소개로 당시 하노이의 항 분 거리(Phố Hàng Bún)에 거주하던 운남 출신 학생들과 함께 베트남과 운남의 연맹체 쌍남동맹회(雙南同盟會, Song Nam Đông Minh Hội)를 조직했다(Nguyễn Hiến Lê, 2002: 341). 조련원(趙蓮元), 서렴(徐濂), 속어덕(束於德), 문보규(文寶奎), 이여방(李余芳), 장방한(張邦翰) 등과 같은 학생들이 바로 동맹회 회원들이었으며, 이들 중의 누군가가 1907년 3

---

6 1906년 10월 15일부터 도쿄에서 출간되기 시작한 중국 혁명파 잡지 『운남(雲南)』에 대해서는 雲南省歷史學會·雲南省中國近代史硏究會(1991: 41–52) 참조

월부터 1908년 1월까지 하노이를 근거지로 삼고 있던 손문과[7] 도 꺼 꽝의 만남도 주선했을 것이다.

이처럼 동유운동 시기에 일본에서 시작된 베트남과 동아시아 지식인들의 연대는 1907년 6월에 체결된 불일조약(佛日條約)으로 난국에 봉착하게 되었다. 이 조약에는 양국이 아시아에서 상대방의 입장과 영토권을 존중한다는 조항이 있었다. 프랑스 측의 의사를 수용한 일본은 재일 베트남인 조직을 해산시키기 시작했고, 1909년이 되면 대부분의 베트남인들이 귀국했거나 해상교통이 편리하고 프랑스에서 비교적 안전한 홍콩으로 망명했 버렸다(AMEP: vol. 711C, 67). 역시 같은 해에 일본이 추방한 판 보이 쩌우는 홍콩을 경유하여 시암(Siam)에서 망명 생활을 하게 되었다.

2. 신해혁명 시기의 연대

그런데 1911년 중국에서 신해혁명이 발발했다는 소식은 베트남 독립운동의 새로운 전기를 마련해 주었다. 다음의 〈표 1〉에서 보이는 것처럼, 시암, 인도차이나, 중국의 여러 도시에서 기회를 엿보고 있던 베트남 민족주의자들은 점점 광주로 결집하기 시작했다. 1912년 초에 100여 명의 동지들이 광주에 모이자, 이 대열에 참가하고 있던 판 보이 쩌우도 같은 해에 유신회(維新會)를 해산한 후 민주공화국을 건설하기 위해 월남광복회(越南光復會, Việt Nam Quang Phục Hội)를 창설하게 되었다(Phan Bội Châu, 1957: 68, 137, 140).

이처럼 월남광복회가 새롭게 등장하는 과정에서, 베트남 독립운동가들과 중국 혁명파의 연대 활동이 재개되었다. 판 보이 쩌우는 1912년에 상해로 가서 일본에 있을 때 알고 지내던 진기미(陳其美, 1876–1916)에게 지원

7 인도차이나 프랑스 경찰 당국의 추적으로 1908년 1월 15일 하노이 감베따 거리(Boulevard Gambetta, 현재의 Đại Lộ Trần Hưng Đạo) 61번지에서 발각된 손문은 3일 후 사이공(Sài Gòn)으로 호송되었다가, 1월 25일에 싱가포르로 추방되었다(AMAE, NS Indochine: vol. 27, 223; AMAE, NS Chine: vol. 200, 10, 13–14, 16, 26, 86, 102–103, 141–142).

표 1 베트남 독립운동가들의 광주 결집

시암 → 광주	베트남 → 광주	중국의 기타 도시 → 광주
판 보이 쩌우, 당 뜨 먼, 응우옌 꾸인 럼, 당 홍 펀(Đặng Hồng Phấn), 응우옌 턴 히엔(Nguyễn Thần Hiến), 호앙 흥(Hoàng Hưng), 당 빈 타인(Đặng Bỉnh Thành), 마이 라오 방(Mai Lão Bạng) 등	응우옌 껌 장(Nguyễn Cẩm Giang), 응우옌 쫑 트엉(Nguyễn Trọng Thường, 하노이 → 광주), 도 꺼 꽝 등	끄엉 데(Cường Để), 당 흐우 방(Đặng Hữu Bằng), 부 꾸안(Vũ Quán), 호앙 쫑 머우(Hoàng Trọng Mậu), 쩐 흐우 룩(Trần Hữu Lục) 등

출처: Phan Bội Châu(1957: 138－139, 161).

을 요청했다. 마찬가지로 일본에서 인연을 맺은 호한민(胡漢民)을 통해 손문과 황흥(黃興, 1874－1936)을 만나 베트남 혁명 운동의 발전 방안에 대해 의견을 교환할 수 있었다(Phan Bội Châu, 1957: 143－144, 150－151). 아울러, 처음부터 자금난으로 어려움을 겪고 있던 월남광복회는 진기미와 유사복(劉師復, 1884－1915)으로부터 각각 4,000원(元)과 200원을 받았고, 관인보(關仁甫, 1873－1958), 사영백(謝英伯, 1882－1939), 등경아(鄧警亞, 1880－1966) 등으로부터도 100원씩의 지원금을 받았다(Phan Bội Châu, 1957: 143).

1912년 6월에는 자 롱(Gia Long) 황제(嘉隆帝, 1802－20 재임)의 직계 자손으로 동유운동에 참가했던 끄엉 데(Cường Để)가 베트남 북부와 중국 남부의 회당(會黨) 지도자로서 신해혁명에 참가했던 왕화순(王和順, 1868－1934)과 과거 흑기군(黑旗軍) 지도자로서 응우옌 왕조의 군대와 함께 프랑스군과 전투를 벌였던 유영복(劉永福)으로부터 광주에서 자금과 무기를 지원받기도 했다(AMAE, NS Indochine: vol. 22, 75－76). 이후, 1912년 후반부터 1913년 사이에 광서 지역에서 진행된 양국 혁명가들의 협력은 군사 교육, 위조 여권 발행, 무기 지원, 프랑스 식민 당국으로부터의 법적 보호 등의 다양한 형태로 전개되었다(Youn, 2007: 526－529).

아울러, 반식민운동(反植民運動)을 보다 광범위하게 전개하기 위해 아시아의 모든 식민지 지식인들의 단결이 필수적이라고 생각했던 판 보이 쩌우도(Phan Bội Châu, 1957: 118) 일본에서와 마찬가지로 연대 조직의 건설에 박차를 가하게 되었다. 1912년 경 광서의 용주(龍州)에서는 중국 당국의 보호 아래 일본인들과 함께 대동연락감정회(大同連絡感情會, Đại Đồng Liên Lạc Cảm Tình Hội)를 창설했다(AMAE, NS Indochine: vol. 13, 450). 1912년 8월에 200여 명의 아시아 혁명가들로 구성된 진화흥아회(振華興亞會, Hội Chấn Hoa Hưng Á)에서는 베트남, 인도와 버마, 그리고 한국의 순으로 각국의 독립운동을 지원하기로 결정하게 되었다(Phan Bội Châu, 1957: 153–154). 1912년 9월에 판 보이 쩌우와 동료 응우옌 트엉 히엔(Nguyễn Thượng Hiền, 1868–1925)은 상해 조계지에서 세계인도회(世界人道會, Thế Giới Nhân Đạo Hội)를 건설하여 반불(反佛)의 대의에 중국과 일본의 혁명가들을 동참시켰다(AMAE, NS Indochine: vol. 13, 62). 1913년에 조직된 사국동맹(四國同盟)은 주로 베트남, 한국, 일본, 러시아, 인도 출신의 혁명가들로 조직되었다(AMAE, NS Indochine: vol. 14, 26; *Courrier d'Haïphong*, 1917/01/17). 1913년 6월 북경에서 한국의 독립운동가 "민군(閔君)"과 필담을 나누면서 망국의 현실에 동병상련을 느꼈던 응우옌 트엉 히엔의 경우를 보더라도(Nguyễn Thượng Hiền, 1925: Quyển Hạ, 1a; 中國史學會 編, 1957: vol. 7, 543), 신해혁명 이후 중국으로 망명했던 베트남과 한국의 독립운동가들이 자국의 독립을 모색하기 위해 상호 간의 교류와 협력을 꾸준히 모색하고 있었음을 알 수 있다.

이상에서 살펴본 것처럼, 1905년부터 시작된 동유운동과 1911년의 신해혁명을 통해 베트남의 독립운동가들은 주변 각국의 다양한 인사들과 교류하면서 동아시아 민족주의 운동의 조류를 인식하게 되었고, 그들과 연대함으로써 자국의 독립을 앞당기고자 했다. 그런데 이러한 동아시아 각국 지식인들 사이에 형성된 연대의 이면에는 자민족 중심의 현실적인 민족주의자로서의 모습이 내재해 있었음을 간과해서는 안 된다.

III. 현실적 연대 의식과 자민족 중심주의

먼저, 당시 베트남과 중국의 지식인들 간에 형성된 연대의 실상을 살펴보는 것은 현실적인 연대 의식과 자민족 중심주의의 관계를 파악하는 데 많은 단서를 제공해 줄 것이다.

1. 베트남 · 중국 지식인 연대의 이면

1923년에 판 보이 쩌우가 집필한 『하늘이여! 황제여!』(*Thiên Hồ ! Đề Hồ !*)의 서문을 작성한 호적(胡適, 1891－1923)은 "과거 20여 년간 베트남에 대한 중국 지식인들의 태도는 너무나 냉혹했다"고 평가하고 있다(Phan Bội Châu, 1990a: 504; 胡適, 1924: 25). 과연, 어떠한 측면에서 중국 지식인들이 베트남을 냉혹하게 바라보았던 것일까?

예를 들면, 청나라의 관리 서계여(徐繼畬, 1795－1873)가 『영환지략(瀛環志略)』에서 베트남 응우옌 왕조(阮朝, 1802－1945)의 고관들은 조회할 때 왕 앞에서 버젓이 이를 잡는다고 중국인들에게 소개했다(徐繼畬, 1866: 卷一, 24b). 또한, 1905년 당시 광서 지역의 도대(道臺) 장온관(蔣蘊寬, 1866－1932)은 "몇몇의 예외가 있기는 하지만, 일반적인 안남인(安南人)들의 노예 근성은 도저히 치유할 수 없다"라고 공언하고 있었다. 양계초의 눈에 비친 베트남인도 "송나라 때 조카로 칭하고 아들이라 칭하던" 사람들이었고, 가난 때문에 전혀 예의를 모르는 '감당할 수 없는 사람(不堪之民)'일 뿐이었다(반패주[潘佩珠], 1979: 4; 梁啓超, 1916: 19b). 이러한 인식을 가졌던 양계초가 '형의 나라'가 '아우의 나라'를 돕는 심정으로 판 보이 쩌우의 『월남망국사』 출판을 도왔지만, '형'의 원래 목적은 베트남의 식민화 과정을 구체적으로 분석하여 자국의 국민에게 프랑스 제국주의의 위험성을 알려 반불(反佛) 의식을 고양하는 데 있었을 뿐이었다(Phan Bội Châu, 1957: 58; AMAE, NS Chine: vol. 124, 56). 이처럼, 베트남에 대한 중국 지도층 인사들의 편견과 멸시는 이웃 나라를 냉혹하게 평가하면서도 현실적인 이득을 챙기는 모습으로 나타났다.

그런데 청조의 관리들이나 개혁파 그룹의 경우와 비교할 때, 중국의 혁명파 그룹은 베트남에 대해 어떠한 태도를 취하고 있었을까? 1905년과 1907년에 판 보이 쩌우와 도 꺼 꽝을 접촉한 손문은 베트남 북부에서 중국 남부로 진격하기 위해 이미 1900년 6월부터 재일 프랑스 대사 아르망(Jules Harmand), 인도차이나 총독 두메르(Paul Doumer, 1897-1902 재임)와 보(Paul Beau, 1902-07 재임), 인도차이나 내각 의장 아르두엥(Hardouin), 재중 프랑스 공사관 소속 보병 장교 부까베이으(Boucabeille) 등과 꾸준히 접촉하면서 지원을 요청했었다(Youn, 2007: 304-305, 538-542). 이후 손문은 1907년 3월부터 1908년 1월까지 하노이에 체류하면서 중국 남부의 봉기를 본격적으로 준비했는데, 프랑스 식민주의자 그룹으로부터 전술상의 조언뿐만 아니라 군자금과 무기도 받았다(Bergère, 1994: 170, 197, 202, 207-208). 특히, 진남관(鎭南關) 봉기가 발생한 직후인 1907년 12월 3일과 4일에는 휴가 중이던 어떤 프랑스 보병 장교가 손문 등의 중국 혁명가들을 일본인으로 위장시켜 국경 통과를 도와주기까지 했다(AMAE, NS Chine: vol. 209, 99). 1908년 4월 30일에 라오 까이(Lào Cai)에서 개시된 하구(河口) 봉기가 실패하면서 베트남 북부에서 중국 남부로 이어지는 혁명 봉기가 어려워지자, 손문은 이듬해 방콕에서 프랑스 대표에게 면담을 요청하여 자신의 혁명 방안을 지지해 준다면 프랑스의 극동 영유권과 이익을 보장하겠다는 의사를 밝히기도 했다(AMAE, NS Chine: vol. 204, 193). 황흥의 경우에도 북부 통킹(Tongkin) 지역은 중국에서 탈출할 수 있는 유용한 도피처이자 싱가포르나 말레이반도로 빠져나가기 위한 전술적인 탈출로였을 뿐이었다(ASME, 1911: 226-228).

신해혁명 이후에 보이는 중국인들의 대(對)베트남 인식도 흥미롭다. 19세기 후반부터 응우옌 왕조와 협력하여 프랑스군과 싸웠던 유영복은 이후에도 베트남의 독립운동을 적극적으로 지원했었다. 1885년부터 1897년까지 진행된 근왕운동(勤王運動)에 가담했던 사람들이 중국으로 탈출하자, 유영복은 광서와 광동 지역에서 똔 텃 튀엣(Tôn Thất Thuyết, 1835-1913), 응우옌 티엔 투엇(Nguyễn Thiện Thuật, 1844-1926) 등과 같은 근왕운동 지도자들의 망명 생활을 도와주었을 뿐만 아니라, 이들을 땅 밧 호(Tăng Bạt Hổ, 1858 – 1906)나 판 보이 쩌우와 같은 청년 독립운동가들과도 연계시켜 주기도 했다(Phan Bội Châu, 1957: 44, 60 – 62, 75; AOM, GGI *Agitation anti-française*: 23; AMAE, NS Indochine: vol. 22, 68 – 69; AMAE, NS Chine: vol. 100, 222). 그러나 신해혁명 직후 광동 민병의 책임자로 임명되어 치안을 맡게 된 유영복이 1911년 11월 27일에 발표한 선언문에 의하면, 과거 자신이 통킹 지역에서 흑기군을 이끌고 프랑스 군대에 맞서면서 청불전쟁(清佛戰爭)에도 가담한 이유는 위기에 처해 있던 중국을 수호하기 위함이었을 뿐이지, 전통적인 속국(屬國) '안남'에게 봉사하려는 의도는 전혀 없었다고 주장했다(AMAE, NS Chine: vol. 32, 159 – 160). 한때 빠비 학교의 학생이었던 장방한도 운남성 임시 총독의 비서 자격으로 1912년 1월 하노이에 파견되어 과거의 스승이었던 오꾸르(P. Aucourt)와 회담했는데, 인도차이나에서 프랑스의 역할을 인정한다는 공식적인 입장을 전달했다(AMAE, NS Chine: vol. 204, 193 – 194). 1914년 3월에는 사국동맹 휘하의 중국·베트남 혼성 부대가 광서 국경 지대에서 출병하여 베트남의 랑 썬(Lạng Sơn)과 까오 방(Cao Bằng) 지역을 공격하기로 되어 있었는데, 중국인 사병들이 과거 조공국이었던 베트남 출신 장교의 지휘를 거부하는 바람에 진공 작전에 큰 차질이 생기기도 했다(AMAE, NS Indochine: vol. 23, 264). 이처럼, 신해혁명 직후 중국인들에게서 볼 수 있는 민족주의 정서의 고양, 현실적이고 실리적인 대외정책 채택, 전통적인 중화(中華) 사상 고수 등은 베트남인들과 공조를 모색하는 과정에 항상 잠재해 있으면서 양국 연대 활동의 변수로 작용하게 되었다.

그러면, 과연 동시대의 베트남 지식인들은 중국에 대해 어떠한 입장을 취하고 있었을까? 신해혁명 이후 중국에서 활동하던 베트남 혁명가들은 현실적으로 자신들의 힘만으로는 자국의 독립을 도모할 수 없다고 판단했기 때문에, 중국 혁명가들의 도움을 받을 필요가 있다고 절감하고 있었다(AMAE, NS Indochine: vol. 17, 146). 중국 남부의 베트남 독립운동은 반제국주의 운동의 일환으로 연대 조직을 결성하여 중국의 지원을 보장받으면서 자국의 독립에 유리한 상황을 계속 유지하고자 했기 때문에, 연대와 협력에 대한 현실적인 필요성이 혁명파 그룹에만 집중되어 있지도 않았다. 그래서 1913년에 판 보이 쩌우는 원세개(袁世凱, 1859–1916)에게도 접근하여 베트남 청년들을 장학생으로 사관학교에 입학시키는 성과를 거둘 수 있었다(Phan Bội Châu, 1957: 108).

이상에서 살펴본 것처럼, 중국인들과 연대하는 과정에서 베트남의 지식인들은 자국의 독립을 달성하기 위해 현실적이고 실리적인 전략과 전술을 구사하고 있었는데, 동시대의 일본과 한국을 어떻게 바라보고 있었을까?

2. 베트남 지식인들의 일본 · 한국 인식

일본에 대한 베트남 지식인들의 태도를 이해하려고 할 때, 당시 한국 정부나 지식인들의 프랑스에 대한 입장을 살펴볼 필요가 있다. 을미사변(乙未事變) 이후에 일본의 위협을 절감한 고종(高宗)은 1897년부터 조선 교구를 담당하고 있던 프랑스 선교사 뮈텔(Mutel) 주교나 프랑스군 극동 사령관 비달(Vidal)에게 접근하여 프랑스 정부가 한반도 문제에 개입해 줄 것을 요청하기 시작했다(AMEP: vol. 581, 1345–1347; AMAE, NS Corée: vol. 25, tome 1, 56, vol. 27, 80–81). 또한, 대한제국 정부는 다양한 개혁안을 추진하는 과정에서 체신 업무 전문가 끌레망쎄(Clémencet), 동양학 연구자 꾸랑(Maurice Courant), 법률 전문가로 사이공 정부에서도 근무한 경험이 있는 크레마지(Crémazy) 등과 같은 프랑스인들을 직접 고용하여 만국 우편 연합 가입, 『조선서지(朝鮮書誌)』 편찬, 형법 정비 등의 성과를 거둘 수 있었다(『황성신문』, 1898/12/3·9; AMAE, NS Corée: vol. 26, 139; AMAE, NS Asie: vol. 2, 13; 이진명, 2004: 42–53). 그밖에도, 한국 정부는 무기 구입, 이위종(1887–?)과 같은 한국 학생들의 프랑스 쌩 씨르 사관학교(École Militaire Saint-Cyr) 유학, 차관 협상, 양국 외교 관계 격상 등을 통해 1905년부터 일본이 직접 방해하기 전까지는 친불(親佛) 정책을 점진적으로 강화해 나갔다(AMAE, CCC Séoul: vol. 2; AMAE, NS ASIE: vol. 2, 13–14, 19, AMAE, NS Corée: vol. 8, 226–228, 240, vol. 13, 132–133, vol. 25, t. 1, 224, 264–266, 271). 1907년 1월에는 권재중이라는 전임 관리가 안동에서 프랑스 영사에게 직접 서한을 보내어 전 세계가 만국공법(萬國公法)에 의거하여 일본의 만행을 규탄

할 수 있도록 도와달라고 요청하기까지 했다(AMAE, NS Corée, vol. 3, 11).

일부 한국 지식인들의 프랑스 인식도 파악할 수 있다. 1882년에 김옥균은 일본이 아시아의 영국이 된 것처럼, 조선이 아시아의 프랑스가 되어 부국강병을 달성하자고 주장했다(민태원, 1947). 윤치호는 청불전쟁 이후 1885년에 천진조약(天津條約)이 체결되는 과정을 지켜보면서, 한국에서 중국의 영향력을 배제하기 위해 프랑스와 관계를 돈독히 하자고 주장했다. 또한, 그는 1897년에 프랑스 여행을 마치고 귀국하는 중에 사이공을 잠시 방문했었는데, 그곳에서 본 인도차이나 당국의 식민지 경영에 매료되어 장차 한국의 학생들은 '장엄한 문명'과 '위대한 부강'에 도달한 프랑스를 모델로 삼아야 한다고 강조하게 되었다(『독립신문』, 1897/03/13; 윤치호, 1971 - 1975: 339 - 341). 그리고 1908년 당시 대한학회의 교육부 일을 담당했던 홍성연은 "프랑스 국민은 자조(自助)적이고 자주(自主)적이서 하늘이 반드시 돕는데, 하늘이 프랑스에게 자주적인 권리와 안남을 준 사실이 그 일례(一例)이다"라고 주장하기까지 했다(홍성윤, 1908: 15). 이처럼 사회진화론을 수용한 김옥균, 윤치호, 홍성연 등과 같은 한국의 지식인들은 그들의 조국이 냉엄한 국제 경쟁에서 살아남기 위해서는 프랑스의 제국주의 경영 방식을 모범 사례로 채택해야 한다고 생각했던 것 같다.

베트남의 일본 인식과 관련하여, 러일전쟁 이후 아시아에서 일본의 급진적인 부상[8]은 베트남의 친일(親日) 경향을 추동하는 결정적인 계기가 되었음을 고려해야 한다. 러일전쟁 직후에 타인 타이(Thành Thái, 1889 - 1907 재위) 황제는 일본이 베트남의 프랑스 세력도 축출해 달라고 공공연히 주장하고 다녔다(Nguyễn Thế Anh, 1992: 206 - 207). 타인 타이 황제를 계승한 새로운 황제의 연호가 '주이 떤'(Duy Tân, 維新, 1907 - 16)이었던 것도 메이지유신(明治維新)

8 1906년 4월 30일 일본 동경에서는 웅장한 개선 열병식(凱旋閱兵式)이 거행되었는데, 한국·몽골·태국의 황태자들이나 재일 중국 유학생들도 함께 참관하고 있었다. 이 열병식의 목적은 일본이 러일전쟁에서 성취한 결과를 아시아 각국에 선전하면서 황인종이 일본의 지도적인 역할에 연대하여 참가하도록 하는 데에 있었다(AMAE, NS Chine: vol. 182, 104 - 105).

의 정신을 본받으려 했던 베트남 황실과 조정의 간접적인 표현이었다(Nguyễn Thế Anh, 1992: 211-212).

이러한 경향은 후에(Huế)의 조정에만 국한되지 않았다. 1905년 말부터 1908년 사이에 많은 관리와 지식인이 일본의 지원을 받아 반식민지 봉기에 성공할 수 있다고 믿었다(AOM, GGI *Agitation anti-française*: 2). 스스로 단발을 선택했던 타인 타이 황제의 경우처럼, 전국에 광범위하게 퍼진 단발 풍조는 일본을 모델로 베트남 사회를 개혁하려는 분위기를 반영하고 있었다. 동유운동도 이러한 분위기에 편승하며 베트남 사회의 각계각층과 다양한 지역에서 발전하게 되었다(AMAE, PA, Beau: vol. 6, 15, 25; Vũ Văn Sạch 외, 1997; AMAE, NS Indochine: vol. 20, 246). 그래서 1910년 당시에 통킹 북부 지역의 선교를 담당했던 아브냘(Abgnall) 주교는 "베트남의 개혁 운동이 일본화 운동과 별로 다를 것이 없다"고 지적하기까지 했다(AMEP: vol. 710B, 237).

판 보이 쩌우의 일본 인식도 검토할 필요가 있다. 먼저, 베트남에서 일본인들이 하노이, 다 낭(Đà Nẵng), 사이공 등지에서 운영하던 창부(娼婦)집들은 그에게 단순한 여흥의 장소가 아니라 외국의 정세를 들을 수 있던 정보 획득의 공간이었다. 그래서 판 보이 쩌우는 인도차이나 식민 당국이 베트남인들의 창부집 출입을 금지한 조치를 강력히 비판했다(Phan Bội Châu, 1990b: 148). 또한, 그는 일본 각지에서 일본인들에게서 받은 환대와 그들의 지지 내용을 동포들에게 알리면서 동유운동에 나서라고 촉구하게 되었다(AMAE, NS Indochine: vol. 2, 187; Phan Bội Châu, 1990c: 34-35). 아울러, 판 보이 쩌우는 사치와 쾌락에만 젖어 사는 자국의 황제와 비교되는 일본 천황의 덕성과 선정이나 러일전쟁 당시 적군들에게서 중요한 정보들을 입수한 일본 창부들의 활약상에 대해서도 높이 평가했다(Phan Bội Châu, 1990d, 197-198, 213).

또한, 자국의 이익을 추구하던 베트남 지식인들의 현실적 민족주의자로서의 모습이 판 보이 쩌우의 경우에서도 보인다. 그가 1903-1904년과 1905년 각각 작성한 "유구혈루신서(流球血淚新書)"(Lưu Cầu Huyết Lệ Tân Thư)와 "오주(五洲) 이야기"(Kể Chuyện Năm Châu)에서는 유구와 한국의 망국에 대해 동정을 보냈다. 그런데 동유운동 이후 일본 정객들을 만나 대화하던 판 보이 쩌우는 이 두 나라의 문제에 대해 가능하면 언급하지 않으려는 모습을 보였다. 특히, 그가 오쿠마 시게노부와 유구 문제를 논의할 때는 오히려 프랑스의 개입 가능성에 대해 주의를 기울이라고 당부했다(Youn, 2007: 560－561). 동종(同種)의 연대를 지향하던 판 보이 쩌우는 이러한 친일 경향을 띠면서 현실적인 민족주의자로서 일본에게 접근했다고 판단할 수 있다.

반면에, 당시의 개혁 사상가 판 쭈 찐(Phan Chu Trinh, 1872－1926)은 일본 문명의 선진성을 인정하면서도 제국주의 정책의 위험성을 간과해서는 안 된다고 경고했다(Tran My－Van, 1999: 132). 마찬가지로, 선진적인 언론인 응우옌 반 빈(Nguyễn Văn Vĩnh, 1882－1936)도 주변의 동료들에게 일본의 대만과 한국 강점(强占)을 유념해야 한다고 충고하는 것을 잊지 않았다(AOM, GGI dossier 21518: 6). 그래서 『월남망국사』를 읽은 한국의 어떤 지식인도 같은 이유로 판 보이 쩌우가 구상하고 있던 아시아 연대론의 문제점을 비판했던 것이다(대한매일신보 1909/09/09·11). 그러나 판 보이 쩌우의 행보는 이들의 대일본관(對日本觀)과는 달리, 일본과 연대를 점차 강화하는 방향으로 나아갔고, 이 과정에서 팽창주의자 카시와바라 분타로, 후쿠시마 야스마사, 고다마 겐타로(兒玉源太朗, 1852－1906)[9] 등과도 교유하게 되었다(AOM, GGI *Agitation anti-française*: 14－15, 28; Phan Bội Châu, 1957: 71, 96).

이러한 과정에서, 프랑스의 침략에 대항하는 형태로 발전된 베트남의 수세적(守勢的) 민족주의와 아시아 연대 의식은 현실 정치 상황에서 변용 과정을 겪게 되었는데, 가장 두드러진 현상이 바로 공세적(攻勢的) 민족주의로 나타난 과거 식민주의(植民主義)의 출현이다.

---

9 그는 러일전쟁 당시에 만주군 총참모장으로 참전했고, 이후에 대만 총독, 육군대신, 내무대신, 문부대신, 육군참모총장 등을 역임했다.

3. 식민주의의 부활과 라오스 · 캄보디아 인식

20세기 초반 당시 판 보이 쩌우의 경우가 대표적인 사례이다. 동유운동 시기에 집필된 그의 저작들에 의하면, 이 베트남 독립운동 지도자는 일본의 한국 팽창 정책을 적극적으로 지지했던 요시다 쇼인(吉田松陰, 1830–59), 사이고 다카모리(西鄕隆盛, 1827–77), 후쿠자와 유키치(福澤諭吉, 1835–1901) 등과 같은 인물들을 개인적으로 매우 숭배하고 있었음을 알 수 있다(Phan Bội Châu, 1990c: 35–36, 40; Phan Bội Châu, 1990e: 275; Phan Bội Châu, 1990f: 215). 판 보이 쩌우의 판단에 의하면, 요시다 쇼인과 같은 일본의 애국자는 미래의 베트남 역사에 반드시 출현해야만 하는 위대한 인물이었다(Phan Bội Châu, 1990c: 35–36). 아울러, 사이고 다카모리의 전기(傳記)가 당시 베트남 지식계에서 큰 반향을 불러일으키고 있었던 사실을 통해서도 공세적(攻勢的) 민족주의로 경도되어 가는 베트남 사회의 조류(潮流)를 간접적으로 파악할 수 있다(Đào Nguyên Phổ, 1906).

1907년 3월 하노이에 설립된 사립 학교 동경의숙(東京義塾, Đông Kinh Nghĩa Thục)의 교육 내용과 성격도 검토할 필요가 있다. 이 학교의 대표적인 교과서였던 『문명신학책(文明新學冊)』(*Văn Minh Tân Học Sách*)의 "청간고려망국지참상(請看高麗亡國之慘狀)"(Thỉnh Khán Cao Ly Vong Quốc Chi Thảm Trạng)이란 글은 망국에 이른 한국의 상황을 설명하면서, 외국의 보호가 국가의 폐망을 의미하기 때문에 한국의 모델을 따르기보다는 일본의 모델을 따르라고 학생들에게 가르치고 있었다(Đông Kinh Nghĩa Thục. 1907a: 45b–53b). 그리고 학교를 관리하던 응우옌 꾸옌(Nguyễn Quyền, 1869–1941)도 여러 강연회에서 노예 상태에 빠져 있는 베트남인들을 구제하기 위해 모든 계층의 사람들이 협력하여 서구 열강과 대등하게 겨루고 있는 일본인들을 본받아야 한다고 주장했다(AOM, GGI *Agitation anti-française*: 72). 이와 같은 인식은 1907년 4월 27일에 개최된 강연회에서 더욱 구체적으로 드러나는데, 당시 청중들의 한 명이었던 응우옌 반 빈은 연사들 중의 한 사람이 한국의 통감이었던 이토 히로부미(伊藤博文)를 "대단히 찬양했다고" 증언하고 있다(AOM, GGI dossier 21518:

4–5).

이처럼, 당시 베트남 개혁 운동가들의 친일 경향은 일본을 모범으로 삼아 주변국들을 식민화하려는 의도로까지 발전되었다. 이와 관련된 판 보이 쩌우의 초기 구상은 레 왕조(黎朝)와 응우옌 왕조가 참파, 라오스, 캄보디아 등을 잠식하면서 영토를 팽창한 역사적 사실을 재조명하는 작업에서 시작되었다(반패주, 1979: 17). 다음으로, 인도, 한국, 버마가 예속 상태에 있던 현실을 목도한 판 보이 쩌우는 『월남국사고(越南國史攷)』(*Việt Nam Quốc Sử Khảo*)에서 가토 히로유키(加藤弘之, 1836–1916)와 양계초의 '강권(强權)' 및 '민권(國權)' 이론을 수용하여 베트남인들의 민권을 보호하기 위해서는 국권을 강화시켜야 한다고 주장했다(Phan Bội Châu, 1990g: 386–387). 아울러, 이러한 논의에 주석을 달아 설명한 호앙 쫑 머우(Hoàng Trọng Mậu, 1874–1916)는 "버마나 인도의 상황으로 전락한 베트남의 현실이 실로 슬프구나!"라고 한탄하고 있지만, 베트남의 참파 정복과 관련해서는 "우리도 역시 어떤 민족을 파괴하여 그들에게 보호령을 받아들이게 해서 그 인종을 없애버릴 수 있었고, 그 나라를 식민지로 만들 수 있었다"라고 덧붙이고 있다(Phan Bội Châu, 1990g, 387, 449).

공세적인 민족주의에 기반하여 자국사를 인식한 베트남 지식인들은 식민 정책에 대한 구체적인 전망을 밝히게 되었다. 동경의숙은 동포들이 모험을 즐기는 유럽인들의 '식민학(植民學)'을 연구하도록 장려했다(Đông Kinh Nghĩa Thục, 1907b: 5a). 그리고 새로운 베트남을 꿈꾸었던 판 보이 쩌우는 『신월남(新越南)』(*Tân Việt Nam*)에서 미래 군인들의 가장 중요한 임무는 이민을 장려하고 국권을 강화하기 위해 새로운 영토를 개척하는 사업이었다(Phan Bội Châu, 2000: 114).

그러면 어떠한 지역이 영토 획득의 대상이 되었을까? 자국사 서술에서 베트남의 '옛 영토'로 주목받았던 라오스와 캄보디아가 여전히 베트남 지식인들의 관념 속에 회복해야 할 실지(失地)로 남아 있지 않았을까? 이와 관련하여, 판 보이 쩌우의 흥미로운 베트남 영토관을 살펴볼 필요가 있다. 1905년이나 1906년에 그가 쓴 글에는 당시 베트남의 국토 면적을 소개한 부분이 군데 군데 등장하는데, 263,000영방리(英方里, 즉 평방마일)라고 언급한 경우가 제일 많다(Youn, 2007: 583 – 584). 베트남사 연구자 쯔엉 브우 럼(Trương Bửu Lâm)에 의하면, 실제 127,243영방리에 해당하는 베트남의 면적을 판 보이 쩌우가 지나치게 과장했다고 설명하고 있다(Truong Buu Lam, 2000: 124). 그러나 판 보이 쩌우의 이러한 과장이 단순히 베트남의 영토가 다른 나라들의 영토보다 크다는 점을 알리기 위해서였을까? 아니면, 판 보이 쩌우의 영토 계산에는 다른 의도가 포함되어 있었던 것일까?

라오스의 영토가 89,460영방리, 캄보디아의 영토가 69,628영방리임을 고려한다면(Centre d'Histoire et Civilisations de la Péninsule Indochinoise, 1983: 41, 65), 판 보이 쩌우가 베트남의 영토를 측정할 때 이 두 나라의 영토를 합산해서 포함시켰을 가능성을 배제할 수 없다. 실제, 『월남국사고』에 의하면, 실지(失地) 영토에 운남과 광동 지역은 이미 오래전에 외국의 영토가 되었지만, 라오스나 캄보디아는 포함되어 있지 않았다. 더군다나 프랑스가 빼앗은 베트남의 영토는 안남(중부), 통킹(북부), 코친차이나(남부)뿐만 아니라 라오스와 캄보디아 등을 포함하고 있었다(Boudarel, 1968: 133; Phan Bội Châu, 1990g: 324 – 485). 판 보이 쩌우는 운남과 광동이 중국에게 빼앗긴 이웃 나라의 영토로 인정하고 있었지만, 라오스나 캄보디아가 안남, 통킹, 코친차이나 지역과 마찬가지로 여전히 베트남 영토의 일부라고 생각하면서 프랑스령 인도차이나를 그대로 계승하려고 했을 가능성이 높다.[10]

이와 관련하여, 월남광복회가 1912년 여름이나 가을에 만든 베트남 국기도 검토해 볼 만하다. 이 국기에는 금색의 바탕에 다섯 개의 붉은 별이 그려져 있었는데, 금색은 베트남 인종을, 붉은 색은 식민지 베트남의 상황을 상징하고 있었다. 월남광복회의 군기에도 붉은 바탕에 다섯 개의 하얀 별이 그려져 있었다. 판 보이 쩌우에 의하면, 흰색의 오성(五星)은 조국의 5개 지역을

10 프랑스령 인도차이나의 영역에 대한 이러한 인식은 한말의 교육자 유옥겸(兪鈺兼, 1883 – 1922)의 『중등외국지리(中等外國地理)』(1907)에도 반영되어 있었다(유옥겸, 1907: 134).

통합한다는 의미를 담고 있었다(Phan Bội Châu, 1957: 146 – 147). 이 점에 대해서 부다렐(Georges Boudarel)은 통킹, 안남, 코친차이나로 구성된 베트남이 5개 지역으로 구성되어 있다는 점을 이해할 수 없다고 어렵다고 했다(Boudarel, 1968: 140).[11]

그런데 신해혁명 이후 성립된 중화인민공화국이 오족(五族) 연합에 의한 대중화민국(大中華民國)을 표방하고 있었던 사실은(AMAE, NS Chine: vol. 37, 43) 월남광복회의 오성기(五星旗)를 이해하는 단서가 될 수 있다. 신해혁명 이후 중화민국의 정식 국기였던 오색기(五色旗)는 한(漢) · 만(滿) · 몽(蒙) · 회(回) · 장(藏)의 오족(五族) 연합에 의한 '오족공화(五族共和)'를 상징하고 있었는데, 이러한 지향은 청조(淸朝) 지배 체제가 확보해 놓은 영역 전체를 그대로 계승하겠다는 '민족주의적 또는 대한족주의적(大漢族主義的)' 발상에서 나왔다고 할 수 있다(김형종, 2001: 10 – 19). 아울러, 1912 – 13년에 광동, 광서, 운남의 공화혁명가들과 인도차이나의 화교들은 프랑스 제국주의 세력에게 빼앗긴 '속국 안남'을 다시 중국의 영토로 회복하여 중화의 위상을 드높이자고 일제히 제창하고 있었다(AMAE, NS Indochine: vol. 18, 143, 145, vol. 22, 96 – 97, AMAE, NS Chine, vol. 42, 187 – 190, vol. 43, 115 – 116, vol. 91, 52 – 53, 56, vol. 612, 40 – 42).

그러면 중화민국의 이러한 '민족주의적' 발상과 마찬가지로, 베트남 영토의 다섯 부분이라고 설명되던 오성이 통킹, 안남, 코친차이나 뿐만 아니라, 라오스와 캄보디아도까지도 포함하고 있던 것은 아니었을까? '소중화(小中華)'를 자처했던 선조들이 그러했던 것처럼, 판 보이 쩌우와 월남광복회의 회원들은 베트남 자체의 영토를 회복한 이후에 주변의 두 나라를 향해 식민지 팽창도 구상하고 있었을 가능성이 상당히 높다.

11　1945년 3월에 일본이 인도차이나 식민 당국을 무너뜨린 후 창건한 친일 정권 베트남제국(Đế Quốc Việt Nam)의 국기에도 노란색의 별과 전국을 나타내는 5개의 날개가 있었다. 그런데 1955년에 성립된 베트남공화국(남베트남)의 국기에는 노란 바탕 위에 베트남의 북부, 중부, 남부를 상징하는 3개의 붉은 줄이 가로로 그어졌다.

IV. 자타불이(自他不二)

중국이나 일본에서 들어온 '신서'를 통해 새로운 학문을 수용한 전환기 베트남의 지식인들은 동유운동 시기와 신해혁명 이후에 일본과 중국에서 망명 생활을 하면서 동아시아 세계를 몸소 구체적으로 체험할 수 있었다. 이 과정에서 자국의 독립을 위한 주변국 지식인들과의 연대는 일국(一國) 독립운동의 한계를 극복할 수 있는 중요한 전술적 선택이었다.

그러나 주변국의 지식인들과 마찬가지로 베트남의 지식인들도 아시아 연대를 기반으로 국익을 확보하고자 끊임없이 노력했다. 그런데 이러한 형태의 연대는 사실 이기적인 민족주의를 옹호하고 있었고, 이기적인 민족주의는 언제든지 약소국을 향해 공세적인 민족주의로 전환될 수 있는 위험성과 한계를 갖고 있었다. 그리고 이와 같은 민족주의적 경향은 20세기 초의 베트남 지식인들에게서만 나타났던 현상이 아니라, 1919년 파리 강화 회의 당시 한국 측 인사들의 도움을 적지 않게 받았던 호 찌 민(Hồ Chí Minh)의 일본 식민지 통치 방식에 대한 '긍정적인' 태도, 그리고 1920–40년대의 저명한 지식인 팜 꾸인(Phạm Quỳnh, 1892–1945)에게도 계승되었다(*Le Populaire* 1919/09/04; Phạm Quỳnh, 1938: 16, 449, 451, 453–454). 이어서 1940년대 전반에는 비엣 민(Việt Minh, 월맹, 즉 베트남독립동맹)이 라오스독립동맹과 캄보디아독립동맹이 함께 참여하는 인도차이나독립동맹이 창설을 주도하게 되었다(Gunn, 1988) 그리고 어쩌면, 현재 베트남사회주의공화국의 지도가 베트남의 영역 이외에도 라오스와 캄보디아까지 포괄하고 있는 모습도 비슷한 발상에서 나왔을 지도 모른다.

중부 출신의 판 쭈 찐과 프랑스 식민학교 출신의 응우옌 반 빈과 같은 당시의 선구적인 지식인들은 서구나 일본 제국주의의 위험성과 공세적 민족주의의 발흥 가능성을 경계하며 베트남 사회를 행해 끊임없이 경종을 울렸다. 그러나 대다수의 베트남 민족주의자들은 이러한 '쓴소리꾼'들을 독립운동 조류에서 배제해 버렸다는 인상을 지울 수 없다. 20세기 초 베트남 지식인들에게 동아시아는 민족 생존을 위한 연대의 공간으로 크게 확장되었지만, 자민족의 이익을 위해서는 얼마든지 타민족의 이해관계를 도외시할 수 있다는 관념을 '근대적'으로 재생산해 낸 '우승열패(優勝劣敗)'의 냉엄한 공간이기도 했다.

21세기 초반을 살아가며 아시아를 둘러싼 화두(話頭)를 이따금씩 접하는 현재의 우리도 20세기 초반에 동아시아 지식인들이 보였던 '자타' 인식을 넘어 '자타불이(自他不二)'를 지향하며 행동하고 있는가를 진지하게 고민해 볼 시점이다. '타인'을 희생시키면서까지 '나'의 '욕망'을 추구하는 연대의 '빛'은 암울한 '그림자'일 뿐이다.

참고문헌

1897. "雜報" 독립신문(3월 13일).

1898. "雜報" 황성신문(皇城新聞)(12월 3·9일).

1899. "外報" 황성신문(5월 8일).

1899. "雜報" 황성신문(5월 27일).

1899. "雜報" 황성신문(6월 19일).

1899. "雜報" 황성신문(7월 7일).

김형종. 2001. "淸末 革命派의 '反滿'革命論과 '五族共和'論." 『중국근현대사연구』 12집, 1-20.

반패주(潘佩珠), 주시경 역. 1979. 한국학문헌연구소 편. 『월남망국사(越南亡國史)』(『역사·전기소설』, vol. 5). 서울: 아세아문화사.

유인선. 2002. 『새로 쓴 베트남의 역사』. 서울: 이산.

이진명. 2004. "쿠랑-유럽 한국학의 선구자-." 『한국사 시민강좌』 34, 42-53.

민태원. 1947. 『甲申政變과 金玉均』. 서울: 국제문화협회.

우형생(盱衡生). 1909. "讀越南史有感." 『대한매일신보(大韓每日申報)』(9월 9·11일).

유옥겸. 1907. 『中等外國地理』. 서울: 刊寫者未詳.

윤치호. 1971-1975. 『윤치호일기』, vol. 4. 국사편찬위원회

조소앙. 1992. 『遺芳集』(1933). 서울: 아세아문화사.

홍성윤(洪聖淵). 1908. 「國家 程度ᄂᆞᆫ 必自個人之自助品行」. 『대한학회월보』 제3호 (1908-04-25), 14-16.

Đào Nguyên Phổ. 1906. "Ty Đào Nguyên Phổ Túc Bẩm."(卑陶元溥肅稟). *Tân Văn Trích Lục*(新聞摘錄). Hà Nội: Viện Nghiên Cứu Hán Nôm, Vhv. 968.

Đông Kinh Nghĩa Thục(東京義塾). 1907a. *Văn Minh Tân Học Sách*(文明新學冊). Viện Nghiên Cứu Hán Nôm, A. 566.

Đông Kinh Nghĩa Thục. 1907b. *Văn Minh Tân Học Sách*. Viện Nghiên Cứu

Hán Nôm, A. 567.

Vũ Văn Sạch, Vũ Thịi Minh Hương, Philippe Papin, eds. 1997. *Văn Thơ Đông Kinh Nghĩa Thục*(東京義塾詩文). Hà Nội: Nhà Xuất Bản Văn Hóa.

Nguyễn Hiến Lê. 2002. *Đông Kinh Nghĩa Thục*. Hà Nội: Nhà Xuất Bản Văn Hóa Thông Tin.

Nguyễn Thượng Hiền(阮尙賢). 1925. *Nam Chi Tập*(南枝集). Viện Nghiên Cứu Hán Nôm, A. 2710.

Nguyễn Thuật(阮述). 1980. *Vãng Tân Nhật Kí*(往津日記), 陳荊和 編註. 香港中文大學 中國文化硏究所 史料叢刊(一), 中文大學出版社

Phan Bội Châu(潘佩珠). 1957. *Phan Bội Châu Niên Biểu*(潘佩珠年表). Hà Nội: Nhà Xuất Bản Văn Sử Địa.

Phan Bội Châu. 1990a. *Thiên hồ ! Đề ồ !* Chương Thâu biên tập. *Phan Bội Châu Toàn Tập*(판 보이 쩌우 전집, vol. 3). Huế: Nhà Xuất Bản Thuận Hóa.

Phan Bội Châu. 1990b. *Việt Nam Vong Quốc Sử*. Chương Thâu biên tập, *Phan Bội Châu Toàn Tập*(vol. 2).

Phan Bội Châu. 1990c. "Khuyến Quốc Dân Tư Trợ Du Học Văn."(勸國民資助遊學文) Chương Thâu biên tập, *Phan Bội Châu Toàn Tập*(vol. 2).

Phan Bội Châu. 1990d. *Hải Ngoại Huyết Thư*(海外血書). Chương Thâu biên tập, *Phan Bội Châu Toàn Tập*(vol. 2).

Phan Bội Châu. 1990e. *Tân Việt Nam*(新越南). Chương Thâu biên tập, *Phan Bội Châu Toàn Tập*(vol. 2).

Phan Bội Châu. 1990f. "Chân Tướng Quân."(호앙 호아 탐 전기) Chương Thâu biên tập, *Phan Bội Châu Toàn Tập*(vol. 3).

Phan Bội Châu. 1990g. *Việt Nam Quốc Sử Khảo*(越南國史攷). Chương Thâu biên tập, *Phan Bội Châu Toàn Tập*(vol. 2).

Phan Bội Châu. 1999. "自判". 內海三八郎. 『潘佩珠傳』. 東京: 芙蓉書房出版.

Phan Bội Châu. 2000. *Tân Việt Nam*. Truong Buu Lam ed., *Colonialism Experienced, Vietnamese Writings on Colonialism, 1900–1931*, 105–124. Ann Arbor: University of Michigan Press.

東亞同文會. 1898. “東亞同文會主意書.” 『淸議報』 第1册.

徐繼畬. 1866. 『瀛環志略』. 北京: 總理衙門, 第二版.

徐友春 編. 1991. 『民國人物大辭典』. 河北人民出版社.

梁啓超. 1916. 『飮冰室全集』, vol. 3. 北京: 中華書局.

雲南省歷史學會·雲南省中國近代史硏究會 編. 1991. 『雲南辛亥革命史』. 雲南大學出版社.

中國國民黨中央黨黨史史料編纂委員會 編. 1977. 『革命文獻』(卷2). 臺北. 「同盟會之國內外分會」, 「中國同盟會總章」, 「中國同盟會成立初期(乙巳丙午兩年)之會員名册」.

中國史學會 編. 1957. 『中法戰爭』, vol. 7. 上海: 人民出版社.

胡適. 1924. 『胡適文存』, 二集. 上海: 亞東圖書館.

1959 – 1962. 『アジア歷史事典』(10 vols). 東京: 平凡社.

『日本外務省文書』(한국 국회도서관 소재, 마이크로필름), MT 1.3.1.4(Reel 577), MT 3.10.2.13(Reel 773)

白石昌也. 1981. “東遊運動期のファン·ボイ·チャウ.” 永積昭 編. 『東南アジアの留學生と民族主義運動』, 229 – 310. 東京: 巖南堂書店.

白石昌也. 1993. 『ベトナム民族運動と日本·アジア』. 東京: 巖南堂書店.

嶋尾稔. 2015 – 2021. “近世ベトナムの日本町と日本人漂流民.” 慶應義塾大学言語文化研究所, 2015 – 2021, 1 – 19. http://user.keio.ac.jp/~shimao/Nhat%20Viet11.pdf(검색일: 2022. 09. 01)

AMAE(Archives du Ministère des Affaires Étrangères, 프랑스 외무성 문서)

Asie, vol. 2(dossier Immeubles, Ⅰ. Japon et Corée 1907 – 1917, Sous – dossier Séoul).

CCC(Correspondance Consulaire et Commerciale), Séoul, vol. 2.

NS(Nouvelle Série) Chine, vol. 8, vol. 28, vol. 32, vol. 37, vols. 42 – 43, vol. 91, vol. 100, vol. 124, vol. 200, vol. 204, vol. 209, vol. 582, vol. 612.

NS Corée; vol. 3, vol. 8, vol. 13, vol. 25, vol. 27, vol. 29.

NS Indochine, vol. 2, vol. 3, vols. 13 – 14, vols. 17 – 18, vol. 20, vols. 22 – 23, vol. 27.

PA(Papiers d'Agents), Beau, vol. 6.

AMEP(Archives des Missions Étrangères de Paris, 파리외방전교회 문서), vol. 581, vol. 710B, vol. 711C.

AOM(Archives d'Outre-Mer, 프랑스 식민지성 문서), GGI(Fonds du Gouvernement Général de l'Indochine), Série 7F 34, Carton 65514, *Agitation anti-française dans les pays annamites*, tome Ⅰ, dossier 21518, dossier 43933(Hanoi, le 16 mai 1906. Le gouverneur général de l'Indo-Chine), dossier 26752(Liste des périodiques chinois dont la circulation est interdite en Indochine).

ASME(*Annales de la Société des Missions Étrangères*), N° 52(juillet-août 1906), N° 3(septembre-octobre 1911).

『하노이제일국가문서고자료』, RST(Fonds de la Résidence Supérieure du Tonkin, 통킹주차관문서), dossier 36685(Arrivée à Hanoi des Jeunes Chinois pour Faire Leurs Études à l'École Pavie), dossier 38105(Hanoi, le 17 Avril 1905. Le Directeur de l'École Pavie au Chef du Service de l'Enseignement. Objet: Liste des élèves)

Bergère, M.-C. 1994. *Sun Yat-Sen*. Paris: Fayard.

Boudarel, Georges. 1968. *Mémoires de Phan Bôi Châu*.

Boudarel, Georges. 1981. "L'Extrême-gauche Asiatique et le Mouvement National Vietnamien(1905-1925)." Pierre Brocheux, éd.. *Histoire de l'Asie du Sud-Est: Révoltes, Réformes, Révolution*, 165-192. Paris: Presses Universitaires de Lille.

Centre d'Histoire et Civilisations de la Péninsule Indochinoise. 1983. *Introduction à la Connaissance de la Péninsule Indochinoise*. Paris: Imprimerie C. I. E.

Frédéric, Louis. 1996. *Le Japon, Dictionnaire et Civilisation*. Paris: Édition Robert Laffont S. A.

Gunn, Geoffrey C. 1988. *Laos-Political Struggles in Laos(1930-1954): Vietnamese Communist Power and the Lao Struggle for National Inde-*

pendence, Bangkok: Editions Duang Kamol, 1988.

Jansen, M. B. 1954. *The Japanese and Sun Yat-sen*. Harvard Univ. Press.

Nguyễn Thế Anh. 1992. *Monarchie et Fait Colonial au Việt-Nam(1875-1923)*. Paris: L'Harmattan.

Nguyễn Ái Quốc(NGUGEN-AI-QUAC). 1919. "L'Indochine et la Corée: Une Intéressante Comparaison." *Le Populaire*(04 Septembre).

Phạm Quỳnh. 1938. *Nouveaux Essais Franco-annamites*. Huế: Éditions Buy-Huy-Tin.

Tirard, Henri. 1914. "Le Réveil de l'Asie." *Courrier d'Haïphong*(17 Janvier).

Tran My-Van. 1999. "Japan through Vietnamese Eyes(1905-1945)." *Journal of Southeast Asian Studies* 30(1). 126-146.

Truong Buu Lam. 2000. *Colonialism Experienced, Vietnamese Writings on Colonialism, 1900-1931*. Ann Arbor: University of Michigan Press.

Youn, Dae-Yeong. 2007. "Les idées et les mouvements réformistes en Corée et au Việt Nam, 1897-1911: la tradition, le "nouveau savoir"(新學, sinhak ou tân học) à travers les "nouveaux écrits"(新書, sinseo ou tân thư), et leurs interactions," thèse pour l'obtention du diplôme de docteur de l'Université Paris VII, 23 mai 2007.

제6장

대동아공영권 경험과 식민주의 망각

홍종욱(서울대학교 인문학연구원)

I. 식민주의와 두 가지 아시아

한국이 세계 10위권 경제 대국으로 성장하면서 동남아시아, 인도까지 시야가 넓어지고 있다. 다만 중국, 일본과 관계는 역대 최악으로 평가된다. 특히 일본과는 강제동원 문제 등 과거사에 발목이 잡혀 몇 차례의 한류 붐도 빛이 바랬다. 아시아를 놓고 본다면 동남아시아가 새롭게 다가온 데 반해 전통적으로 교류가 깊었던 동북아시아에는 긴장이 감돌고 있다.

한일 관계가 안 풀리는 건 일본의 사죄와 배상이 충분하지 않은 탓이 크지만, 우리 스스로 과거의 불행과 비극을 이해하고 역사화하는 데 서툰 탓도 있다. 한국이 피해자, 일본이 가해자라는 생각은 있지만, 둘 사이의 비극이 그저 약육강식의 결과가 아니라 식민주의라는 역사적 현상 그것도 세계사적이고 근대적인 현상의 일환이라는 이해는 충분하지 않다. 우리 스스로 식민주의 망각 혹은 몰이해 상태에 놓여 있다.

일본의 한국 통치와 그에 대한 저항은 제국주의 열강의 아시아, 아프리카 식민 지배라는 세계사적 현상에 비추어 음미되어야 한다. 한국과 일본의 식민지 경험이 둘 사이의 감정적 대립으로 축소되면, 우리 스스로에 대해 열패감과 국수주의를 오가고 일본을 악마화하면서 뒤에서 동경하는 악무한에서 벗어나기 힘들다. 한일 관계가 식민지 경험에 대한 인류의 보편적 기억을 구성할 한 부분이라는 점을 이해한다면, 둘 사이의 과거를 둘러싼 대화는 21세기 세계사적 탈식민, 반식민주의를 위한 중요한 자원이 될 것이다.

일본의 한국 통치를 제국주의 열강의 식민 지배와 연결 짓는 키워드는 아시아다. 일본은 구미가 만들어 낸 아시아라는 공간을 전유하고 자신의 지배 아래 두려 했다. 그 시작은 한중일이 중심이 된 동북아시아였다. 일본은 구미 열강의 식민주의를 비판하고 한국 지배와 중국 침략을 아시아주의로 분칠했다. 한국에서 아시아주의는 병합 이전부터 한중일 삼국 연대론으로 나타났고, 만주국 수립 전후 아시아주의, 중일전쟁기 동아신질서 구상으로 이어졌다. 아시아주의는 식민주의를 감추는 독특한 식민주의였다.

이윽고 일본은 대동아공영권을 내걸고 동남아시아를 침략했다. 구미 열강의 아시아 지배라는 세계사의 한복판으로 뛰어든 것이다. 한국 사람들도 세계대전의 혼돈 속에서 일본이 그린 대동아공영권의 웅장한 구도를 보며 한국의 장래를 고민했다. 더욱이 적지 않은 한국 사람들도 일본에게 떠밀려 동남아시아까지 옮겨 갔다. 한국인의 대동아공영권 경험은 식민주의라는 세계사적 보편과 직접 대면하는 계기였다.

냉전은 한국 사회에 식민주의 망각을 부추겼고 동남아시아는 다시 뒤편으로 물러났다. 1955년 반둥회의라는 거대한 탈식민 흐름이 일었지만, 남한 정부는 냉전의 첨병답게 이를 거칠게 비판했다. 북한은 반둥회의에 우호적이었으나, 북한이 말한 중립과 탈식민은 냉전 진영론에서 자유롭지 않았다. 심지어 한국은 베트남 전쟁 파병에 이르렀다. 탈식민에 공감하기는커녕 냉전의 이름으로 자행된 식민주의 폭력에 가담한 것이다. 이러한 상황에서 나온 최인훈의 소설 『태풍』(1973)은 대동아공영권 경험을 되살려 식민주의를 기억하려는 시도였다.

마쓰우라 마사타카는 오늘날 동아시아 공동체 프로젝트에 드리워진 과거 일본의 동아신질서, 대동아공영권의 그림자를 지적한다. 그리고 눈앞의 정치경제 문제에 대처하려는 '기능주의'와 역사책임을 포함해 제국주의 비판을 버리지 않는 '역사주의'의 대립을 본다. 또한, 이는 동남아시아 연구자와 중국, 한국 관계를 우선시하는 사람들의 대립이기도 하다고 설명한다(松浦正孝, 2010: 27).

동북아시아와 동남아시아, 혹은 역사로서의 아시아와 시장으로서의 아시아라는 구도는 한국 사회의 아시아 인식을 설명하는 데도 참고가 된다. 중국, 일본과 갈등을 덮어둔 채 동남아시아로 눈을 돌리려는 경제 대국 한국의 행보는 식민주의와 아시아주의가 엉킨 동북아시아의 모순을 해결하지 못한 채 동남아시아 침략으로 내달은 과거 일본의 실패를 떠올리게 한다. 한국의 동남아시아에 대한 관심이 어설픈 제국주의에 그치지 않기 위해서라도 식민주의와 아시아 인식의 역사를 돌이켜 볼 필요가 있다.

II. 비식민화와 한국인의 저항

19세기가 제국의 시대라면 20세기는 비식민화(decolonization)의 시대였다.[1] 유럽의 아시아, 아프리카 진출은 대항해시대 이래 긴 역사를 지녔지만, 19세기 막바지에 이르자 정치적·제도적 식민지를 만들어 영역적 지배를 강화하는 방향으로 성격이 바뀌었다(에릭 홉스봄, 1998: 154-155). 그러나 식민화는 이미 비식민화의 방향을 내포하고 있었다. 효율적인 지배와 수탈을 위해 여러 식민

---

1 이 글에서는 'decolonization'의 번역어로 '비식민화'와 '탈식민'을 혼용했다. 식민지제국의 해체와 변용이라는 시대적 흐름을 가리킬 때는 '비식민화', 식민주의 혹은 후식민 상황을 극복하고자 하는 피식민자의 의지를 강하게 의식할 때는 '탈식민'을 사용했다. 참고로 유엔 공식 웹사이트 중국어판에서는 'decolonization'을 '非殖民化'(비식민화)로 번역한다(https://www.un.org/zh/global-issues/decolonization, 검색일: 2022.11.30). 일본의 유엔 홍보센터 웹사이트에서도 '非植民地化'(비식민지화)라는 용어를 사용한다(http://www.unic.or.jp, 검색일: 2022.11.30). 식민지 조선의 '비식민화'에 대해서는 홍종욱(2019)에서 발췌, 정리했다.

지에서 개발 정책을 실시했고, 산업의 발달과 교육의 보급은 민족의식의 자각으로 이어졌다.

제1차 세계대전은 결정적인 계기가 되었다. 제1차 세계대전은 노동자, 농민은 물론 식민지 인민까지 동원한 총력전이었다. 전쟁으로 각성된 민족의식은 민족운동의 분출로 이어졌다. 제국주의 열강 역시 비식민화 흐름에 눈감을 수 없었다. 미국 대통령 우드로 윌슨(Woodrow Wilson)이 민족자결 원칙을 밝힌 것은 유명하다. 1919년 파리강화회의를 거쳐 1920년에 발족한 국제연맹은 위임통치제도를 도입했다. 패전국 식민지를 재분할하기 위한 명목상의 조치였지만, 이를 계기로 적어도 새로운 식민지 획득은 논리적으로 부정된 셈이다.

1910년 한국은 일본의 식민지가 되었다. 1914년에 제1차 세계대전이 시작되고 이후 비식민화가 본격화한 것을 생각하면, 한국은 세계적인 식민화 흐름의 끝자락에 말려 들어간 셈이다. 일진회의 '한일합방' 청원에 보이듯 일본에 의한 한국병합에는 아시아주의가 동원되었다. 1911년 중국은 신해혁명으로 청의 지배를 끝내고 공화제를 수립했다. 일진회의 배후에 있던 일본의 대륙 낭인 우치다 료헤이(内田良平)는 신해혁명 지도자 쑨원(孫文)과도 관계가 깊었다. 한국병합과 신해혁명에는 공통적으로 일본의 아시아주의 그림자가 어른거렸다. '제국의 시대'가 끝나고 식민주의가 정통성을 잃은 시대에 뒤늦게 등장한 일본 제국은 아시아주의를 내걸었다(松浦正孝, 2010: 21).

파리강화회의가 열린 1919년 봄에서 초여름까지 한국의 3·1운동을 비롯하여 세계 각지에서 민족운동이 분출했다. 민족자결 원칙은 패전국 영토에만 적용되었다. 영국과 미국은 민족자결 원칙이 다른 식민지와 관계없다는 점을 거듭 강조했다(長田彰文, 2005: 78-94). 하지만 식민 통치가 지닌 내재적 모순에서 분출하는 비식민화 흐름을 틀어막을 수는 없었다.

비식민화는 점차 현실화되었다. 아일랜드는 독립전쟁을 벌인 끝에 1922년 영연방 자치령인 아일랜드자유국으로 거듭났다. 1919년 12월 인도에서는 극단적인 중앙집권적 통치체제를 대신하여 주정부에 상당한 권한을 부여하고 인도인의 정치 참여를 확대한 인도통치법이 시행되었다. 1922년 이집트는 영국의 보호령에서 벗어나 독립을 선언했다. 중국에 대해서도 워싱턴회의 결과, 산둥 권익을 중국에 반환하고 중국의 주권과 독립을 존중한다는 9개국 조약이 체결되었다. 미국 식민지인 필리핀은 1916년에 자치를 인정받았고, 1934년에는 10년 후 독립을 약속받았다.

3·1운동에 놀란 일본은 무단통치를 자기비판하고 '문화정치'를 표방했다. 총독 무관제 폐지, 헌병경찰제에서 보통경찰제로 이행, 지방의회 설치 등의 개혁이 이루어졌다. '문화정치'의 기만성을 지적할 수 있지만, 총독부 통치 방식이 크게 바뀐 것은 사실이다. '문화정치'는 비식민화의 한국적 표현이었다. 부분적으로 열린 정치 공간에서 일본 본국 정부, 조선총독부, 재조선 일본인, 그리고 여러 조선인 세력이 비식민화의 방향을 둘러싸고 각축했다. 1919년 10월 총독부 경찰은 '민심 동향'을 '자치파', '동화파', '독립파' 셋으로 나누어 분석했다(姜德相 編, 1966: 522-523).

동화는 민원식이 이끈 국민협회의 참정권 요구 운동이 대표적이다. 국민협회는 일본 의회에 '중의원 선거를 조선에 시행할 건'이라는 청원을 계속 제출했다. 자치는 동아일보가 중심에 있었다. 이광수와 송진우는 총독부 측과 접촉하면서 암묵적으로 자치론을 주장하는 논설을 게재했다. 독립은 무엇보다 3·1운동 자체가 거대한 독립운동이었다. 1925년에 결성된 조선공산당은 비합법 조직으로서 검거와 재건을 거듭했다. 1927년에 사회주의자와 민족주의자가 연대해 결성한 신간회는 합법과 정치의 임계에 육박하는 활동을 벌였다.

독립, 동화, 자치 모두 1910년대 무단통치 즉 19세기적 식민 통치의 불가능성을 전제로 비식민화의 방향을 놓고 각축했다. 독립, 동화, 자치를 비식민화라는 하나의 지평에서 파악할 때 식민지제국의 해체와 변용이라는 세계사적 흐름 속에서 피식민자 한국인의 저항과 식민자 일본의 대응을 이해할 수 있다.

초기 사회주의 운동에 커다란 족적을 남기고 1920-30년대에 신문과 잡지에 활발하게 시평을 투고한 김명식은 1920-30년대 식민지 조선 사회의 변화를 '비식민지화'라는 개념으로 파악했다. 그는 "기미운동(3·1운동－인용자) 이후 조선의 비식민지화는 경무 제일주의가 산업 제일주의로 바뀌는 과정에서 제1기가 진행되고, 이른바 지방의회 조직 과정에서 제2기가 진행되고, 그 제3기 즉 완성기는 중앙의회 조직 과정이 될 것"(김명식, 1932: 3)이라고 분석했다. '비식민지화'의 중요한 근거로 든 것은 조선 사회에서 자본주의 경제 확립이었다.

김명식은 비식민화에 대해 비판적이었다. 식민지의 산업화와 일정한 정치적 자유의 허용은 일부 부르주아지를 제외한 조선인 전체에게 아무런 도움이 되지 않는다고 보았기 때문이다. 김명식(1932: 4-7)은 '비식민지화'의 전전에 의해 "대립자와 대립의 사실까지도 몰각하게 되어버릴 것"에 가장 큰 위험이 숨겨져 있다고 직시했다. 김명식은 조선 산업과 문화의 독자적인 발전을 지향했다. 1920년대 후반에서 1930년대 초반에 걸쳐 조선에서는 사회운동이 급격하게 고양되었다. 노동쟁의, 소작쟁의가 잇달아 일어나는 가운데 한 해에 수천 명이 치안유지법으로 검거되던 상황이었다. 김명식은 이와 같은 민중의 힘을 바탕으로 한 산업과 문화의 발전을 구상한 것이다.

1932년 만주국 수립은 일본 제국이 새로운 통치 방식을 채택했음을 보여줬다. 1931년 시작된 만주 침략의 결과로 손에 넣은 지역을 타이완이나 조선처럼 식민지로 삼는 대신 형식적이나마 독립국으로 만든 것이다. 피터 두스(Peter Duus)는 제1차 세계대전 이후 대동아공영권에 이르는 일본 제국의 역사를 내셔널리즘 조작에 의해 제국 유지를 꾀한 점에 주목하여 '식민지 없는 제국주의'라고 분석한 바 있다(ピーター・ドウス, 1992). 만주국은 '오족협화'와 '왕도낙토'를 내걸었다. 아시아주의와 결합한 일본 나름의 비식민화의 길이었다.

식민지 조선에도 아시아주의가 고개를 들었다. '조선통'으로 불린 일본군 장교 가네코 데이이치(金子定一)의 주도로 1934년 '대아세아협회'가 성립했다. 한국인 가운데도 대표적인 친일 명망가뿐만 아니라 여운형, 송진우 등이 '상담역'으로 이름을 올렸다(이형식, 2017). 후일 다케우치 요시미(竹内好)는 다루이 도키치(樽井藤吉)의 '대동합방론'과 만주국의 관계를 논하면서, "'만주국'

건국은 조선의 독립과 상관적이어야 했다"고 주장한 바 있다(다케우치 요시미, 2011). 다만 일본의 아시아주의는 식민주의를 호도하고 대륙침략을 정당화할 뿐이었다. 일본이 주도하는 아시아에서 식민지라는 조선의 지위는 변함이 없었다.

III. 동아 신질서와 식민지/근대 초극론

1937년 7월 중일전쟁이 발발했다. 서전에서 일본은 파죽지세로 중국을 몰아붙였다. 다만 1938년 10월 우한(武漢)과 광둥(廣東)을 점령한 뒤에도 중국 국민정부가 철저 항전을 고수하자 전선이 교착되었다. 이에 일본 정부는 이른바 '동아신질서' 성명을 발표했다. 중국의 민족주의를 인정하고 일본, 만주국, 중국을 아우르는 일종의 연방제 국가 건설을 제안하는 내용이었다. 일본 사회에서는 동아협동체론, 동아연맹론 등이 크게 유행했다.

장제스(蔣介石, 1941)는 동아신질서 구상을 비판했다. "우리는 조선이 아직 병탄되기 이전에 일본인이 일한 일체 혹은 일한 불가분 등의 어조로써 조선 인민을 현혹시켰던 사실을 상기한다."며, 지금 일본이 '일만지 불가분'이나 '동아협동체'를 말하지만, "이는 결국 '중일 합병'이며 즉 중국의 일본에 대한 전반적 귀속이며 또한 '일본 대륙 제국'의 완성이기도 하다."고 일축했다. 식민지라는 조선의 처지에 변화가 없는 한 동아신질서 구상은 진정성을 의심받을 수밖에 없었다. 장제스는 일본의 아시아주의에 숨겨진 식민주의를 간파한 것이다.

한편 1939-40년 식민지 조선의 신문과 잡지에는 동아협동체론에 대한 기대를 표명하면서 협동체의 원리를 중국만이 아니라 조선과의 관계에도 도입할 것을 주장하는 글들이 다수 실렸다. 일본의 비판적 지식인 사이에는 '전시변혁'에 대한 기대 속에 정부에 참여하는 이들이 등장했다. 효율적인 전쟁 수행을 위해서라도 혁신 정책이 필요할 것이라는 논리였다. 총력전 체제 구축을 위해 제국 중심부에서 계급 화해가 필요했다면 식민지제국 차원에서는 민족협화가 절실했다. 식민지 조선의 전향 지식인은 아시아주의에 담긴 식민주의 비판, 비식민화의 가능성에 기대를 건 것이다.

내선일체와 동아협동체가 이야기될 즈음 식민지 조선에서는 사회주의자의 대량 전향이 일어났다. 전향 논리의 두 축은 통제경제론과 민족협화론이었다. '비식민지화'라는 개념으로 식민지 조선의 변화를 비판하던 김명식은 중일전쟁 발발 이후 태도의 변화를 보였다. 김명식은 통제경제의 강화와 조선 경제의 독립성 확보가 중요하다며 조선에도 일본의 기획원과 같은 기관을 설치할 것을 주장했다(김명식, 1939b: 68). 또한 '국민정신총동원조선연맹'을 인도의 '콩그레스', 즉 간디가 이끄는 국민회의와 같은 조직으로 삼을 것을 주장했다(김명식, 1939b: 64). 나아가 '헌법 정치의 준비시설'(김명식, 1939a: 49) 혹은 '조선 특수' 헌법의 시행(김명식, 1940: 310) 등을 언급했다. 김명식의 주장은 조선을 '특수(경제)단위'(김명식, 1939c: 34)로 만들어 '신동아연방'(김명식, 1939d)에 적극적으로 참여해야 한다는 일종의 자치론이었다.

중일전쟁기 식민지 조선의 문학자, 철학자, 역사가들은 비인간적 자본주의와 폭력적 제국주의를 낳은 서양 중심의 근대 사회를 비판하는 역사철학을 전개했다. 태평양 전쟁기 일본 지식인의 근대 초극론을 방불케 하는 논리였다. 조선 지식인은 일본 지식인의 근대 비판, 아시아주의가 과연 식민주의를 넘어설 의지를 지녔는가를 물었다(홍종욱, 2017a). 일본의 근대 초극론은 공허한 아시아적 원리를 읊조리며 일본 정부의 식민 지배와 전쟁 수행을 정당화하는 논리로 전락한 면이 있다. 이에 반해 조선 지식인은 일본의 아시아주의가 식민주의를 호도하는 측면을 지적함으로써 식민지=근대 초극을 지향했다고 평가할 수 있다.

마쓰우라 마사타카는 일본의 "'동아협동체론'자 등의 학술적 '아시아주의자'"는 구미로부터의 사상 수입이나 고매한 사상의 내재적 분석을 행했지만, 결국 군이나 '여론' 동향을 변증하고 유도하는 역할을 하는 데 그쳤다고 비판했다. 그 대신 마쓰우라가 주목한 것은 소박하고 비논리적이지만 서민의 정서를 대변하여 실질적인 영향력을 보인 범아시아주의 이데올로기였다(松浦正孝,

2010: 22). 일본 서민의 이데올로기가 범아시아주의였다면 조선 사람의 이데올로기는 무엇이었을까. 조선 사람의 이데올로기는 독립을 궁극적인 목표로 놓은 조선, 조선인의 지위 향상이었다.

해외에서는 독립운동이 벌어졌고 국내에도 비밀결사 활동이 끈질기게 이어졌다. 합법 공간에서는 김명식과 같은 전향 지식인들이 조선, 조선인의 지위 향상을 주장했다. 일본 관헌의 보고서에 따르면 지방 도부회(道府會)에서 조선인 의원이 "현재의 도회(道會)는 인도와 같이 결의기관으로 해야 한다", "조선의 자치제를 철저하게 하여 외교·군사에 관한 권한은 중앙에 맡기지만 정치는 조선으로서 독립적으로 이루어야 한다"(韓國歷史硏究會 編. 1992b: 715-716)는 등 자치론을 전개했다. 조선인 유력자 사이에서는 조선인 특별 지원병령 등을 의식하면서 참정권을 요구하는 목소리도 높아졌다(韓國歷史硏究會 編. 1992a: 113-114). 전쟁 협력의 대가로서 지위 향상을 노리는 조선인 측의 자세가 엿보인다.

IV. 대동아공영권과 탈식민의 길항

1940년 4월 일본 정부가 밝힌 '대외시책'은 '동아신질서'에 '남양'을 포함하는 발상을 비쳤다(허영란, 2022: 131). 같은 해 8월 일본 외무대신 마쓰오카 요스케(松岡洋右)의 기자회견에서 '대동아공영권'이라는 표현이 처음 등장했다(矢野暢, 2009: 115). 유럽에서는 그해 6월에 나치스 독일에게 프랑스 파리가 함락되었다. 이어 9월에는 일독이 삼국동맹이 체결되었다. 같은 9월 일본은 북부 베트남에 그리고 이듬해 1941년 7월에는 남부 베트남에 진주했다. 대동아공영권 구상은 제2차 세계대전의 전황과 연동하면서 전개되었다.

1940년에서 41년에 걸친 일본의 '남진' 정책은 중국 전선의 교착과 동아신질서 구상의 모순을 해결하지 못한 상태에서 추진되었다. 전쟁을 위해 자원이 필요하다는 발상에서 나온 임기응변의 대응책에 지나지 않았다(矢野暢,

2009: 110-118). 1941년 12월 진주만 공격으로 태평양전쟁이 발발했다. 일본이 전쟁목적으로 '아시아 해방'을 내건 것은 패색이 짙어진 1944년 이후였다(松浦正孝, 2010: 12). 대동아공영권은 거창한 구상이나 계획이 없는 공허한 개념이자 임기응변의 연속이었다(矢野暢, 2009: 114-116).

식민지 조선에서는 1940년에 창씨개명이 강제되고 한글 신문인 동아일보와 조선일보가 폐간된 데 이어, 1942년에는 조선어학회 사건이 일어났다. 통제경제론과 민족협화론을 고리로 조선 지식인의 협력을 끌어내던 독특한 사상공간인 중일전쟁기는 막을 내렸다. 동아협동체론과 내선일체론은 식민지적 차별의 존재와 과연 그것이 극복될 수 있는지를 공공연하게 묻는 계기였다. 장용경은 이를 "내선일체론을 통한 식민적 관계의 형성"이라고 부른 바 있다(장용경, 2003).

일본이 동남아시아를 침략하고 대동아공영권 구상을 전개하면서 한국인은 식민화와 비식민화에 더욱 자각적이게 되었다. 근대 유럽의 아메리카, 아프리카, 아시아 지배를 통해 세계사가 형성되었다. 세계사 즉 근대사는 식민주의 역사에 다름 아니었다. 한국은 일본의 식민지였지만 보통의 한국인은 자신이 세계사의 한 축을 이루는 식민지라는 사실에 자각적이지 않았다. 이러한 가운데 등장한 대동아공영권 구상과 일본의 동남아시아 침략은 구미 열강의 아시아 지배라는 세계사의 한복판으로 한국인을 이끌었다.

1941년 10월 이인을 찾아온 이극로는 "고것들이(倭政) 이제는 反省해야지… 그래야 우리 일이 便할 것이고 고것들의 殘命이나마 붙어 있을 것인데"라고 말했다. 일본이 '반성'할 수밖에 없는 상황이라는 인식이었다. 이어 "「고것들이 所謂 大東亞共榮圈을 참말로 만들자면 이것을」 하고 앉은자리를 손까락으로 찍으면서(槿域이란 의미) 「그만 抛棄하여야지 그렇지 아니하면 萬年 가도 두통이지(후략)」"라고 말했다. 대동아공영권 구상을 한국 독립의 기회로 받아들인 것이다(이인, 1961: 41-42).[2]

---

2 이인에 대해서는 홍종욱(2017b) 참조

국제 정세에 관심이 높았을 재외 조선인 사이에도 대동아공영권 구상을 계기로 독립에 대한 기대가 분출했다. 1943년에 버마, 필리핀의 독립이 승인될 즈음 일본 관헌이 조사한 재만 조선인의 반응은 '남방의 미개한 원주민'에게 독립을 부여한 이상 조선에도 독립을 달라는 것이었다. '남방 민족'에게 독립을 허용하면서 '북방 민족'인 조선이나 몽골에 대한 언급이 없다는 불만도 있었다. 재일 조선인 사이에도 "조선보다도 문화가 낙후된 버마마저도 독립한 이때에 조선독립을 외치면 된다."는 반응이 확인된다. 교토제대 학생이던 송몽규는 후일 대동아회의에 참여하는 찬드라 보스의 인도 독립운동에 대해 윤동주와 토론하고, 강화조약이 체결될 때 조선 독립을 내걸어야 한다고 밝혔다(이형식, 2018: 95-96).

전시체제기 민중의 반일, 염전 의식은 유언비어, 불온 낙서 등을 통해 광범위하게 확인된다(변은진, 2013). 일본의 식민 통치는 저변에서부터 흔들리고 있었다. 당시 검찰 기록에 의하면 '사상' 사건의 범위가 민족주의와 공산주의에서 반일 언동 전반으로 확대되었다(정병욱, 2015). 조선총독부 관리들의 인식에서는 초조해하는 지배자의 '내면'이 드러났다(高等法院 檢事局, 2021).[3] 징병제 실시가 예고되면서 참정권을 요구하는 목소리도 높아졌다. 피의 대가로 정치 참여 권리를 요구한 것이다. 일본으로서는 독립이든 동화든 식민지라는 처지를 거부하는 한국인의 비식민화 요구에 직면하게 된 셈이다.

일본 수상 고이소 구니아키(小磯國昭)는 1944년 9월 인도네시아의 독립 부여와 조선, 대만의 처우에 관한 성명(이른바 '고이소 성명')을 발표했다. 대동아공영권의 동향과 조선의 지위가 연동하는 정황이 엿보인다. 인도네시아 독립이 예고되자 조선 독립론은 더욱 거세졌다. 이를 회피하기 위해 1945년 4월 조선에서 귀족원 의원이 임명되었고 중의원 선거를 실시하기 위한 법 개정이 이루어졌다. 뒤늦은 비식민화가 동화라는 방향으로 구체화된 것이다. 다만 일본이 패전함으로써 조선에서 중의원 선거는 열리지 않았다(이형식, 2018: 104-

3 조선검찰요보 분석은 장신(2001) 참조

107).

대동아공영권을 지탱한 일본인의 이데올로기가 범아시아주의였다면, 한국인은 아시아주의의 근대 비판, 식민주의 비판 측면에 기대를 걸고 식민지 처지에서 벗어나려는 의지를 버리지 않았다. 식민주의가 온존하는 대동아공영권이라는 거짓 비식민화로는 한국민의 탈식민 의지를 누를 수 없었다.

V. 대동아공영권과 한국의 결락

대동아공영권에 담긴 아시아주의와 식민주의의 모순을 체현한 존재가 바로 한국인 포로감시원이었다. 1942년 5월 식민지 조선에서는 동남아시아의 연합군 포로수용소에서 감시원으로 일할 한국인 청년 모집이 시작되었다(『매일신보』 1942/05/23). '모집' 형태를 취했으나 조선총독부가 각 지역에 인원을 할당하여 면서기와 순사를 앞세워 동원하는 등 강제성이 짙었다. 포로감시원의 수기에 따르면 많은 청년이 징병을 기피하기 위해 지원을 했다고 한다(조건, 2011: 1). 선발된 인원은 6월부터 2개월간 부산에서 군사 훈련을 받은 뒤 8월부터 포로수용소에 배치되었다. 전체 3,023명 가운데 대부분이 인도네시아, 태국, 말레이시아에 설치된 연합군 포로수용소에 감시원으로 일했다.

조선인 포로감시원은 일본군과 연합군 포로 사이에서 피해자이자 가해자 역할을 떠맡았다. 이는 처음부터 예견된 것이었다. 모집을 알리는 신문 기사에 함께 실린 조선총독부 '정보과 발표'는, 한국인에게 포로감시원 임무가 맡겨진 것은 "황국신민으로서의 자질이 여실히 인정된 결과"라며 '오만불손'한 '미영인 부로(俘虜)'를 지도하는 역할을 요구했다(조건, 2011: 54). 한국인 포로감시원은 스스로 피식민자이면서 식민자 일본을 대신해 구미 열강의 아시아 지배에 맞서기를 요구받은 모순적 존재였다.

일본에 저항하는 움직임도 있었다. 인도네시아에서 포로감시원으로 일하던 한국인 청년 몇 명은 1944년 12월 고려독립청년당을 결성하고 이듬해 1

월에는 무장반란을 일으켰다(김인덕, 2008). 그러나 대부분은 일본이 요구한 모순적 임무를 다할 수밖에 없었다. 종전 후에는 더 큰 불행이 기다렸다. 연합군 포로에게 가해자로 지목받은 이들이 국제전범재판에 부쳐진 것이다. 포로감시원들은 피식민자로서 강제 동원된 것뿐이라고 호소했지만, 결국 일본이 저지른 전쟁 책임을 전가 당했다. 모두 129명이 B·C급 전범으로 확정되어 12명은 사형을 당했고 나머지는 길게는 10년 정도 감옥에 갇혔다(조건, 2011: 35).

대동아공영권의 모순을 더 극적으로 재현한 이들도 있다. 인도네시아에서 포로감시원으로 일한 양칠성은 1945년 이후 현지에 남아 일본인 동료들과 함께 네덜란드의 재점령에 저항하는 인도네시아 독립군에 가담하여 활동했다. 그러던 중 1948년 11월 네덜란드 군에 체포되어 1949년 8월 주민들 앞에서 총살되었다. 아시아주의에 공명하여 구미 열강의 아시아 지배에 맞서 반식민주의 투쟁을 전개한 그를 인도네시아 정부는 독립 영웅으로 삼았다. 양칠성은 사형 직전 일본인 동료들과 '천황폐하 만세'를 외쳤다고 전해진다(무라이 요시노리 외, 2012). 아시아주의가 식민주의를 가리는 모순의 현장이었다.

1943년 5월 일본 정부가 결정한 「대동아 정략 지도 대강」을 통해 대동아공영권의 구조와 질서를 엿볼 수 있다. 지도국은 일본(조선, 대만 포함)이었고, 영령 말라야와 네덜란드령 인도네시아는 직할령이었다. 다음으로 독립국 및 독립보호국으로 만주국, 중화민국, 타이, 버마, 필리핀이 있었고, 권외국의 주권 아래 있는 식민지(프랑스령 인도차이나, 포르투갈령 티모르)도 포함되었다(허영란, 2022: 139-140).

1943년 11월에는 일본, 만주국, 중화민국, 타이, 버마, 필리핀이 참가한 가운데 역사상 최초로 유색인종만이 모인 정상회의인 '대동아회의'가 열렸다(김정현, 1994: 74). 이 회의는 '대동아 공동선언'을 채택했다. 1941년 8월에 루즈벨트와 처칠이 발표한 '대서양헌장'(1941.8.)을 의식하면서 인종 차별 철폐 등을 더한 내용이었다. 일본은 전세가 불리해지면서 여러 민족의 독립을 승인함으로써 협력을 끌어내려고 했다. 1943년에 버마, 필리핀, 그리고 1945년 종전 직전에는 캄보디아, 라오스, 인도네시아의 독립을 승인했다(松浦正孝, 2010: 1).

대동아공영권은 식민지제국의 해체와 변용이라는 세계사적 흐름을 의식한 일본 나름의 비식민화 전략이었다. 대동아공영권은 인종 차별 철폐를 내걸고 구미 제국주의를 비판했지만, 그 자신도 식민주의를 짙게 띠었다. 네덜란드를 상대로 독립운동을 펼치던 인도네시아의 수카르노는 일본을 해방군으로 환영했다. 그러나 애초 약속했던 독립이 늦어지자 일본에 실망하지 않을 수 없었다.

비식민화를 내건 대동아공영권의 식민주의라는 모순이 집중된 곳은 바로 조선이었다. 조선은 일본에 가려져 대동아공영권의 구도 어디에도 존재가 드러나지 않았다. 조선이 식민지로 남아 있는 한, 대동아공영권의 비식민화는 거짓일 수밖에 없었다. 일본인이면서 동시에 식민지인이었던 조선인에게 '대동아공영'이라는 구상은 '동화'를 향한 이상과 '차별'이 엄연한 현실이 끝없이 충돌하는 허상의 세계였다(허영란, 2022: 128).

야스쿠니 신사의 전쟁박물관인 유슈칸(遊就館)의 마지막 전시는 '제2차 세계대전 후의 각국 독립'이라는 패널이다. 아시아를 중심으로 한 세계 지도에 1945년 이후 독립한 나라에 대해 독립 시기에 따라 여러 색깔로 표시하고 독립 연도를 적었다. 지도 아래쪽에는 나라 이름과 국기 일람과 함께 "아시아 민족 독립이 현실이 된 것은 대동아전쟁 서전의 일본군에 의한 식민지 권력 타도 이후였다. 일본군 점령 하에서 일단 타오른 불꽃은 일본이 져도 꺼지지 않고 독립전쟁 등을 거쳐 민족국가가 잇달아 탄생했다."는 설명이 있다.

이 패널에 한반도에는 남과 북에 '대한민국 성립: 1948년', '조선민주주의인민공화국 성립: 1948년'이라고 각각 적혀 있다. '독립'이 아니라 '성립'이고 다른 아시아 국가와 달리 색깔도 없다. 물론 지도 아래쪽에 남북한의 이름과 국기도 없다. 페리 함대 내습(來襲)에서 시작하여 태평양전쟁으로 이어지는 야스쿠니 신사 유슈칸의 역사 인식에서 한국은 불편한 존재다. 한국의 저항, 혹은 존재 그 자체는 일본의 아시아주의가 지닌 식민주의적 성격을 드러낼 수밖에 없다. 동아신질서에서도 대동아공영권에서도 일본이 그린 아시아에 한국이 결락된 이유다.

구미의 시선에서도 한국은 아시아가 아니었다. 1943년 카이로 선언에서 한국은 독립을 보장받았다. 이 선언에서 한국은 '아시아=식민지'가 아니었다. 다른 '아시아=식민지'는 구미 열강이 일본에게서 돌려받는 것으로 상정된 데 반해, 한국은 식민지라기보다 '노예 상태'이므로 독립이 보장되었다. 카이로 선언이 발표된 직후 일본 외무대신 시게미쓰가, 동 선언이 만주, 대만, 조선을 언급하면서, 구미 열강의 식민지인 홍콩, 말레시아, 인도, 필리핀, 기타 지역을 언급하지 않은 모순을 지적한 것은 틀린 말은 아니었다(이형식, 2018: 101).

VI. 식민주의 망각과 아(亞)제국주의

한국은 일본의 식민지였다. 다만 식민주의는 여러 측면에서 은폐되었다. 일본은 구미 열강의 아시아, 아프리카 지배를 식민주의라고 비판함으로써 자신의 식민 지배는 감추고자 했다. 일본 천황이 한국병합에 임해 발표한 조서는 전 한국 황제를 왕으로 책(冊)한다는 조공 체제적 유비를 차용했다(『朝鮮總督府官報』 1910/08/29). 일본 정부는 식민지라는 말 대신 외지라는 애매한 표현으로 식민 지배라는 현실을 가리려고 했다.

한국인 가운데도 자신의 처지를 식민지라고 받아들이지 않는 경우가 많았다. 1922년 『동아일보』 「횡설수설」에는 "일본 정부에서는 조선에 대하여 반드시 '식민지'라는 관사를 씌우는 것이 과연 남양의 토인도(土人島)나 화태(華太)의 불모지와 동일한 것은 누구라도 숙지하는 바이거니와(중략) 조선이 식민지인지 그까지 이유는 듣고 싶지 않지만 하여간 우스운 일이다."라는 기술이 보인다(『동아일보』 1922/01/07). 한국 사회에 대한 자존감에서 나온 언술이겠지만, 식민주의를 감추려는 일본의 의도에 이용될 소지가 있었다.

식민주의를 더욱 복잡하게 만든 것은 아시아주의였다. 일본은 아시아주의를 이용해 한국 식민 지배와 중국 침략을 가렸다. 그러나, 아시아주의는 구미의 아시아 식민 지배를 축으로 삼은 근대 세계사에 대한 비판이기도 했다.

아시아는 식민지를 가리면서 또 드러내는 복잡한 표상이었다. 일본의 아시아주의는 식민주의가 온존하는 기만적인 비식민화 전략이었다. 중일전쟁기 극에 달한 내선일체론과 동아협동체론은 한국과 일본의 식민적 관계라는 현실을 드러냈다. 나아가 일본의 동남아 침략과 대동아공영권 구상은 세계사적 식민화, 비식민화 흐름 속에서 일본의 한국 통치를 사고하는 계기가 되었다.

일본의 패전으로 한국은 독립을 되찾았다. 카이로 선언에서 보이듯 구미의 식민지가 아니라 같은 아시아 국가인 일본의 식민지였다는 점이 다른 아시아 국가와 한국의 운명을 갈랐다. 한국인의 탈식민 열망은 신탁통치 반대로 분출했다. 그러나 냉전이 심화되면서 아시아라는 공간은 의미를 잃었고 식민지 경험도 뒤편으로 밀려났다. 국제 냉전의 모순이 폭발한 6·25 전쟁으로 이러한 경향은 고착되었다.

1955년 인도네시아에서 열린 반둥회의는 세계적인 비식민화 흐름과 아시아·아프리카 나라들의 탈식민 의지를 상징했다. 6·25 전쟁에서 국제 냉전의 첨병 역할을 떠맡았던 남한 정부는 반둥회의를 비판했다. 갈홍기(葛弘基) 공보실장은 반둥회의를 "共産陣營과의 共存을 摸索하는 또 하나의 無謀한 企圖"라고 비판하고 "우리 政府는 共存思想이나 또는 宥和政策에 支配되는 如何한 會議에도 參席하지 않을 것"이라고 천명했다(『東亞日報』 1955/04/25).[4] 북한의 김일성은 반둥회의가 "식민주의를 반대하여 공고한 평화를 지향하는 수억만 아세아, 아프리카 인민들의 일치한 념원을 표명"했다고 평가했다(편집부, 1988: 81). 다만 북한의 태도 역시 냉전의 진영론적 시각에서 벗어나지 못했다.

반둥회의에 초청받지 못한 남북한과 달리 일본은 회의에 참가했다. 1955년 열린 반둥회의는 유색인종만이 모인 첫 정상회의라고 불렸지만, 이는 1943년의 대동아회의를 무시한 언사다. 반둥회의 당시 일본 외무대신은 시게미쓰 마모루(重光葵)였다. 시게미쓰는 대동아회의 당시 외무대신이기도 했다. 일본의 반둥회의 참가는 대동아공영권의 기억 위에서 이루어졌다. 2015년 반둥회

4 남북한의 반둥회의 인식에 대해서는 홍종욱(2018) 참조.

의 60주년 기념식에서 당시 일본 수상 아베 신조는 연설을 통해 "전후에 일본의 국제사회 복귀를 지원해 준 것은 아시아, 아프리카의 친구들이었다"고 밝혔다.[5]

1965년 한일기본조약 체결과 거의 동시에 한국군 베트남 파병이 결정되었다. 한일 경제협력과 베트남 파병은 1960~70년대 한국의 고도성장을 이끈 두 가지 축이었다. 경제 발전을 위해 식민 지배에 대한 사죄 없는 일본의 자본과 기술을 받아들여야 했다. 베트남에서 한국은 냉전의 첨병으로서 같은 피식민 경험을 가진 아시아인을 살상하는 극단적인 처지에 놓였다. 조국 근대화를 위해 식민지 경험, 아시아 감각은 돌아볼 겨를이 없었다.

소설가 최인훈은 한국이 잊어버린 식민지 경험과 아시아라는 감각을 물었다. 『두만강』(1970)은 최인훈 자신의 유년 시절 경험에 기반해 전시체제 아래 식민지 H읍의 일상을 재현했다. 식민지 조선을 억압과 수탈의 공간이 아니라, 식민자와 피식민자가 갈등 속에서 일상을 공유하는 공간으로 형상화한 것이다. 프롤로그에는 "침략자와 피침략자 사이에 가장 悲劇的인 시기는 (중략) 피침략자가 침략자의 언어로 조석(朝夕) 인사말을 하게 되는 때"라는 말이 나온다. "대립자와 대립의 사실까지도 몰각"하는 것이 비식민화의 가장 큰 위험이라는 김명식의 언급과 겹친다.

소설 『태풍』(1973)은 나파유(napaj, 일본)의 애로크(aerok, 한국) 식민 지배를 배경으로 한 대체 역사다. 애로크가 식민지가 된 후 성장한 오토메나크(otomenak, 가네모토=金本)는 나파유 장교로 니브리타(영국/네덜란드)의 지배를 받던 아니세노딘(인도네시아)에 진주한다. 오토메나크는 카르노스(수카르노)와 소통하면서 피식민 주체로서 스스로를 발견하고 나파유와 애로크의 관계를 규정하는 논리이자 전쟁의 논리였던 아시아주의에 대해 고민하게 된다(장문석, 2017). 한국의 식민화와 비식민화 경험을 환기하는 공간으로서 동남아시아를

5 일본 외무성 웹사이트(https://www.mofa.go.jp/mofaj/a_o/rp/page3_001191.html, 검색일: 2022. 11. 30).

소환한 놀라운 작품이다.

1990년대 탈냉전이 본격화했다. 민주화된 한국과 대만, 천안문 사건으로 주춤하면서도 개혁개방 정책을 지속한 중국이, 냉전 시기 아시아와 식민지의 기억을 보존하고 있던 일본과 만났다. 2000년대 한중일의 폭발적 교류가 이루어진다. 수백만 명이 상호 방문하고 문화 교류, 학술 교류가 이어졌다. 한국에서는 동아시아 담론이 제기되어 탈냉전과 아시아의 귀환을 설명했다. 냉전 시기 억눌려 있던 식민지 경험도 되살아났다. 한국과 중국에 대한 일본의 전쟁 책임, 식민 지배 책임 문제가 본격적으로 제기되었다. 논의의 지리적, 논리적 중심은 일본이었다. 식민지 경험을 둘러싼 논의는 구 제국의 중심성을 강화하는 형태로 드러났다.

일본 정부와 사회는 뒤늦게 찾아온 비제국화, 비식민화라는 관점에서 한국, 중국과 관계를 다뤘다. 그런데 과연 한국, 한국인은 한일 관계가 제국주의 열강의 아시아, 아프리카 식민 지배라는 세계사적 현상의 일환이라는 것을 자각하고 있었는지 의문이다. 이정훈은 "분단체제론과 긴밀히 맞물린 동아시아론의 제기가 한반도를 중심에 두는 민족주의적 입장에서 출발하여 동아시아 담론의 긴요성을 먼저 인식했으면서도 선뜻 민족주의를 넘어선 지역주의로 나아가지 못한 데에는 한국 근대경험의 특수성이 개재되어 있다."(이정훈, 2009)고 보았다. 민족주의와 지역주의를 양립시키기 위해서는 식민주의라는 세계사적 보편성에 대한 자각이 필요하다.

북핵 위기가 심화되고 중국이 사회주의 초강대국으로 대두하면서 탈냉전, 탈식민의 흐름도 주춤하고 있다. 그러한 가운데 세계 경제 대국으로 성장한 한국은 동남아시아, 인도를 시야에 넣기 시작했다. 동북아시아가 과거와 현재라면 동남아시아는 미래라는 기대감이 존재한다. 역사로서의 아시아를 미해결인 채 놓아두고 시장으로서의 아시아로 달려가려는 욕망이 엿보인다. 동아신질서의 모순에 눈감은 채 대동아공영권으로 달려간 일본의 실패를 떠올리게 된다.

허영란은 한국 사회의 '광역 아시아'에 대한 관심이 '식민지학'이라는 규정에 갇혀 있지 않은지를 물었다. 한국, 한국인이 동남아시아 사람에 대해 같은 아시아인으로서 동질감이 취약하고 심지어 막연한 우월감을 지닌 것은 '20세기 식민주의' 즉 '일본 또는 서구의 시선'을 내면화한 결과라고 비판했다(허영란, 2022: 260·266). 아시아, 특히 동남아시아에 새겨진 식민주의의 상흔과 그 극복을 지향한 반둥 정신을 이해하는 것이 중요하다. 아시아의 식민지 경험에 자각적일 때 비로소 한국이 걸어온 길을 역사화할 수 있고, 실타래처럼 얽힌 한일 관계 해결의 실마리도 찾을 수 있을 것이다.

참고문헌

高等法院 檢事局. 2021. 『朝鮮檢察要報』(1944). 천안: 독립기념관 한국독립운동사연구소.

김명식. 1932. "민족단체 재건 계획에 대하야: 분열이냐? 배반이냐?" 『비판』 2－3.

______. 1939a. "대륙 진출과 조선인." 『조광』 5－4.

______. 1939b. "조선 경제의 통제문제." 『조광』 5－10.

______. 1939c. "사변 처리와 경제 조정." 『조광』 5－11.

______. 1939d. "건설 의식과 대륙 진출." 『삼천리』 11－1.

______. 1940. "내선일체의 구체적 실현 과정." 『광업조선』 5－1.

김인덕. 2008. 『한국독립운동의 역사 55: 1920년대 이후 일본·동남아지역 민족운동』. 천안: 독립기념관 한국독립운동사연구소.

김정현. 1994. "일제의 '대동아공영권' 논리와 실체." 『역사비평』 28.

다케우치 요시미 저. 윤여일 역. 2011. "일본의 아시아주의."(1963) 『다케우치 요시미 선집 2: 내재하는 아시아』. 서울: 휴머니스트.

무라이 요시노리·우쓰미 아이코 저. 김종익 역. 2012. 『적도에 묻히다: 독립영웅, 혹은 전범이 된 조선인들 이야기』. 서울: 역사비평사.

변은진. 2013. 『파시즘적 근대체험과 조선민중의 현실인식』. 서울: 선인.

에릭 홉스봄 저, 김동택 역. 1998. 『제국의 시대』. 서울: 한길사.

이인. 1961. 『애산여적 1』. 서울: 세문사.

이정훈. 2009. "한국발(發) 동아시아 담론의 현단계: 최원식의 『제국 이후의 동아시아』에 대하여." 『사이間SAI』 7.

이형식. 2017. "'조선군인' 가네코 데이이치(金子定一)와 대아시아주의운동." 『역사와 담론』 84.

______. 2018. "'내파(內破)'하는 '대동아공영권': 동남아시아 점령과 조선통치." 『사총』 93.

장문석. 2017. "주변부의 세계사: 최인훈의 『태풍』과 원리로서의 아시아." 『민족문학사연구』 65.

장신. 2001. "'朝鮮檢察要報'를 통해 본 태평양전쟁 말기(1943~45)의 조선사회." 『역사문제연구』 6.
장용경. 2003. “일제 식민지기 인정식의 전향론: 내선일체론을 통한 식민적 관계의 형성과 농업재편성론.” 『한국사론』 49.
정병욱. 2015. “전시기(1937~1945) 경성지방법원 검사국 사건기록과 ‘사상’사건의 추이.” 『한국민족운동사연구』 83.
조건. 2011. 『조선인 BC급 전범에 대한 진상조사: 포로감시원 동원과 전범 처벌 실태를 중심으로』. 서울: 대일항쟁기 강제동원 피해조사 및 국외 강제동원 희생자 등 지원위원회.
편집부. 1988. “조선로동당 제3차 대회 당 중앙위원회 사업 총결 보고.”(1956.4.). 『북한 ‘조선로동당’ 대회 주요 문헌집』. 서울: 돌베개.
허영란. 2022. 『남양과 식민주의: 일본 제국주의의 남진과 대동아공영권』. 서울: 사회평론 아카데미.
홍종욱 편. 2017a. 『식민지 지식인의 근대 초극론』. 서울: 서울대학교 출판문화원.
______. 2017b. “이인(李仁)이 회고한 해방 전야.” 『애산학보』 44.
______. 2018. “1950년대 북한의 반둥회의와 비동맹운동 인식: 잡지 『국제생활』 기사를 중심으로.” 『동북아역사논총』 61.
______. 2019. “3.1운동과 비식민화.” 한국역사연구회 3.1운동 100주년 기획위원회 편. 『3.1운동 100년 3: 권력과 정치』. 서울: 휴머니스트.

姜德相 編. 1966. “京城民情彙報(高警 第26490號, 1919.10.18.).” 『現代史資料 25: 朝鮮(一) 三·一運動(一)』. 東京: みすず書房.
松田利彥. 2004. “植民地期朝鮮における参政権要求運動団体「国民協会」について.” 浅野豊美·松田利彦 編. 『植民地帝国日本の法的構造』. 東京: 信山社.
松浦正孝. 2010. 『「大東亜戦争」はなぜ起きたのか: 汎アジア主義の政治経済史』. 名古屋: 名古屋大学出版会.
矢野暢. 2009. 『南進の系譜』. 東京: 千倉書房.
蔣介石. 1941. “蔣介石の近衛聲明反駁の記念週演說.”(1938) 『極祕 抗日政權の東亞新秩序批判(飜譯)』. 東京: 東亞研究所.
長田彰文. 2005. 『日本の朝鮮統治と国際関係: 朝鮮独立運動とアメリカ, 1910~1922』. 東京: 平凡社.

朝鮮軍參謀部. 1992a. “昭和十三年後半期朝鮮思想運動概況.” 韓國歷史硏究會 編. 『日帝下社會運動史資料叢書 3』.

韓國歷史硏究會 編. 1992b. “昭和十五年前半期朝鮮思想運動概況.”『日帝下社會運動史資料叢書 3』. 朝鮮軍參謀部.

ピーター·ドウス. 1992. “植民地なき帝国主義: ‘大東亜共栄圏’の構想.”『思想』 814.

1910. “詔書.”『朝鮮總督府官報』(8월 29일) (한국사데이터베이스 http://db.history.go.kr/id/gb_1910_08_29_a00010_0020, 검색일: 2022. 11. 30)

1922. “횡설수설.”『동아일보』(1월 7일).

1942. “반도인 청년의 광영, 미영인 포로감시원에 대량 채용.”『매일신보』(5월 23일).

1955. “對共共存이란 無謀.”『東亞日報』(4월 25일).

일본 외무성 웹사이트(https://www.mofa.go.jp/mofaj/a_o/rp/page3_001191.html, 검색일: 2022. 11. 30).

• • • •

제7장

일대일로와 문명론적 지정학

백지운(서울대학교 통일평화연구원)

I. 지정학의 귀환과 냉전 이전의 세계

대만해협에서 고조되는 위기의식과 러시아-우크라이나 전쟁의 장기화는 지정학에 대한 관심을 새롭게 불러일으키고 있다. 미국과 중국의 대결을 축으로 가시화된 갈등 구도를 둘러싸고 '신냉전'이라는 말이 회자되기도 했다. 근래 중국과 러시아를 적대시하는 논리에 '민주 대 독재'라는 예의 냉전적 언어들이 소환되는 것은 사실이지만, 국경을 넘어 인적·물적 유동이 활발하고 이해관계가 복잡하게 뒤얽힌 오늘의 세계를 냉전적 틀로 환원시키기는 어렵다. 이는 중국이 '일대일로'의 재정적 뒷받침을 위해 AIIB를 출범시켰을 때 일본과 캐나다를 제외한 미국의 전통적 우방국들이 대거 참여했던 예나(원톄쥔 외, 2015: 90-92), 오바마 정부의 대중 포위 전략으로 고안한 TPP의 후신 CPTPP의 회원국 다수가 중국이 주도하는 RCEP에도 참여하고 있다는 데서 단적으로 알 수 있다. '인도-태평양 전략'과 '일대일로' 모두 자유롭고 개방적이고 포용적인 기획임을 강조하는 것도 미중 대결의 형세가 세계를 과거 냉전시대처럼 양분할 수 없음을 잘 보여준다.

현대 세계의 복잡성은 미국 중심의 세력 구도의 재편을 지정학보다는 지경학의 관점에서 봐야 한다는 주장의 배경이 되기도 했다. 중국의 부상이 가져온 세계정치의 변화를 '지정학의 귀환'이 아니라 안보와 경제가 수평적으로 상호작용하는 구조적 결합, 혹은 복합지경학의 시각에서 보아야 한다는 주장이다(신욱희, 2021: 38; 이승주, 2021: 58). 그런데 지금 시각에서 보면, 지경학은 '탈냉전 이후'의 세계에 대한 다소의 낙관과 희망에 기반하고 있었다. 지경학이라는 개념이 처음 등장한 것이 사회주의권이 붕괴하기 시작한 1990년이었다는 사실이 보여주듯, 그것은 세계의 갈등이 군사보다는 경제의 차원을 중심으로 전개되어 과거와 다른 방식으로 갈등을 조정하고 균형과 조화를 추구함으로써 새로운 세계질서를 구축할 수 있다는 믿음을 전제했던 것이다(이승주, 2017: 238; 신욱희, 2021: 19–41).

우크라이나에서 벌어지는 전쟁과 대만해협에 고조되는 전운 앞에 이러한 낙관론이 설 자리는 점점 좁아지고 있다. 오히려 세계가 냉전 이전의 1,2차 대전의 시기로 되돌아가고 있다는 암울한 진단이 힘을 얻고 있는 상황이다. 적어도 냉전체제는 대국간 군사적 충돌을 방지하는 장치들을 지니고 있었다(이남주, 2022). 반면 지금의 국제사회는 러시아의 공공연한 핵무기 위협에도 별다른 대책이 있어 보이지 않는다. 자칫 우크라이나의 전화가 대만해협으로 번져 순식간에 러시아와 유럽, 미국과 중국이 가세하는 세계대전이 촉발할 가능성도 배제하기 어렵다. 세계는 1962년 쿠바 핵위기보다 더 심각한 위기 상황에 놓여 있다(*The Economist*, 2022/09/29).

1997년에 출간된 『거대한 체스판』에서 브레진스키(Zbigniew Brzezinski, 2017: 51–55, 100–101)는 마치 지금의 우크라이나 전쟁을 예언이라도 하듯 탈냉전의 지정학에서 우크라이나의 중요성을 거듭 강조하고 있었다. 그는 미국이 냉전의 종식과 함께 차지한 세계 일등의 지위를 오래 유지하기 위해서는 유라시아 대륙을 최우선의 지정학적 목표로 삼아야 한다고 말했다. 그가 볼 때 미국이 풀어야 할 중요한 지정학적 과제는 서유럽의 정체성을 주축으로 하는 유럽연합(EU: European Union)과 나토(NATO: North Atlantic Treaty Organization)의 동쪽 경계선을 어디로 정할 것이며 거기에 러시아의 참여를 어떻게 유도할 것이냐였다. 그는 미국이 러시아의 민주적 변화와 경제적 회복을 뒷받침하여 새로운 유라시아 제국의 출현을 미연에 방지해야 한다고 생각했다. 미국이 왜 (브레진스키의 판단처럼) 러시아를 유럽의 일원으로 수용하지 못하고 유럽의 타자로 배척했는지는 따로 규명해야 할 문제다. 여기서 주목하고 싶은 점은 당시 브레진스키가 러시아에 대해 이처럼 낙관적 견해를 가질 수 있었던 근거 중 하나가 바로 우크라이나의 상실이었다는 것이다. 그가 볼 때 1991년 우크라이나의 독립 선언은 러시아가 유라시아의 리더로 재부상할 가능성의 싹을 자른 사건이었다. 유라시아 지정학의 추축이자 촉매이며 5천 2백만의 슬라브 인구를 보유한 우크라이나는 러시아를 다시 제국으로 소생시킬 결정적인 자원이었던 것이다(브레진스키, 2017: 127－128).

지금의 우크라이나 전쟁을 소비에트 해체 이후 지속된 NATO의 동진과 러시아의 재(再)제국화의 열망이 충돌한 결과라고 한다면, '탈냉전'이 얼마나 허구적인 관념이었는지를 실감하게 된다. 물론, 우크라이나 전쟁으로 가시화된 지금의 러시아와 서구세계의 대결 구도를 결코 냉전으로의 회귀나 냉전의 연속으로 볼 수는 없다. 백승욱(2022: 201－206)은 러시아와 중국의 '영토적 온전성'을 회복하려는 열망을 신자유주의적 세계통합이라는 원심력에 대항하는 일종의 구심력으로 파악했다. 러시아의 우크라이나 침공이나 중국의 대만 합병 가능성은 현재의 세상이 지정학적 위협에 대한 선제적 대응으로 영토병합을 추진했던 2차대전 이전의 세계로 돌아가고 있음을 보여주는 것으로서, 이는 냉전체제로의 회귀가 아니라 오히려 냉전시대 전쟁 억제 기제의 와해로 보아야 한다는 것이다.

근자에 지정학에 대한 관심이 부쩍 높아진 것도 냉전 이후에 구축된 세계질서가 와해되고 불확실성이 증대하면서 나타난 현상이라고 할 수 있다. 역사적으로 지정학이 대두했던 것은 1, 2차 세계대전 때였다. 이후 '분쟁과 갈등이 관리되는 차가운 평화'의 냉전체제(정의길, 2022: 5)가 안착되고 또 소비에트의 해체와 함께 팍스 아메리카나(Pax Americana)가 고착되면서 지정학은 한동안 사람들의 마음에서 사라졌다. 그러나 유라시아 대륙의 서쪽과 동쪽의 두

요충지인 우크라이나와 대만해협에서 고조되는 현재의 위기상황은 지정학의 빛바랜 지도를 다시 불러내고 있다. 우크라이나 전쟁과 그것이 장차 세계에 가져올 파장에 대한 암울한 전망은 미중 대결을 바라보는 시야를 시공간적으로 확장할 것을 요구한다. 특히 '일대일로'와 '인도-태평양 전략'이라는, 예의 지정학을 환기하는 지리적 상상의 근저에 숨겨진 역사적 맥락과 이념적 정향을 읽어내기 위해서는 냉전시대를 넘어서는 더 큰 역사적 사고가 필요하다.

II. 현실 지도와 마음속 지도

2차대전이 한참이던 1942년에 나온 『땅과 바다』에서 독일의 철학자 칼 슈미트(Carl Schmitt)가 알프레드 머핸(Alfred Tayer Mahan)에 관해 남긴 평가는 당시 세상에 혼재했던 지정학의 상이한 층위를 보여준다. 『해양력이 역사에 미치는 영향』(1890)에서 머핸이 제기한 '해양력(Sea Power)' 개념은 당시 독일, 일본, 영국 등 전세계 해군 전략에 지대한 영향을 미쳤다. 그런데 슈미트는 이 개념을 16~17세기의 대양 모험과는 무관한, 지정학적 안정을 추구하는 보수적 산물이라며 일축해 버렸다. 머핸이 추구했던 것은 근대 산업발전에 뒤쳐져 이미 작아져 버린 영국을 미국이라는 더 큰 섬에 이식함으로써 앵글로-아메리카의 대양 지배를 유지하려는 것에 불과하다는 것이다(슈미트, 2016: 122-125).

20세기가 영국이 주도한 대서양의 시대가 저물고 미국의 태평양 시대가 떠오르던 시기였음을 생각하면, 머핸에 대한 슈미트의 박한 평가는 언뜻 고개를 갸우뚱하게 한다. 그러나 지금 생각하면 그것은 지정학을 보는 독일과 미국의 상이한 인식 차이를 보여주는 것이었다. 머핸에게 지정학이 한 국가의 세계 전략이었고 한다면, 슈미트에게 그것은 세계사를 바라보는 관점이자 인간의 실존을 규정하는 규범의 원천이었다. 슈미트에게 지리적 공간은 인간과 동떨어진 물질이 아니었다. 세계를 "땅과 바다의 원소의 대립"이자 "베헤모

스와 리바이어던의 투쟁"이라고 보았던(슈미트: 2016: 17) 그에게, 지리적 공간은 인간의 실존을 원소적 차원에서 질적으로 변화시키는 존재였다. 이를 테면, 『땅과 바다』에서 '고래물고기'에 대한 묘사는 슈미트가 지리적 공간을 살아 있는 생명체와 뗄 수 없는 관계로 바라보고 있었음을 여실히 보여준다. 폐로 숨을 쉬는, 따듯한 피를 가진 거대한 생명체가 바다에 자신을 내어맡김으로써 스스로를 물고기로 변화시키는(슈미트, 2016: 37) 광경으로부터, 슈미트는 공간혁명과 인간의 실존적 변화의 일체성을 간취했다. 슈미트의 공간 관념은 현대 지정학에서 말하는 바 '공간을 분할하고 공간별로 가치를 매기는 학문'(모준영, 2019: 125)과는 매우 다른 차원이었던 것이다.

그런 슈미트의 눈에 머핸은 "해상적 실존의 원소적 깊이까지 빠져들었던"(슈미트, 2016: 40) 16~17세기 공간혁명의 탐험가와는 거리가 멀었다. 사실 영국의 대양지배가 최정점에 이른 19세기 중후반에 슈미트는 이미 해양적 실존의 원소적 본질을 건드리는 또다른 내적 전환, 즉 산업혁명이 가져올 거대한 변화를 감지하고 있었다(슈미트, 2016: 117-121). 전기, 항공, 무선전신의 발달은 땅과 바다의 구분을 무력화하는 새로운 노모스(nomos)를 강제하고 있었던 것이다(슈미트, 2016: 126-130). 반면, 머핸의 '해양력' 개념은 20세기의 새로운 공간 탐험으로 뛰어들어 도래하는 또다른 실존적 변화를 온몸으로 탐구한 것이 아니었다. 그것은 오직 영국이 만들어놓은 기존의 해상권력을 미국으로 옮겨오는 데 급급했을 뿐이다.

슈미트의 머핸 비판에서 드러난 지정학의 상이한 차원은 지정학의 양대 거두인 매킨더(Halford J. Mackinder)와 스파이크만(Nicholas J. Spykman)에서 보다 확연하다. 『땅과 바다』의 출간 2년 후인 1944년에 나온 『평화의 지정학』에서 미국의 정치학자 스파이크만(2019: 26-27)은 당시 사람들의 마음속 지정학에 세 가지의 범주가 혼재되어 있다고 말했다. 첫째는 독일의 역사철학적 지정학으로서, 지정학을 국가의 본성에 관한 이론으로 삼고 그것을 영토 확장의 필요성과 타당성을 뒷받침하는 교리로 사용하는 것이다. 둘째는 정치지리학의 동의어로서 개별 국가와 세계의 구조를 설명하는 일반 지리학의 하위분

야이다. 이 두 범주에 대한 대안으로 스파이크만은 지정학의 세 번째 차원, 즉 지리적 요인에서 한 나라의 안보정책을 계획하는 데 적용되는 학문 범주를 제시했다. 스파이크만의 지정학이 독일의 역사철학적 지정학에 대한 비판에 기반한 것임을 읽어내기는 어렵지 않다. 그는 칼 하우스호퍼(Karl Haushofer)로 대표되는 독일의 지정학에 대해, 특정 유형의 경계선에 신비하고 도덕적인 신성함을 부여하여 신성한 목적과 조화를 이루는 행동을 유발하는 지리학적 형이상학이라고 비판했다. 스파이크만이 볼 때 지정학적 지역이란 고정적이고 영구적인 지형에 의해 정의되는 것이 아니라 지리와 힘의 중심들의 역동적 변화에 의해 결정되는 것이다. "평화의 지정학"이라는 제목이 보여주듯, 스파이크만은 2차대전을 야기한 독일 팽창주의의 정신적 기초가 되었던 형이상학적 지정학에 대항하여, 국가와 세계의 평화와 안보를 위한 위치 선택과 공간 관계 인식에 관한 사고방식으로 지정학의 범주를 전환시키고자 했다(스파이크만, 2019: 28－30).

스파이크만의 지정학적 개념이 '지정학의 아버지'라 불리는 매킨더에 대한 반론이자 그에 대한 깊은 영향에 기반한 것임은 익히 알려진 사실이다. 그런데, 매킨더의 지정학적 사고가 독일 지정학을 깊이 의식하면서 동시에 지양한 것이라는 점은 의외로 주목받지 못하고 있다. 1919년에 쓴 「데모크라시의 이상과 현실」을 보면 매킨더가 독일의 지리학을 얼마나 의식하고 있었는지를 잘 알 수 있다.

> "정신문화에서 지도는 핵심적인 도구이며 독일 지식인들은 누구나 지리학자로서 소양을 가지고 있다. 게다가 그 수준은 영국이나 미국에서는 찾아보기 힘들 정도다. 독일인은 종이 위에 그려진 전통적인 국경뿐만 아니라 항구적인 지형에 숨겨진 기회까지 읽어내 '수단과 방법'으로 활용한다. 그들의 현실 지도는 마음 속 지도(mental map)를 토대로 살아 숨쉬고 있는 것이다."(매킨더, 2022: 43)

1차대전 직후의 세계를 독일의 '정신문화(Kultur)'와 영국의 중상주의로 대표되는 민주주의라는 두 세계관의 대결로 보는 매킨더의 지정학적 사고는 일차적으로 독일에 대한 경각심에 의해 추동되었다. 그러나 역사적 관점에서 지리와 경제적 현실의 관계를 다루고자 했다는 점에서(매킨더, 2022: 53) 그의 지정학적 사고는 독일 지정학과 같은 기반 위에 있었다. 매킨더가 볼 때 '수단과 방법'의 철학으로 요약되는 독일 '정신문화'의 위험성은 그것이 지리적 사실과 경제적 현실을 인식하되 오로지 이 두 요소로만 사고한다는 것이었다(매킨더, 2022: 183). 즉, 매킨더는 국가주의와 애국주의의 목적을 위한 수단과 방법으로 활용되는 독일 지정학의 위험성을 경계했지만, 지리가 민족의 운명에 미치는 영향과 그 극복을 위한 노력으로 역사를 파악했다는 점에서는 독일 지정학과 근본적으로 다르지 않았다. 독일의 지정학이 역사철학적이라면, 매킨더의 지정학은 지리와 역사의 상관관계로부터 문명 형성의 메커니즘을 파악하는 데 주안을 두었다는 점에서 역사문명적이라 할 수 있겠다.

반면, 매킨더와 스파이크만의 차이는 익히 알려진 심장지대(Heartland)냐 연안지대(Rimland)냐의 대립보다 한층 더 근본적이다. 스파이크만이 인정했듯, 매킨더 지정학의 중대한 기여는 유라시아 대륙의 발견이었다. 매킨더는 1차대전의 경험을 통해 지난 4세기 동안 이론적으로만 사고되었던 '세계섬(World-Island)' 개념이 현실화되었다고 보았다(매킨더, 2022: 94). 그런데 스파이크만은 유럽과 아시아가 하나의 대륙이라는 관념을 통해 매킨더가 궁극적으로 물었던 것이 무엇인지에 대해서는 관심을 두지 않았다. 그것은 바로 유럽(문명)이란 무엇인가라는 것이었다. 매킨더에게 유라시아라는 지리적 관념이 중요했던 것은 유럽 문명 형성의 기원을 내륙아시아와의 긴밀한 관계 속에서 발견했기 때문이었다. 그는 현재의 유럽을 만든 동력이 내륙아시아라고 믿었다. 5세기부터 16세기까지 훈족에서 몽골족에 이르는 아시아의 기마민족들이 끊임 없이 유럽의 정주문명을 침략했고, 이에 대항하는 과정에서 러시아, 독일, 프랑스, 이탈리아, 비잔틴 시대의 그리스인 등 유럽 민족의 역사가 형태를 잡아나갔다는 것이다. 이후 아시아의 기마민족 제국들은 역사 속에서 소멸

했지만 유럽의 성립과 성장을 자극하는 데 지대한 공헌을 했다(매킨더, 2022: 279 – 280). 유럽과 아시아는 "절구와 절구공이의 관계"로서, 유럽 문명은 내륙아시아(inner Asia)의 "두드리는 힘"에 의해 만들어진 것이었다(매킨더, 2022: 134 – 136, 275 – 276).[1]

매킨더의 지정학의 요체는 알려진 것처럼 누가 심장지대를 지배하느냐에 있다기보다, 심장지대를 지배했던 아시아 기마민족과의 관계로부터 유럽의 역사문명적 본질을 재인식하고 이를 기반으로 하여 1차대전 전후의 세계 현상을 해석하는 데 있었다. 그에게 심장지대가 중요했던 이유는 유럽의 역사 자체가 심장지대를 장악한 민족과의 끊임없는 상호작용의 소산이기 때문이다. "유럽 문명이라 칭하는 것은 아시아 민족의 침입에 의한 결과"이다(매킨더, 2022: 269). 이러한 관점의 연장에서 매킨더는 1차대전 전후 유럽의 상황을 심장지대를 장악한 독일의 유럽 침입으로 해석했던 것이다. 1904년의 논문 「지리학으로 본 역사의 추축」에서 그가 러시아 제국을 몽골족에 이은 심장지대의 유력한 차기 지배자로 주목했다면, 1919년의 「데모크라시의 이상과 현실」에서는 슬라브 민족과의 대결에서 우위를 점한 독일을 "현대판 훈족"이라고 보았다(매킨더, 2022: 136). 1차대전이 그에게 준 교훈은, 영국식 중상주의든 독일식 보호무역이든 국가간 자원 분배의 평등이 실현되지 않는 한 전쟁은 다시 일어날 것이며, 그것을 방지하기 위해서는 심장지대에서 특정 세력이 패권을 독차지하지 않도록 세력 균형이 이뤄져야 한다는 것이었다(매킨더, 2022: 217, 224).

그렇게 보면, 스파이크만이 매킨더에 제기했던 심장지대인가 연안지대인가라는 논쟁은 매킨더 지정학의 핵심인 역사문명적인 부분을 안보와 외교 전략의 차원으로 협소화시킨 것이다. 매킨더가 지정학적 갈등의 축을 대륙세

1 유사한 관점에서 매킨더는 유럽인들이 희망봉을 돌아 아시아로 침입한 근대의 역사는 기마민족의 공격으로부터 끊임없이 고통을 겪었던 데 대한 반격이자, 아시아와 유럽 세력의 역전이라고 보았다(매킨더, 2022: 295).

력과 해양세력의 충돌로 보고 심장지대를 지정학의 추축으로 삼았던 것은 유럽과 아시아를 상호관계에서 보는 역사문명적 시야의 소산이었다. 반면, 현실정치를 중심에 두는 스파이크만의 관점에서 보면, 역사적으로 벌어진 대치상황은 심장지대보다는 언제나 연안지대를 둘러싼 갈등이었다. 스파이크만은 2차대전 당시의 상황을 영국 중심의 해양세력과 러시아의 대륙세력이 연합하여 연안지대를 장악한 독일 – 일본을 격퇴한 것으로 파악했다. 이런 해석은 필경 미국의 국가 안보를 중심에 두는 시각에서 나온 것이다. 그는 미국이 자국과 세계의 평화와 안보를 위해서는 전통적 해양세력인 영국과 대륙세력인 러시아 모두와 연합해야 한다고 생각했다. "심장지대를 지배하는 자가 세계섬을 지배한다"는 매킨더의 말을 "연안지대를 지배하는 자가 유라시아를 지배한다"로 바꾼 것은 이런 맥락이었다(스파이크만, 2019: 88 – 90).

스파이크만에 이어 브레진스키로 이어진 미국 지정학의 흐름은, 슈미트가 일축했던 것처럼, 유럽의 해양세력이 만든 질서 위에 미국 중심의 세계질서를 공고히 하기 위한 전략적 사고로 정착되었다. 이후 미국 중심의 세계질서가 고착되면서 외교안보 전략으로서의 지정학은 점차 존재 의미를 잃고 사라져갔다. 세계의 질서가 흔들리고 불확실성이 고개를 드는 지금 매킨더가 다시 주목을 받는 이유는 지금 세계의 불안한 상황이 그가 살았던 1, 2차대전 시기를 연상케 하는 면이 있기 때문이다. 이런 시각에서 보면, '일대일로'와 '인도 – 태평양 전략'이라는 두 개의 지리적 상상이 각축하는 지금의 형세는 외교안보의 전략으로 고착된 현대 지정학이나 안보와 경제의 상호작용을 강조하는 지경학을 넘어서는 한층 심층적인 접근을 필요로 한다. 매킨더가 독일 학자들로부터 간취했던 것처럼, 애초에 지정학이란 집단적 주체로서 민족이나 국가의 정신을 강조하는 학문으로서 탄생했다. 다만 매킨더는 "아마겟돈을 향해 맹목적으로 조직해가는"(매킨더, 2022: 41) 독일 지정학의 국가주의적 경향을 최대한 지양하고자 애썼을 뿐이다.

일본의 아베(安部) 정부가 제안하여 미국이 받은 '인도 – 태평양 전략'의 개념적 기원이 1920-30년대 독일의 지정학자 칼 하우스호퍼로 거슬러 올라간다는 사실은 전간기(戰間期) 독일의 지정학이 은연중 현재로 복귀하고 있음을 보여준다. 인도양과 태평양을 통합하는 공간 개념으로서 '인도－태평양'은 본래 내륙국가인 독일의 지정학적 곤경을 돌파하려는 목적에서 고안된 것이었다. 대서양－태평양에 대한 대항적 바다로서 '인도－태평양'을 탄생시키기 위해 하우스호퍼는 해양학·민족지학·역사문헌학을 총동원하여 '생활권(Lebenstraum)'이라는 개념을 창안했다. 그리하여 자연적 일체성을 모태로 하여 앵글로－아메리카와 서유럽의 식민지배에 저항하는 반제국주의적 자의식을 갖고 태어난, 태고성과 연속성을 지닌 자연적－사회적－정치적 바다로서 '인도－태평양'을 탄생시킨 것이다. 더욱 역설적인 것은 '인도－태평양'에 주입된 반식민이라는 정치성의 중심축이 바로 인도와 중국이었다는 사실이다(Li, 2022: 808－810). 일본의 범아시아주의(pan－Asianism)에도 지대한 영향을 미쳤던 하우스호퍼의 반서구적 지정학이 21세기 미국의 대중국 전략으로 되살아나는 기이한 광경은 과연 정신, 문명, 철학과 같은 주관적 차원과 동떨어져 오롯이 현실정치의 전략으로서의 지정학이 존재하는지 의문을 자아낸다. "현실 지도는 마음속 지도를 통해 살아 숨쉬는 것"이라는 매킨더의 말은 지정학의 정곡을 찌른 것이었다.

III. 상하이협력기구(SCO: Shanghai Cooperation Organization)와 심장지대의 부상

매킨더와 스파이크만, 브레진스키의 공통점은 유라시아를 지정학 지도의 중심으로 삼았다는 점이다. 심장지대를 강조하든 연안지대를 강조하든, 지정학의 주축이 유라시아라는 점에서 보면 지정학이란 애초부터 유라시아와 떨어져 존재할 수 없는 개념이다. 다만, 유라시아의 심장지대라는 매킨더의 개념은 오랫동안 이론으로서만 존재할 뿐 현실에 적용할 수 없는 것으로 간주되어 왔다. 1900년대 초 러시아의 시베리아 철도 부설을 보면서, 매킨더는 세계를 지배할 천혜의 자연조건을 갖춘 내륙아시아가 철도로 연결되면 그곳의 광활한 땅과 수많은 인구, 잠재적 자원을 기반으로 하여 해상무역과 무관한 방대한 경제단위가 형성될 것이라 예언했다(매킨더, 2022: 299 – 300). 그러나 그 예언은 오랫동안 실현되지 못했다. 스파이크만이 심장지대보다 연안지대를 강조했던 것도, 그가 살았던 1940년대까지도 심장지대 주변의 험준한 이동 통로와 열악한 인프라 조건의 극복을 전망하기 어려웠기 때문이다. 해양 수송로와 경쟁할 만한 육지 교통이 발달하지 않는 한 심장지대란 그저 이론으로서만 존재할 뿐이었다(스파이크만, 2019: 81 – 83).

브레진스키 역시 장차 미국의 지위에 대항할 잠재적 도전자가 나온다면 유라시아에서일 테지만 그것이 현실화될 가능성은 높지 않다고 보았다. 그는 미국이 유라시아라는 체스판에서 우세를 잃게 될 가능성을 세 가지로 요약했다. 첫째는 유라시아 중앙부가 서쪽을 축출하고 독단적 단일 주체가 되어 남쪽에 대한 통제권을 가지게 되거나 동쪽의 주요 참가자와 연대하는 경우, 둘째, 유라시아 동쪽의 두 참가자가 단결하는 경우, 셋째, 유라시아 서쪽의 파트너들이 미국을 횃대에서 쫓아내는 경우이다(브레진스키, 2017: 55 – 56). 여기서 말하는 첫번째는 중동 국가들이 서유럽과 단절하고 러시아 혹은 중국과 연합하는 경우를 뜻한다. 두번째는 중국과 러시아가 연합할 가능성이다. 그리고 세번째는 유럽연합이 독자적 세력을 형성하는 경우이다. 브레진스키는 그중 가장 위험한 시나리오가 중국을 주도로 러시아, 중동(아마도 이란)의 거대 동맹이 형성되는 것이라고 생각했다(브레진스키, 2017: 81). 그러면서도 궁극적으로 중국의 부상 가능성에 대해서는 유보적이었다. 지속적 고도성장 가능성에 대한 회의, 정치적 미래의 불투명성, 상대적 빈곤 상태로 인해 중국은 적어도 2020년까지 경쟁력 있는 세계적 국가가 되지 못할 것으로 전망했던 것이다(브레진스키, 2017: 209 – 214).

이러한 맥락에서 보건대 상하이협력기구에서 '일대일로(一帶一路)'로 이어지는 최근 20여 년 중국의 행보는 모종의 역사적 기시감을 불러일으킨다. 유라시아를 종심(縱深)에 두고 인도양을 거느리는 중국발 지정학 지도는 마치 오랫동안 이론적으로만 존재해온 유라시아 심장지대를 현실에 구현된 것처럼 보인다. 물론, 6개 회랑으로 구성된 '실크로드경제벨트'와 '21세기 해상실크로드'를 주축으로 하는 '일대일로'가 포괄하는 범위는 유라시아를 훨씬 넘어선다. 또 지경학의 관점에서 보면 경제적 실효성이 떨어지는 육상노선보다 해상노선이 '일대일로'의 핵심이라고 보는 견해도 없지 않다. 그럼에도 불구하고 '일대일로'의 지도가 유라시아의 심장지대를 주축으로 삼고 있다는 것은 그것이 SCO를 토대이자 밑그림으로 삼아 출발했다는 데서 알 수 있다.

1996년 중국, 러시아, 카자흐스탄, 타지키스탄, 키르기스스탄의 '상하이 파이브(Shanghai Five)'로 출발하여 2001년 우즈베키스탄을 더해 공식 출범한 SCO는 애초에는 중국 서부 변경의 테러리즘 방지를 위한 목적으로 결성되었다. 그러나 이런 설명은 설득력을 잃은 지 오래다. 2022년 SCO는 인도와 파키스탄을 포함한 8개 회원국에 더해, 아프가니스탄, 벨라루스, 몽골, 이란의 4개 관찰국, 아제르바이젠, 아르메니아, 캄보디아, 네팔, 튀르키예, 스리랑카, 카타르, 사우디아라비아, 이집트의 9개 대화상대국을 거느리고 있다. 같은 해 이란의 정식 회원국 승격이 결정되었고, 카타르, 사우디아라비아에 이어 이집트가 새로운 대화상대국으로 결합했다(*MENA report*, 2022/09/19). 또한 바레인, 몰디브, 아랍에미리트, 쿠웨이트, 미얀마를 새 대화상대국으로 승인하는 절차가 진행 중이다(*Asia News Monitor*, 2022/09/19).

다루는 의제의 범위도 한층 넓어졌다. 이제 SCO는 군사, 정치를 넘어 무역, 경제, 과학, 기술, 문화, 교육, 에너지, 수송, 관광, 환경보호 등 광범위한 문제를 다루는 포괄적 블록이 되었다. 2022년 우즈베키스탄의 사마르칸트에서 열린 SCO 정상회담에서는 국제 에너지와 식량 안보, 기후 변화, 공급망의 다양화라는 4개 의제에 대한 중요 성명이 발표되었다. 이 자리에서 시진핑(習近平) 주석은 China-SCO 빅데이터 협력센터 설치, 산업공급망 포럼 개최, 테러 대응 인력 양성, 개발도상국의 긴급 인도적 지원을 위해 150억 위안을 내놓겠다고 공언했다. 이는 중국이 SCO를 통해 경제개발과 국가안보를 넘어 기술혁명, 인도주의, 평화 등 글로벌 이슈에서 주도권을 실천하겠다는 의지를 드러낸 것이다(*Asia News Monitor*, 2022/09/19).

SCO의 팽창은 지난 세기 지정학자들이 경계해 마지않았던 바 유라시아에 강력한 협력 체제가 형성되고 있음을 말해준다. 20세기 초 매킨더가 심장지대에서 독일과 러시아의 결탁을 경계했다면, 1940년대 스파이크만은 연안지대에서 독일과 일본의 동맹을 저지하는 것을 미국의 임무로 삼았다. 20세기 말 브레진스키 역시 단일국가가 유라시아 대륙을 통제하게 해서는 안 된다고 경고했다(브레진스키, 2017: 196). 그런데 현재 바로 그곳에서 중국이 주도하는 협력 체제의 형성이 가시화되고 있다. 이는 브레진스키가 거듭 경계했던바 미국의 세계 일등 지위를 위협하는 것은 물론, 지난 세기 정착되었던 미국 중심의 세계질서를 흔드는 것이기도 하다. 이를테면, 2022년 새 회원국 자격을 얻은 이란의 에너지위원회 대변인 무스타파 나크헤이(Mostafa Nakhaei)는 대놓고 SCO의 설립 철학이 미국과 NATO의 아시아 침략을 막는 것이라고 발언했다. SCO 정회원 승격을 통해 이란은 미국과 서구의 오랜 경제제재를 돌파할 외교적 협상력을 갖추게 될 것이다(IRNA, 2022/10/7). 공교롭게도 미국이 이라크 철군을 준비하던 시기, SCO는 사우디아라비아와 이집트, 이란을 포섭함으로써 유라시아의 최중심인 아랍지역에 대한 장악력을 대폭 강화했던 것이다.

그뿐 아니다. 사마르칸트 정상회의에 특별 게스트로 초대받은 튀르키예의 에르도완(Recep Tayyip Erdogan) 대통령은 튀르키예의 목표가 SCO의 회원국이 되는 것이라 발언하여 세간의 주목을 받았다. NATO의 성원인 튀르키예가 SCO의 정회원이 된다는 것은 미국으로서는 이란의 가입보다 더 아픈 일이다. 서구 언론들은 팽창하는 SCO를 "동방의 NATO"라며 경계심을 감추지 않고 있다(*CE Noticias Financieras*, 2022/09/19). 지도를 펼쳐보면 이집트와 튀르키예의 SCO 회원국 가입이 무엇을 의미하는지 대번에 알 수 있다. 중앙아시아를 본거지로 출발했던 했던 SCO는 현재 중동 지역 대부분을 손에 넣었을 뿐 아니라, 이제 아프리카와 동유럽으로 가는 두 개의 길목까지 선점한 것이다.

SCO가 유라시아의 비중 있는 블록으로 도약했던 계기는 2017년 인도와 파키스탄의 가입이었다. 중국을 능가할 인구 대국이자[2] GDP 세계 5위의[3] 경제 대국이 된 인도의 존재는 SCO가 세계 인구 40퍼센트와 GDP 30퍼센트를 포괄하는 거대 조직이 되는 데 결정적으로 기여했다. 특히 쿼드(QUAD: Quadrilateral Security Dialogue)의 참가국인 인도는 '인도-태평양 전략'과 '일대일로' 사이에서 중요한 균형추의 역할을 하게 될 것이다. 또한 '일대일로'의 육상노선에 인도양으로 나가는 출해(出海)의 통로를 제공하는 인도와 파키스탄은 육상노선과 해상노선을 연결하는 링크이기도 하다. 이 두 국가를 회원국으로 받아들인 이듬해인 2018년, SCO는 정상회담을 유라시아 동쪽 끝 칭다오(青島)에서 개최함으로써 심장지대에 본거지를 둔 SCO의 시선이 태평양(미국)을 향하고 있음을 보여주었다.

2022년 사마르칸드 정상회담은 여러 면에서 상징성이 컸다. 중국 정부는 코비드(Covid-19) 봉쇄 후 시진핑 주석의 첫 해외 순방지가 고대 실크로드의 영광과 번영의 기억을 간직한 고도(古都)임을 대대적으로 선전했다. 여기에는 미국의 조여오는 대중(對中) 압박에 대항하여 SCO 국가들과의 우애를 과시하겠다는 정치적 의도가 담겨 있다. 특히 2022년은 중국-카자흐스탄, 중국-우즈베키스탄 수교 30주년이 되는 해였다. 외교부장 왕이(王毅)는 2013년 '일대일로' 구상을 처음 발표한 장소가 카자흐스탄의 수도 아스타나였음을 상기시키며, 중국-카자흐스탄-우즈베키스탄의 '실크로드 유대'를 재삼 강조했다(*Asia News Monitor*, 2022/09/19). 사마르칸트 정상회의에서 특히 주목할 점은 중국-키르기스스탄-우즈베키스탄 철로 계획을 위한 양해각서가 새로 체결된 것이다. 중국 신장(新疆)의 카스에서 키르기스스탄의 카라스를 거쳐 우즈베키스탄의 안디잔으로 이어지는 577km의 노선은 중국이 러시아를 거치지 않고 유럽으로 갈 수 있는 길이다. 3국은 1997년에도 양해각서를 체결했지

2 2022년 UN의 세계인구전망 보고서에서는 인도의 인구가 2023년에 중국을 능가하리라 전망했다(UN Department of Economic and Social Affairs, 2022: 9).

3 2022년 인도의 GDP는 영국을 추월했다.

만 러시아의 반대로 진전이 없었다. 우크라이나 전쟁은 25년간 잠들었던 계획을 되살리는 계기가 되었다. 중국과의 협력이 절실한 러시아가 이 사업에 반대하지 않는다는 입장을 표하면서 2023년부터 공사가 시작될 전망이다(『조선일보』, 2022/07/23).

SCO는 불과 20여년 전 브레진스키가 꼽았던 최악의 가정, 즉 중국을 주도로 러시아와 (이란을 대표로 하는) 중동을 잇는 협력체제가 현실화되고 있음을 보여준다. 당시 그는 이런 동맹은 미국이 중국과 이란을 동시에 적대시할 정도로 근시안적일 경우에만 가능하다며 일축했었다. 중국－러시아의 연합 가능성도 마찬가지였다. 브레진스키는 중러 양국은 결코 상대방에 우위를 양보하지 않을 것이며 서로에게 줄 수 있는 유인 요소가 극히 적다고 생각했다(브레진스키, 2017: 156－157). 그러나 이런 예측과 달리 미국은 중국, 러시아, 이란 모두를 적대시하는 길로 향했다. 현재 중국과 러시아는 유사 이래 최고의 우호관계를 유지하고 있다.

브레진스키의 예측에서 한 가지 적중한 것은, 만약 이러한 동맹이 형성된다면 이데올로기에 의한 통합이 아니라 특정 세력에 대한 불만으로 통합된 '반패권' 동맹일 것이라는 예측이었다(브레진스키, 2017: 81). SCO가 내건 모토는 미국의 배타적 일방주의에 대항하는 '포괄적이고 열린 다자주의'이다. SCO 국가들은 중국과 러시아를 봉쇄하는 미국이야말로 철지난 냉전시대의 이념을 재가동하고 있다고 비판한다(*Arab News*, 2022/09/18). 2022년 5월 기준 중국은 '일대일로'와 관련하여 150개 국가 및 32개 국제기구와 200여 건의 협력문서를 조인했다(國家發展改革委, 2022/12/09). 이처럼 짧은 시간에 수많은 국가들을 규합할 수 있었던 데는 필경 미국에 대한 반발과 견제가 작용했으며, 정치나 종교에 간섭하지 않고 경제적 이익에 방점을 두는 중국식 실용주의도 큰 역할을 했다.

그러나 SCO로 중국이 챙긴 가장 중요한 자산은 역시 정치적인 것이다. 사마르칸트 정상회담 기간중 시진핑은 지역별·국가별 여러 정상들과 수준 높은 협력 방안을 약속하고 그 답례로 신장, 대만, 홍콩 문제와 관련하여 '하나의 중국' 입장을 지지할 것을 다짐받았다(*Asia News Monitor*, 2022/09/19). 이러한 광경은 과거 조공국들에게 경제적 혜택을 선사하고 그 대가로 황제의 권위를 확인받았던 천자를 상기시킨다. SCO는 중국이 '일대일로'라는 지구적 경제 프로젝트를 순조롭게 추진하기 위해서는 단단한 정치적·이념적 기초가 필요하며 그 기초가 바로 심장지대에서 다져져야 한다는 것을 보여준다.

IV. 심장지대와 중화문명의 정체성

매킨더의 지정학이 유라시아의 심장지대 즉 내륙아시아와의 관계로부터 유럽의 정체성을 재인식하는 데서 출발했음은 앞서 말했다. 그렇다면, 중국은 심장지대와 어떤 관계일까. 이에 대해, 매킨더는 심장지대에서 유럽으로 가는 탁 트인 통로와 달리, 중국과 인도는 '세계의 지붕' 티베트 고원에 가로막힌 탓에 유럽이나 아랍보다 심장지대와 덜 밀접하다고 말했다(매킨더, 2022: 139).[4] 그런데 중국을 내륙아시아와의 관계에서 접근하는 일련의 연구를 참고하면, 중국의 정체성 형성에 심장지대가 미친 영향은 유럽에 못지않아 보인다. 일찍이 오엔 라티모어(Owen Lattimore)는 "한족적 체제와 내륙아시아적 체제를 지향하는 힘의 상호 긴장"으로부터 중국을 응시했고, 토마스 바필드(Thomas Bafield) 역시 정착문명인 중원(중국)과 유목문명의 초원(몽골), 삼림과 초원 문명(만주) 간의 "위태로운 경계"에 주목했다. 또한 김호동은 "농목 전이지대"라는 개념을 제기하여 유목민과 농경민의 관계라는 유라시아적 현상으로부터 중국의 정체성을 사유해야 한다고 주장했다. 이들은 모두 중국의 역사를 중원의 정주문명과 변경의 유목문명과의 부단한 상호 침투와 갈등, 위협, 교섭의 과정으로 보았다(김호동, 2010: 31–34).

4 매킨더 역시 베이징과 델리가 심장지대의 정복자가 설립한 수도임을 인지하고 있다(매킨더, 2022: 139).

그런데 유럽과 중국이 모두 심장지대 기마민족의 침입과 영향을 받았다고 해도 그 결과는 판연했다. 기마민족의 공격으로 인해 여러 개의 민족국가로 분열된 유럽과 달리 중국은 지금까지도 통합된 정체성을 유지하고 있는 것이다. 이와 관련하여, 훈족/흉노[5]의 침입이 유럽과 중국에 정반대의 결과를 가져왔다는 박한제(2015: 182–188)의 주장이 흥미롭다. 그는 5세기 말 흉노가 남북 흉노로 분열했다는 데서 출발한다. 서진한 북흉노가 게르만족의 대이동을 야기하여 유럽의 분열 시대를 열었다면, 동남쪽으로 진출한 남흉노는 한(漢) 제국의 후신인 서진(西晉)을 와해시킨 후 오호십육국(五胡十六國)–북조(北朝)라는 유목국가가 주도하는 또다른 분열 시대를 열었다. 그리고 유럽에서 서로마제국 멸망 후 로마제국의 후예들이 콘스탄티노플에 비잔틴(동로마) 제국을 건설한 것처럼, 중원에서는 유목민족에 밀려난 한족이 강남으로 이동하여 동진(東晉)–남조(南朝) 왕조를 건설했다. 이처럼 유럽이 흉노로 인해 동로마와 서로마로 분열하고 중원이 북조와 남조의 분열했지만, 그 결과는 완전히 달랐다. 동서 로마의 분열이 지금의 동서 유럽으로 고착된 것과 달리, 중원에서는 한 왕조의 전통을 이은 동진·남조 정권이 오호의 후예가 주축이 되어 세운 수·당 왕조에 흡수, 통일되었던 것이다. 요약하면, 훈족의 서진이 로마제국을 동요시켜 오늘의 여러 민족국가로 분열된 유럽을 형성하는 요인이 되었다면, 흉노의 남진은 한제국의 후신을 유목국가가 주도하는 제국 안에 흡수함으로써 하나의 중국을 형성하는 동인이 되었다.

중국에서 정주문명이 유목문명에 흡수됨으로써 오히려 통일성을 유지할 수 있었다는 박한제의 관점은 당 제국 이후의 중국의 역사를 보는 데도 유효하다. 당 멸망 이후 명대에 이르는 역사를 '남북 대립'으로 보았던 오타기 마쓰오(2013: 17–64)의 주장을 살펴보자. 오타기는 당 멸망 이후 열하(熱河) 초원을 근거지로 부상한 몽골계 유목민족인 거란/요(遼)와 송(宋)이 사실상 대등한 남

---

5 훈족=흉노 동족설에 대해서는 긍정론, 부정론, 절충설이 있다. 박한제는 양자를 동일시할 수는 없지만 무관한 것은 아니라는 절충론적 입장을 취한다(박한제, 2015: 183).

북조 관계였으며, 이후 요를 정복하고 북방의 패자가 된 여진/금(金)과 남송에 의해 2차 남북조의 정국이 만들어졌다고 보았다. 심지어 그는 원제국조차도 "불식되지 않은 남북조 상태"의 연장으로 간주했다. 90년이 안 되는 짧은 제국의 수명으로 중원의 오랜 남북 분열 상태를 극복하기는 역부족인바 원제국은 외관상으로는 통일왕조였지만 실질은 통일과 분열 상태가 공존하는 복합체였다는 것이다.[6] 이러한 관점에서 중원의 역사를 개괄해 보면, 한 제국 멸망 이후 오호십육국-북조와 동진-남조의 남북조 상태를 북조의 후신인 수, 당이 통일하고, 이어 요-금과 송-남송의 남북조를 다시 몽골족인 원이 통일했으며, 다시 몽골-금과 명이 대치하는 남북조 상태를 통일한 것이 청제국이다.

오늘의 중화인민공화국의 근간이 되었다고 알려진 청제국의 문명적 정통성을 어떻게 규정할 것인지는 매우 문제적인 논제이다. 중국학계에서는 청제국이 정치적·문화적으로 크게 융성할 수 있었던 원인을 적극적 '한화(漢化)' 정책에서 찾는다. 한족의 문화를 받아들여 자신뿐 아니라 변방의 소수민족 지역을 '문명화'함으로써 현대 중국의 다원민족국가 모델의 원형을 창조했다는 것이다. 그러나 이러한 주장은 1990년대 구미 학계에서 등장한 신청사(新清史) 연구의 거센 도전을 받았다. 청을 중국 왕조가 아니라 내륙아시아적 기원을 갖는 유라시아 제국으로 파악하는 신청사 연구는 청제국이 만주족의 정체성을 상당한 정도로 견지했음에 주목했다(윤욱, 2015: 329-339). 유사한 맥락에서 구범진(2012: 105-108, 235)은 청의 통치방식이 철저하게 한인을 배척하고 만주족의 정체성을 존속하는 격리정책과 본속주의에 기반하였으며, 청의 한화는 19세기 이후 내란과 외환으로 제국의 통치 체제가 크게 흔들리면서 그동안 배제되었던 한인 관료의 역할 비중이 확대된 결과라고 주장했다. 실제로

6 남북 '분열' 상태라는 용어가 적절한지에 대해 생각해 필요가 있다. 장기적으로 농경민족에 대한 유목민족의 침입이 양쪽 모두에 화학적 변화를 발생시켜 불가분의 상태가 되었던 면이 있겠지만, 양자가 애초부터 하나가 아니었다는 점에 주목하면 남북 '분열'보다는 '분리', '대치' 상태라고 말하는 것이 타당할 듯하다.

청 황실은 태조 누르하치 때부터 몽골족을 우대하고 칭기스 칸 일족과 혼인동맹을 맺는 등 스스로를 몽골제국의 계승자로 자임했다(구범진, 2012: 77, 118). 제국의 정통성을 확보하기 위해서는 한때 유라시아 전체를 호령했던 몽골제국의 이름이 필요했던 것인데, 이는 청제국이 자신의 문명적 정통성을 내륙아시아의 유목제국에서 찾았음을 말해준다. 청제국의 특징으로 알려진 '만한일가(滿漢一家)'란 제국의 쇠퇴에 따른 현상이지 청제국의 문명적 본령이 아닌 것이다. 청제국의 본질은 유목문명이 정주문명을 흡수한 것으로서, 제국 말기 두 문명 간 힘의 역전이 발생한 것으로 보아야 한다.

심장지대로부터 온 기마민족의 "두드리는 힘"에 의해 오늘의 유럽 문명이 형성되었다는 매킨더의 말을 상기하면, 중국 문명은 정주문명을 흡수한 유목문명이 다시 정주문명에 의해 역으로 흡수된 복합적 관계의 산물이라 할 수 있다. 심장지대와 유럽이 "절구와 절구공이의 관계"라면, 심장지대와 중국의 관계는 절구공이가 절구를 집어삼켰는데 결과적으로 더 큰 절구가 되어버린 것에 비유할 수 있지 않을까. 그렇게 보면, 중국 문명이 유라시아 심장지대로부터 받은 영향은 유럽이 받은 것보다 한층 더 내재적이고 근본적이다. 유럽 문명이 심장지대에 의해 만들어졌다면, 중국 문명은 그 자체가 심장지대를 내면화한 것이라고 할 것이다.

이러한 관점에서 '일대일로'를 바라보면 (중국이 의도했든 아니든) 그 역사문명적 무게가 다르게 다가온다. SCO와 '일대일로'가 지니는 위력은 중국의 군사력이나 공격적인 자본력보다 그 강력한 역사문명적 지시성에 있다. 자본의 힘이 아무리 위력적이라 하더라도 역사와 문명과 같은 심층 차원에서 유라시아 심장부와 내재적 관계를 구축하지 않고서는 이 광대한 지역을 장악할 수 없다. 중화인민공화국의 기틀을 놓았다고 알려진 청제국의 문명적 본령이 유라시아 유목문명이라는 관점에서 보면, SCO와 실크로드경제벨트를 지탱하는 이보다 더 강력한 이념적 정당성은 없다. 2000년대 '서부 대개발'에 이어 2010년대 중국 학계에 '서진론(西進論)'이 출현하여 중국이 원래 유라시아 국가였다는 주장이 일어났던 것도 '일대일로'의 역사문명적 근거를 구축하는 작업의 일환이었던 것이다(이남주, 2015; 백지운, 2018).

따라서 육상·해상·극(polar)·디지털 노선을 포괄하는 입체지도로서의 '일대일로'의 핵은—그 경제적 효과는 미미할지라도—정치적·이념적 상징성을 응축하고 있는 육상노선에 있다. 정치적 힘은 지리와 역사의 상관관계에서 나온다. 육상노선에 담겨진 역사문명적 지시성은 '일대일로'에 이념적 힘을 부여하며 그것을 정치적으로 지속시킨다. 역사적으로 중국의 실크로드에 경제교역보다 정치군사적 목적이 더 강했다는 김호동(2010: 49–57)의 주장도 '일대일로'의 육상노선과 SCO의 상징적 의미를 파악하는 데 참조가 된다. 그에 따르면, 역대로 서북지역에 대한 중국의 논리는 언제나 전략적이고 군사적이었다. 한 무제가 장건을 서역에 파견한 이유는 월지와 동맹을 맺어 흉노의 오른팔을 끊기 위해서였고, 당 태종이 쿠차에 안서도호부를 설치하여 중앙아시아를 장악했던 까닭도 몽골리아 초원의 돌궐을 제압하기 위함이었다. 청 건륭제가 신장을 정복한 것도 유목세력 준가르를 제압하는 과정에서였다. 실크로드에 대한 유목국가들의 관심이 농경지역의 물자를 확보하고 원거리 교역에서 발생하는 이익을 차지하려는 경제적 목적에서 나왔던 것과 달리, 중국에 실크로드는 북방의 유목세력을 견제하고 황제의 권위를 과시하는 정치적 목적이 더 중요했다. 이러한 광경은 지금의 '일대일로'와 SCO에서도 유사하게 펼쳐지고 있다.

'일대일로'의 지도는 중국 문명과 유라시아의 관계를 어떻게 인식하는가. 역사적으로 진한(秦漢)을 제외하고 중원을 지배한 것은 모두 내륙아시아의 유목민족이었다. 그중에서도 중원과 서북 변경을 모두 휘하에 넣어 실질적으로 지배했던 것이 청제국이다. 중원의 역사를 기마문명과 농경문명간의 남북 대립의 연속으로 파악했던 오타기의 관점을 빌리면, 진정한 의미에서 남북 분열이 극복된 것은 청제국의 통치 기간이라 할 것이다. 청의 위대한 유산이자 현대 중국의 다원민족국가 이념의 기초가 된 '대일통(大一統)'이란 바로 남북 통합, 즉 유목문명과 정주문명의 통합을 의미하는 것이다. 그러나 청조가 붕괴하자마자 몽골과 티벳이 곧바로 독립을 선언했던 사실에서 보건대, 청제국의 남북 통합 역시 완전한 것은 아니었다. 1911년 신정몽골국 수립을 선포했던 몽골의 왕공들은 원래 몽골이 복속했던 대상은 청 황실이지 중국이 아니며 중국과 몽골은 아무런 타고난 연계가 없다고 주장했다(Esherick, 2006: 242－243). 20세기 초 입헌파와 혁명파의 대립 역시 장차 건설할 중국의 근대국가가 남북 통합을 지향할 것인지, 남북 분리로 회귀할 것인지를 놓고 벌어진 논쟁인 셈이다.. 새로운 중국이 한·만·몽·회·묘·장을 합쳐 하나의 대민족을 구축해야 한다고 역설했던 량치차오(梁啓超)와, 티벳·무슬림·몽골이 중국에 남을지 여부는 그들 스스로 결정케 하자고 했던 장빙린(章炳麟)의 대립은 중국의 정체성을 둘러싼 대중국주의와 소중국주의의 대립이었던 것이다(Esherick, 2006: 237).

대중국주의와 소중국주의 논쟁은 중화민국의 수립과 함께 대중국주의의 압승으로 싱겁게 끝났다. 북방의 변경 민족에 대한 멸시와 복수심이 널리 퍼져 있었음에도 불구하고, 당시 공론장에서 중화민국을 소중국으로 제한해야 한다는 주장은 거의 찾아보기 힘들었다(Esherick, 2006: 244－248). 1912년 1월 1일 혁명정부의 초대 총통 쑨원(孫文)이 「임시대총통선언서」에서 "한·만·몽·회·장 등을 합하여 하나의 나라가 되고 한·만·몽·회·장의 제 민족이 한 사람이 되는" 오족공화(五族共和)의 이념을 선포함으로써 중화민국은 공식적으로 대중국주의를 표방했다.[7] 그리고 그것은 다시 중화인민공화국의 '중화민족 다원일체구조'라는 이념으로 계승되었다.

7 '오족공화'를 선언한 것은 쑨원(孫文)이지만 그 이념을 먼저 제기한 것은 청조 및 입헌파 지식인이었다. '오족공화'가 혁명정부의 기치가 된 것은 우창(武昌) 기의 직후 남북협상 과정에서 북측 대표의 주장을 남측이 받아들인 결과였다. 북측이 오족공화를 제기한 배경에는 입헌파 인사 장젠(張謇)이 있었으며 그 사상 계보는 양두(楊度)의 "金鐵主義說"(1907), 량치차오(梁啓超)의 "정치학 내가 브룬칠리의 학설"(1903) 등으로 거슬러 올라간다. 오족공화의 이념이 북측에서 나올 수 있었던 이유에 대해 무라다 유우지로오는 남방을 근거지 삼아 혁명을 추동했던 혁명정부는 제국을 경영해 본 적이 없기 때문에 대중국에 대한 현실적 감각이 없었던 반면, 제국을 경영해본 북방 정부는 외중국을 상실할지 모른다는 위기감이 한층 절박했다고 설명했다(村田雄二郎, 2004: 122－125).

그렇다면 오늘의 중화인민공화국은 유목민족이 아닌 한족의 정주문명이 주도하여 중원과 변경을 통일적으로 통치한, 다시 말해 중원의 역사를 관류해온 '남북 분열'을 극복하여 오랜 정치적 이상으로서 존재해온 '대일통'을 구현한 최초의 정치체인 셈이다. 그러나 냉전질서와 미국의 단극체제가 지배했던 지난 세기 모든 역량을 동부연안에 집중해야 했던 중화인민공화국은 형식적으로는 서북 변경과 중원을 아우르는 대중국이었을지언정 실질은 여전히 소중국 체제였다. 21세기 초 서부대개발에 이어 SCO 결성과 같은 토대작업을 거쳐 '일대일로'라는 메가 프로젝트를 출범시킨 중국의 행보는, 오랫동안 유보되었던 대중국의 정체성을 복원하려는 시도였다고 볼 수 있지 않을까. 그런 점에서 유라시아 심장지대와의 내재적 관계를 소환하는 '일대일로'의 지도는 중국의 의도와 무관하게 중국문명의 정체성을 새롭게 문제화한다.

이 지점에서 역사문명적 지도로서 '일대일로'의 딜레마가 모습을 드러낸다. 중국의 주류 학계는 청제국의 문명적 본령을 유라시아 유목제국으로 보는 신청사 연구 경향에 반발하여 한족 중심의 다원민족국가로 보는 입장을 견지하고 있다. 이는 중국 역사의 큰 줄기를 진한을 거쳐 확립된 군현제(郡縣制) 중심의 대일통 체제로 정의하는 중국의 공식적인 역사관과 상통한다. 유가의 예악제도를 통해 변경의 유목민족을 중원의 한족 문명으로 교화시키는 것이 역대 왕조가 추구해온 대일통이며 그것이 최정점에 이른 것이 청조라는 역사관이다. 이 대일통의 역사관이 시진핑 시대에 들어 사회주의 문명국가라는 이데올로기로 재정비되고 있다. 이를 테면, 옌이룽 등(2015)은 중국을 민족국가, 정당국가, 문명국가의 유기적 결합으로 정의하고, 중화민족을 정치적 정체성과 문명적 정체성을 결합한 56개 민족으로 규정했다. 그리고 이로부터 "민족중화문명과 중국공산당 그리고 사회주의혁명의 삼위일체"를 정위했다. 반봉건을 주요한 사상적 기치로 삼았던 중국 사회주의혁명이 5천년 중국문명의 연장선상에 놓이게 되는 아이러니는 차치하더라도, 중화민족이라는 문명적 정체성과 사회주의라는 정치적 정체성을 결합시키는 이론구조에는 오늘의 중국을 구성하는 정체성에 깊숙이 내재한 내륙아시아와의 관계를 억압하는 기제가 작동하고 있다. 매킨더의 지정학이 유럽 문명이 내륙아시아에 의해 만들어졌음을 인식하는 데서 출발했음을 상기하건대, 유라시아를 주축으로 삼는 '일대일로'의 기획에 중국 문명에 대한 근원적 재인식의 여지가 열려있는가.

V. 문명기획으로서 '일대일로'의 딜레마

"우리는 막 시작된 20세기의 문턱에서, 지금까지와는 다르게, 더 완전한 시각으로 세계 지리와 역사 사이의 상관관계를 확실히 파악할 때를 맞닥뜨렸다."

-매킨더, 「지리학으로 본 역사의 추축」(1904) 중에서

귀환하는 지정학의 시대, 매킨더를 읽으면서 새로 발견하는 지점은 지정학이 궁극적으로 자신(국가, 민족)이 누구인지를 찾아가는 정체성 사고라는 것이다. 그것을 형이상학적으로 끌고갔던 독일 지정학의 과도한 정신주의를 지양하면서, 매킨더는 지리와 역사 사이의 상관관계로부터 유럽이라는 자아를 새로 인식하고 그로부터 두 차례의 세계대전이 발발했던 당대의 현상을 구명(究明)하고자 했다. 21세기 초 '일대일로'라는 중국의 거대한 세계구상이 세상에 나오게 된 직접적 동력은 정치경제적인 요구였을 것이다. 그러나, '지도 그리기(mapping)'란 필경 자신이 선 위치를 파악하고 자신이 누구인지를 인식하는 과정이다. '일대일로'의 지경학의 외피와 지정학의 내피 안에 감춰진 내핵은 문명론이다. 육상노선과 해상노선의 그물망으로 전지구를 연결하는 '일대일로'의 거대한 구상 저변에는 서구문명이 지배해온 지난 수세기의 역사에 대한 대안세계의 모색이 은닉해 있다.

'일대일로'가 세상의 주목을 받기 전인 2015년, 원톄쥔과 황더싱(2015: 95-98)은 20세기를 관통하는 지정학의 관점에서 '일대일로'의 맥을 짚은 바 있다. 「중국의 '일대일로'는 평화발전의 이념인가」라는 글에서 이들은 미완의 기획으로서의 '일대일로'의 성패는 1980년대 이후 전지구를 지배해온 미국

의 자유민주주의 담론과 겨룰 만한 대안적 이념과 비전을 제시할 수 있느냐에 달려 있다는 의미심장한 경고를 남겼다. 그런데 마치 이에 호응이라도 하듯, 2017년 왕후이(汪暉)가 「두 대양 사이의 신 대동상상(兩洋之間的新大同想像)」이라는 글을 발표하여, '일대일로'가 자본주의 경제 양식을 극복하고 중국의 역사문명과 사회주의를 연결하는 탈근대 사회주의 문명기획이라는 관점을 내놓았다(백지운, 2018: 220). 이 글은 같은 해 『신주기(新週期)』라는 단행본에 수록되면서 '두 대양 사이의 문명(兩洋之間的文明)'으로 제목을 고쳤는데, 이로써 '일대일로'를 "문명 재창조의 기획"으로 보는 저자의 사고가 한층 명확해졌다(汪暉, 2017: 254). 여기서 '두 대양'이란 인도양과 태평양을 뜻한다. 유라시아를 정중앙에 두고 양편에 인도양과 태평양을 거느리는 그림으로 '일대일로'의 지도를 풀이하면서, 왕후이는 태평양을 내해(內海)로 삼아 아시아를 압박했던 서구적 근대에 대한 대안적 문명 추구의 의미를 불어넣었다.

태평양을 중심에 두는 20세기의 지리 상상을 유라시아를 축으로 하는 새 지도로 교체하려는 왕후이의 작업에는 독일 철학자 칼 슈미트의 흔적이 짙게 드리워져 있다. 그가 "일대일로가 대동하는 역사 상상"이 "근대 해양사관의 역전을 내포"한다고 말했을 때, 이때의 '역전'이란 단순히 해양 시대를 부정하거나 대륙 시대로의 귀환을 의미하는 것은 아니었다. 그것은 근대 이래 서양의 '내해'로 장악되었던 바다를 해방시켜 "해양시대"의 보편성이라는 규범(nomos)에 억압되었던 바다를 원래의 바다로 해방시킨다는 뜻이었다. 그가 '일대일로'를 "해양시대의 부정이 아니라 해양시대의 완성"이라고 말한 것은 이러한 맥락이었다(汪暉, 2017: 237－248).

인도양의 발견은 바다를 근대의 규범으로부터 해방시키기 위한 인식의 출구였다. 왕후이가 볼 때, 근대 해양시대는 대서양과 태평양을 영국과 미국의 소유로 구획하는, 사실상 "땅의 노모스"에 의해 지배되고 있었다(汪暉 2017: 238). 그것은 마치 전지구적 공간질서의 근본 노선인 '땅과 바다의 분리'가 표면적으로는 육지를 각 주권국가의 소유로, 바다를 모두의 공간으로 사고하는 듯하지만 그 본질은 영국의 대양 지배였다는, 슈미트의 '땅의 노모스' 개념을 상기시킨다. 그래서 그는 진정한 의미에서 바다의 노모스를 획득하기 위해서는 특정 바다를 특정 국가의 '내해'로 간주하는 육지적 사고에서 벗어나 바다가 "누구에게도 속하지 않거나 모두의 것"(슈미트, 2016: 106)으로 되돌리는 "상호 내해"(汪暉, 2017: 238)화를 실현하는 것이라고 말한 것이다. 왕후이가 태평양과 인도양을 '하나의 바다'로 연결시키는 '두 대양의 문명' 개념을 제출한 것은 태평양에 그어져 있던 구획선을 지워 미국의 소유로부터 해방시킨다는 의미였다.

수정본 「두 대양의 문명」에서 가장 핵심적인 부분은 중국의 서북 변경지역을 바라보는 해양적 관점을 제출하는 대목이다. 여기에도 슈미트의 그림자가 어른거린다. 슈미트가 근대 공간혁명의 핵심을 영국의 해양실존의 획득, 즉 "땅을 보는 해상적 관점"의 획득에서 찾았던 것과 유사하게(슈미트, 2016: 113), 왕후이는 청말 서북사지학(西北史地學)의 공자진(龔自珍: 1792 – 1841)으로부터 서북 변경을 보는 해양적 관점을 이끌어내었다.

청대 후기 개혁 사상가였던 공자진은 많은 수식어가 따르는 인물이다. 외조부 단옥재(段玉裁) 밑에서 고문경학의 가풍에서 자랐던 그는 28세가 되던 1819년 상주(常州) 공양학파(公羊學派) 유봉록(劉逢祿)의 문하에서 공양학을 배웠고 이후 공양학은 그의 개혁적 사상의 기반이 되었다(김형렬, 2016: 138 – 140). 왕후이가 주목한 것은 "변경 전문가"(휘트벡, 2006: 157)로서의 공자진이었다. 공자진은 위원(魏源)과 함께 가경(嘉慶)·도광(道光)기에 흥성한 서북사지학의 대표적 인물이었다(최희재, 2015: 293 – 304). 「두 대양의 문명」에서 왕후이는 공자진이 1821년 도광제(道光帝)에 올린 상주문 「서역치행성의(西域置行省議)」를 통해 변경을 바라보는 해양적 노모스의 사상적 근거를 탐색해 나간다.

「서역치행성의」에서 공자진은 신장(新疆)에 행성(行省)을 설치하고 내지로부터 이민을 장려하여 서북지구에 대한 청의 지배력을 공고히 하자는, 당시로서는 획기적인 제안을 했다. 이에 대해 왕후이는 신장 문제를 중국 문제의 일환으로 체계적으로 사고한 소수의 선각자로 평가했다(汪暉, 2017: 235). 건륭제(乾隆帝) 시기까지 청조는 한인 관료의 활동 범위를 과거 명나라의 직성(直省)으로 제한하는 격리정책을 썼기 때문에, 한인 지식인의 내륙아시아에 대한 감각은 매우 제한되어 있었다. 건륭제가 서거한 1799년 이후에야 비로소 한인 지식인의 '지적 주권(intellectual sovereignty)'이 내륙아시아로 향하기 시작했으니(Mosca, 2011: 89–91),[8] 19세기 초 서북사지학의 흥기는 가경·도광 시기 제국 통치가 느슨해진 시기의 소산이었다(최희재, 2015: 277–316).

왕후이의 주안은 공자진의 영토적 시야가 내지를 넘어 서북 변경까지 확장되었다는 것만은 아니었다. 그가 주목했던 것은 서북지역을 바라보는 공자진의 시선이 동남 연해라는 바다에서 출발한다는 것이었다. 그는 공자진이 "바다와 접하지 않은 서북(西北不臨海)"이라는 시각에서 변경 지역을 정의하는 데 착목한다. 이제까지 서북을 정의하는 준거가 변경 안과 밖의 종족과 왕조의 차이에 갇혀 있었다면, 공자진은 시선을 남쪽으로 끌어내려 동남 연해의 바다로부터 서북의 광활한 대륙을 응시했다는 것이다. 이를 왕후이는 송명이학(宋明理學)적 화이지변(華夷之辨)의 관념으로 '중국'을 사고해온 종래의 시각과 전적으로 차별화되는 '전위적 시야'라고 강조한다(汪暉, 2017: 234–235).

문제적인 대목은 왕후이가 서북 변경을 응시하는 공자진의 시선으로부터 "서해로 통하는 길" 즉 인도양을 향하는 루트를 발견하는 지점이다.

> "성조(聖朝)는 이미 동남의 두 바다를 모두 가졌고 몽골의 할하부족을 통제하였으니 북쪽도 막혔다고 할 수 없습니다. 고종 황제 또한 천운을 받아 태어나셨으니 천운에 응해 무력을 사용함이 마땅한바 마침내 선조의 병력을 이어받고 동남북의 무리를 이용하여 서쪽 변경을 개척하셨습니다. 멀리 수도에서 1만 7천 리 떨어진 서쪽 번속국(藩屬國)은 아직 통치되지 않고 있으니 하늘이 장차 서해로 통하는 길을 내려고 하는 것인지요? 아직 가늠할 수 없습니다."(龔自珍, 1999: 105; 汪暉, 2017: 235)

8 이어 1850-60년 태평천국의 난, 산시 회족의 난 등의 내란을 증국번, 이홍장, 좌종당 등이 진압하면서 19세기 후반 내치와 외교에서 한인 관료의 역할과 비중이 대거 증대하게 되었다(구범진, 2012: 227–233).

이제까지 학자들은 이 상주문에서 말하는 '서해'가 어디인지 그다지 주목하지 않았던 듯하다. 주디스 휘트벡(2006: 164)도 공자진이 서북지역에 새로 형성된 지역을 전략적 근거지로 삼아 국경을 중앙아시아로 확장할 것을 주장했으며 심지어 '서해'에 도달할 때까지 국경 확장 정책을 추진할 것을 암시했다고 말했지만, 서해가 구체적으로 어디인지는 추정하지 않았다. 지도를 살펴보면, 중국의 서부 변경에서 도달할 수 있는 바다는 카스피해 아니면 왕후이의 말처럼 인도양일 가능성이 없지 않다. 주목할 것은 왕후이가 서북변경을 바라보는 공자진의 시선으로부터 '일대일로' 육상노선의 중심 부분인 '중국-파키스탄 회랑'의 역사적 근거를 발견한다는 사실이다.

> "그러나 오늘의 시각에서 본다면 서해는 곧 인도양이 아닌가? 이 노선은 과다르항으로 통하는 중국-파키스탄 회랑이 아닐까? 그렇다면 그 중추는 우리가 현재 서 있는 카스가 아닌가? 우리가 지금 신장을 '실크로드경제벨트'의 '핵심지역'으로 보는 이유는 공자진이 일찍이 그렸던바 해양의 시야에서 내륙지역의 지정학적 중요성을 풀어냈던 것에서 연원하는 것 아닌가. 그런 의미에서 그의 상주문이 '일대일로'(내륙과 해양) 구상의 전주였다고 해도 어느 정도 일리가 있지 않겠는가?"(汪暉, 2017: 236)

동남 연해, 즉 태평양의 끝에서 서북 변경을 응시했던 공자진의 시선이 다시 인도양으로 나오는 루트를 통해 왕후이는 변경을 응시하는 해양적 관점을 구축한다. 인도양과 태평양을 하나의 연결된 바다로 사고하는 지리 상상에서 신장(카스)은 전적으로 새로운 의미를 부여받는다. 근대의 규범으로부터 해방된 '완성된 해양시대'의 지도에서 유라시아는 더 이상 바다에 포위되거나 위협당하기는커녕 두 대양을 양쪽에 거느리는 대륙으로 부상하는바 그 중추가 바로 신장인 것이다. 따라서 신장의 지정학적 의미는 유라시아 대륙의 중심부를 넘어선다. 신장을 응시하는 공자진의 시선이 인도양이라는 대안의 바다를 탐색하는 해양적 시선이라고 말함으로써, 왕후이는 혈관처럼 곳곳으로 뻗어

나간 육해상 노선들에 혈액을 실어나르는, '일대일로'의 심장부의 역할을 신장에 부여한 것이다.

지정학은 역사와 지리의 상관관계로부터 자아를 재인식하는 정체성의 사고이다. 신장을 대륙과 해양의 근대적 관계를 전복하는 새로운 탈근대적 문명지도의 주축으로 부상시키는 왕후이의 작업이 궁극적으로 향하는 곳은 바로 중국의 의미를 재정의하는 것이었다.

> "이러한 의미에서 서역에 대한 그(龔自珍-인용자)의 탐구는 이 지역에 대한 탐구만은 아니다. 그것은 세계관의 수정, 혹은 자신의 세계관을 재구성하는 것이기도 하다. 지역적 의미뿐 아니라 자아의 이해라는 의미에서 중국과 세계를 새로 정의하고 '우리'의 의미를 재정의하는 것이다. 이는 또한 종래의 하나의 지역을 중심에 두었던 시각을 태평양 연해에서 인도양 연해까지, 즉 '두 대양' 사이에서 대륙을 관찰하는 시각으로 뒤바꾼다. 이러한 시각에서 보면 오랫동안 주변과 변경의 지위에 머물러왔던 지역이 돌연 중국을 관찰하는 중심의 하나로 돌변한다. 이 돌변은 더이상 당 이전의 장안(長安)도 중원도 아니고, 명청 시기의 강남(江南)도 아닌, 서역을 출발점으로 삼아 시대의 변화를 관찰하고 미래의 전략을 사고하는 것을 뜻한다. 서역의 시야가 없다면 새롭고 완정한 중국은 정의될 수 없다."(汪暉, 2017: 240)

"서역의 시야가 없다면 새롭고 완정한 중국은 정의될 수 없다"는 말에는 내륙에서 태평양을 응시했던 기존의 인식 지도를 전복시켜 바다에서 유라시아 심장부로 향하는 심상지리를 구축하고 그로부터 중국을 새롭게 정위하겠다는 야심찬 선언이 담겨 있다. 그런데 이 공언 어딘가에 모종의 위기의식이 감지된다. 사실, 청말 서북사지학파가 변경에 관심을 기울였던 계기는 동남 연해를 압박하는 서구 열강에 대한 위기의식이었다. 공자진이 「서역치행성의」에서 푸젠과 장시(江西)의 아편 제조자들을 서북변경으로 이주시켜 농경과 목축을 사역시키자고 주장하고 「동남 해안에서의 해외 무역선 금지에 대한 제안」(1820)에서 해외무역의 완전한 금지를 옹호했던 것이나(휘트벡, 2006: 163-166), 서북사지학자이자 『해국도지(海國圖志)』의 저자인 위원(魏源)이 『성무기(聖武記)』(1842)를 집필하여 청조의 서역 정복을 찬양했던 사례 들을 보더라도(최희재, 2015: 299), 19세기 서북사지학의 흥기는 동남 해안에서 다가오는 위기의식에서 촉발된 것이었다. 그렇게 보면, 청대 서북사지학으로부터 '일대일로'의 역사적 전조를 찾는 왕후이의 작업 근저에는 부지불식간에 과거와 현재 중국이 처한 위기에 대한 모종의 동일시가 작용하는 것은 아닐까. 동남 연해에서 압박해오는 열강에 대한 위기의식으로부터 공자진이 시선을 서북 변경으로 돌리고 인도양이라는 출로를 모색했던 것처럼, 그는 오늘날 좁혀져 오는 미국의 대중 포위망에 맞서 유라시아-인도양이라는 공간적 돌파의 의미를 '일대일로'에 투영했던 것 아닐까. 정체성의 재인식은 대체로 위기의식에서 비롯된다. 중국과 세계의 관계에 대한 인식의 일신으로부터 자신의 정체성을 재규정하는 문명기획으로서 '일대일로'의 합목적성의 근거를 청제국의 변경 인식에서 찾았던 왕후이의 지적 작업은 '일대일로'가 결국은 미국과의 관계에 대한 반작용(reaction)임을 은연중에 드러낸다.

여기서 간과해선 안 될 중요한 대목이 있다. 인도양과 태평양을 하나의 통합된 바다로 재규정하여 탈근대적인 차원에서 바다의 노모스를 수립하고자 하는 왕후이의 시도가 '인도-태평양' 개념을 처음 제기한 칼 하우스호퍼를 떠올린다는 것이다. 하우스호퍼가 앵글로-아메리카 세력에 장악된 대서양-태평양에 대한 대항 권역으로서 '인도-태평양'을 구상했던 역사적 배경에는 1차대전 직후 중국과 인도를 대표로 하는 아시아 반제국주의의 물결이 있었다. 아시아 신생 독립 세력들과 손을 잡고 앵글로-색슨 제국주의를 협공한다는 것이 하우스호퍼가 구상했던 인도-태평양의 지정학적 함의였다(김일년, 2022: 510). 왕후이의 '두 대양'이 하우스호퍼만큼 노골적 반서구주의를 표방하는 것은 아니지만, 그 지리적 상상이 근대 서구 특히 미국의 태평양 지배에 대한 대항과 도전을 담고 있으며, 무엇보다 인도양을 발견함으로써 자신을 압박하는 지정학적 포위를 돌파하고자 했다는 점에서 양자의 유사성은 결코 작지 않다.

이런 관점에서 보면 '인도-태평양 전략'과 '일대일로'라는 지금의 지정학적 대결구도는 그야말로 역설적이다. 하우스호퍼로부터 '인도-태평양'이라는 이름을 (일본을 거쳐) 전유해간 것은 미국이지만, 그것과 유사한 이념을 품고 있는 것은 '일대일로'인 것이다.

유라시아 심장지대를 주축에 두는 지리적 상상으로부터 중국의 정체성을 재규정하고자 하는 '일대일로'의 문명지도는 근원적인 딜레마를 안고 있다. 즉, 한편으로는 한때 유라시아 심장부를 지배했던 유목문명과 오늘의 중국문명의 내재적 관계를 소환하면서 동시에 그것을 억압하는 이념구조를 지닌다는 것이다. 이는 청말 서북사지학을 소환했던 왕후이가 드러낸 문제이기도 하다. 이를 테면, 서북사지학의 변경 인식으로부터 송명이학(宋明理學)의 화이지변(華夷之辨), 군현제적 내외 인식, 나아가 유럽의 민족국가와 구별되는 다원성 제국의 시야를 끌어내고자 했던 왕후이와 대조적으로, 매슈 모스카(Mosca, 2011: 89–132)는 청조 한인 사대부의 변경관이 내륙아시아의 비한족 거민과 어떠한 의미 있는 교감도 결여된 그들만의 대화였다고 일축했다. 가경제 이후에야 서북변경에 대한 지식 생산자로 참여하게 된 한인 사대부들은 방법론이나 인식에서 대일통(大一統)이라는 선진시대 이래의 군현제적 세계관을 벗어나지 못했다는 것이다. 나아가 모스카는 서북사지학의 변경 인식이 민국시기 오족공화론을 포함하여 한족과 중원을 중심으로 중국 정체성을 사고하는 소중국주의의 근간이 되었다고 주장했다. 이러한 견해는 서북사지학을 소환하는 왕후이의 시도가 심장지대와 중국문명의 관계를 왜곡할 수 있는, 다분히 논쟁적인 것임을 보여준다.

중국에 내재하는 유라시아성을 소환한다는 것은 다원성 제국과 같은 추상적인 언어가 아닌, 중국의 서북 변경에 실제로 존재하는 이질성과 그로 인해 발생하는 갈등에 제대로 직시하는 것이어야 한다. 그러나 왕후이가 해석한 '일대일로'의 지도의 중심으로 부상한 신장에는 이러한 불편한 요소들이 말끔하게 지워져 있다. 타자와의 경계를 무화하는 동질성의 세계관에서 중국은 어떻게 세계와 자아와의 관계를 일신하고 그로부터 자신의 정체성을 재인식할 것인가. 오늘날 중국의 공적 담론에서 강조되는 중화민족의 문명정체성에 유라시아 심장지대는 어떻게 관계하고 있는가. 이는 유라시아라는 지리적 상상을 불러내는 '일대일로'의 지정학 지도가 딛고 선 역사문명적 기초이자, 대안적 문명기획으로서 이념과 가치를 모색하기 위해 그것이 직시해야 할 근원적인 물음이다.

참고문헌

구범진. 2012. 『청나라, 키메라의 제국』. 서울: 민음사.

김일년. 2022. "오래된 미래: 미중 냉전과 인도–태평양의 형성." 『역사학보』 253.

김형렬. 2016. "龔自珍의 經學論과 歷史認識." 『중국사연구』 102집.

김호동. 2010. 『몽골제국과 세계사의 탄생』. 서울: 돌베개.

니콜라스 존 스파이크만 저. 김연지 · 모준영 · 오세정 역. 2019. 『평화의 지정학』 고양: 섬앤섬.

모준영. 2019. "스파이크먼의 지정학과 그 영향." 니콜라스 존 스파이크만 저. 김연지 · 모준영 · 오세정 역. 『평화의 지정학』. 고양: 섬앤섬.

박한제. 2015. 『대당제국과 그 유산–호한통합과 다민족국가의 형성』. 서울: 세창출판사.

백승욱. 2022. "우크라이나 전쟁과 동아시아 지정학의 변화." 『경제와사회』 2022년 가을호.

백지운. 2018. "일대일로와 제국의 지정학." 『역사비평』 123집.

브레진스키 저. 김명섭 역. 2017. 『거대한 체스판: 21세기 미국의 세계 전략과 유라시아』 서울: 삼인.

신욱희. 2021. "지경학의 시대-주체/구조와 안보/경제의 수평적 상호작용." 경남대학교 극동문제연구소.

옌이룽 외. 2015. 『중국공산당을 개혁하라』 서울: 성균관대출판부.

오타기 마쓰오(愛宕松男) 저. 윤은숙 · 임대희 역. 2013. 『대원제국』 서울: 혜안.

원톄쥔 · 황더싱 저. 백지운 역. 2015. "중국의 '일대일로'는 평화발전의 이념인가." 『창작과비평』 43권 3호.

윤욱. 2015. "신청사와 앞으로의 과제." 『역사와세계』 47집.

이남주. 2015. "중국의 서진전략과 일대일로–아시아 협력의 새로운 전환점이 될 수 있는가." 『황해문화』 2015년 겨울호.

이승주. 2021. "세계경제의 네트워크화와 미중 전략 경쟁 – 복합 지경학의 부상." 서울대학교 국제문제연구소 편. 『지경학의 기원과 21세기 전환』. 서울: 사회평론 아카데미.

정의길. 2022. 『지정학의 포로들』 서울: 한겨레출판.

주디스 앤 휘트벡(Judith A. Whitbeck) 저. 김형열 역. 2006. 『공자진의 생애와 사상 – 청말 개혁사상을 중심으로』 부산: 신지서원.
최희재. 2015. "청 가경도광기 서북사지학 연구의 역사적 의의." 『역사문화연구』 제53집.
칼 슈미트 저. 김남시 역. 2016. 『땅과 바다: 칼 슈미트의 세계사적 고찰』 서울: 꾸리에.
해퍼드 존 매킨더 저. 임정관·최용환 역. 2022. 『심장지대: 매킨더의 지정학과 지리의 결정력』 파주: 글항아리.

龔自珍 저. 王佩諍 校. 1999. 『龔自珍全集』 上海: 上海古籍出版社.
村田雄二郎. 2004. "孫中山與辛亥革命時期的"五族共和"論." 『廣東社會科學』 2004年 第5期.
汪暉. 2017. "兩洋之間的文明." 汪暉 외 저. 2017. 『新周期: 逆全球化, 知能浪潮與大流動時代』 沈陽: 遙寧人民出版社.

Esherick, W. Joseph. 2006. "How the Qing Became China," Esherick. W. Joseph, Kayali, Hasan, Young, Eric Van(ed.) *Empire to Nation: Historical Perspectives on the Making of the Modern World,* Lanham·Boulder·New York·Toronto·Oxford: Rowman & Littlefield Publisher, INC.
Mosca, W. Matthew. 2011. "The Literati Rewriting of China in the Qianlong–Jiaqing Transition," *Late Imperial China,* Volume 32, Number 2.
Li, Hansong. 2022. "The 'Indo–Pacific': Intellectual Origins and International Visions in Global Contexts," *Modern Intellectual History*, vol. 19.

"태국·키르기스스탄과… 中 '일대일로 철도' 연결 다시 속도" 『조선일보』 2022.7.23.
"中國政府與巴勒斯坦政府簽署共建'一帶一路'諒解備忘錄." 國家發展改革委 2022.12.9).
"Azerbaijan: The Summit of the member countries of the Shanghai Cooperation Organization has started in Samarkand. President of Azerbaijan Ilham Aliyev is participating in the Summit." *MENA report* 2022.9.19).

"China: A Trip That Pointed the Way Forward in Turbulent Times and Reinvigorated the Ancient Silk Road" *Asia News Monitor* 2022.9.19.
"Could the war in Ukraine go nuclear?: Sixty years after the Cuban missile crisis, the world again worries about nuclear war" *The Economist* 2022.9.29.
"Erdogan Confirms Turkey's Aim to Join Shanghai Cooperation Organization" *CE Noticias Financieras* 2022. 9.19.
"Intelligent Diplomacy Helped Iran Become SCO Member" *IRNA* 2022.10.7.
"SCO summit reinforces global trend toward multipolarity" *Arab News* 2022.9.18.
UN Department of Economic and Social Affairs. 2022. "World Population Prospects 2022"

• • • •

제8장

21세기 아시아의 한국발(發) 청사진: 유라시아 이니셔티브에서 신남/북방 전략까지

이정훈(서울대학교 아시아연구소 HK사업단, 중어중문학과)

I. 한국의 아시아 상(像): 결락과 귀환

우리 역사를 돌이켜 볼 때 '아시아'에 대한 인식과 비전이 존재했는가라는 물음이 제기된다면 선뜻 그렇다는 답을 내놓기가 망설여진다. 근대 이전 시기에는 천하의 '중심'으로 상정된 중국의 왕조에 대해 스스로를 동쪽의 나라로 자처해왔으되 지리상의 발견 이후 서구 중심의 세계 인식과 더불어 등장한 아시아라는 지역 구획의 개념은 당연히 부재했다고 보아야 할 것이다. 아편전쟁 이후 절대적으로 생각했던 청 왕조의 권위가 약화되고 중국을 천하의 중심으로 보아온 전통적 지리감각이 약화되면서 조선은 서양과 동양이라는 양분법적 구도로 세계를 인식하기 시작했으며, 스스로를 동양의 일원으로 인식하기는 했으나 아직 '아시아'를 하나의 단위로 삼는 지역에 대한 인식틀이나 소속감은 여전히 미약한 상황이었다. 19세기 말 이후 우리가 겪은 험난한 역사적 굴곡을 통해 우리는 자신의 운명이 국제사회와도 밀접한 관계에 놓여 있음을 자각하기 시작하였고 스스로를 세계를 이루는 국제사회의 한 구성원으로 자리매김하게 된다. 우리에게 자신과 세계에 대한 인식은 단순히 세계가 다섯 개의 대양과 여섯 개의 대륙으로 이루어져 있으며 우리는 아시아라고 불리는 대륙의 동쪽 끝이 태평양의 서쪽과 만나는 지역에 자리하고 있다는 위치에 관한 객관적 사실의 인식을 넘어 서구 열강의 침탈, 이웃 나라 일본의 식민지배, 독립운동의 한 방식으로서의 국제사회의 여론에 대한 호소, 2차대전 승전국으로서의 미국과 소련의 남북한 분할 점령, 한국전쟁 발발과 유엔의 참전 등 우리가 세계와 맺은 고통을 동반한 복잡한 관계성을 통해 획득된 것이기도 하였다.

그런데 이런 고통을 동반한 체험을 통해 각인된 우리와 세계의 관계성에 대한 인식에도 불구하고 아시아를 우리의 지리적 귀속감과 정체성의 근거로 삼는 감각은 여전히 충분한 실감으로 내재화되었다고 말하기는 어렵다. 애초에 아시아가 하나의 덩어리로 이어진 지구 최대의 대륙인 유라시아에서 유럽을 별도의 특권적 의미를 갖는 단위로 분리하고 그 잉여를 지칭하는 근대 서구 중심적 지리 감각의 산물로서 탄생했다는 점에서 유럽의 반대 편에 있는 우리의 입장에서 아시아라는 지리상의 구분법과 관련된 정체성 인식과 귀속감이 결핍되었음은 어쩌면 당연한 일이라고도 할 수 있다. 중국과 일본이 각기 아편전쟁(1840)과 페리제독의 원정(黑船來航, 1853)을 통해 서구 열강에 대해 비교적 일찍 문호를 개방했던 사실과 비교할 때, 병인양요(1866)와 신미양요(1871)를 거치며 서구 열강의 문호 개방 요구를 물리친 조선은 을사늑약(1905) 및 경술국치(1910)로 자주권을 상실하기 전까지 주변을 포함하는 국제질서의 급격한 변화에 대한 인식과 대처에 있어 소극적인 입장에 있었다.

전통적으로 천하관(天下觀)과 화이(華夷) 질서론을 내세워 천하의 중심을 자처한 중화제국이나 19세기 중후반부터 탈아입구를 내걸고 발빠른 서구화를 통해 스스로를 서양 열강과 동궤에 놓고 급기야 주변의 식민화를 감행했던 일본제국과 달리 서양문물의 수용에 소극적이었고 '위정척사'가 지배층의 주류적 입장으로 자리잡았던 조선을 거쳐 국권 상실과 식민화로 이어지는 우리의 근대 전환기 경험은 자신을 포함한 주변을 넓게 아우르는 지역적 정체성에 대해 깊게 고민할 기회를 갖기에 적합하지 않았다.[1] 식민지 수탈의 경험과 민족 분단, 동족 간의 전쟁 및 그 결과로서의 기아 등 생존 위기, 4·19와 5·16으로 이어지는 정치적 불안정 등 20세기 중반의 고통스런 역사적 경험은 우리와 세계의 관계에 눈떠가는 과정이기는 했지만 자신을 넘어선 주변을 함께 시야에 두고 공동의 정체성과 소속감을 찾는 노력을 기울이기는 어려운 여건 속에 있었다고 보아야 할 것이다.

20세기 후반의 역사적 경험, 즉 한국전쟁과 분단 그리고 냉전체제 편입으로 이어지는 일련의 역사적 경험은 막연한 전체로서의 세계가 적대적인 두 영역 즉 자유진영과 공산진영으로 양분된 것으로 새롭게 인식되게 하였고 지역적 공통성과 정체성에 관한 관심을 압도하는 진영 논리가 새로운 정체성의 근간이 되도록 만든다. 지리적으로 멀리 떨어져 있으나 미군 주둔과 원조를 통해 압도적 존재감을 과시한 미국에 대한 경외감이나 과거 식민지 지배를 통해 일본을 경유한 근대화의 경험을 우리 내부에 각인한 '친밀한 적' 일본에 대한 거부/동경의 이중감정이 주변에 대한 지역적 정체성의 형성보다 훨씬 더 강력하고 직접적으로 영향력을 발휘했다고 볼 수 있을 것이다. 반도라는 여건에 더해 분단으로 육로로 이어진 이웃국가가 사라지게된 지리적 고립상황은 주변과의 폭넓은 교류와 연대의 감각 속에서 아시아의 일원으로 자리매김하게 어렵게 만드는 이유 가운데 하나였다. 중국과 극동 러시아는 냉전의 분위기 속에서 교류가 금지된 철(죽)의 장막 너머의 닿을 수 없는 땅이었으며, 식민지배와 한국전쟁을 통해 깊이 연루된 일본과 미국은 수평적이기보다는 수직적 관계에 가까웠기에 그나마 실질적으로 동질감을 투사할 수 있는 대상은 같은 '자유중국' 즉 타이완 정도에 불과했다. 그러나 양자의 동질감은 아시아라는 포괄적 지역 범주에 함께 속한다는 의미에서의 동질감이라기 보다는 같은 전근대 시기 유교, 한자 문명권에 속한다는 역사문화적 동질감에 더해, 20세

---

1 한중일의 동아시아 인식의 서로 다른 역사적 조건에 관한 논의는 최원식(2009)의 1부 4장 천하삼분지계로서의 동아시아론에서 상세히 다루고 있다.

기 전반 일본의 식민지배 경험의 공통성, 20세기 후반 냉전 상황 속에서 내전과 분단을 거쳐 같은 자유진영에 속하게 된 근대경험의 남다른 유사성이 겹치면서 생겨난 독특한 성질의 것이었다. 이와 같이 20세기 중후반에 이르기까지 아시아에 대한 실감이 박약한 상태가 우리에게 이어져 온 것이다.[2]

그렇다면 평범한 사람들의 일상 감각 속에서 아시아가 조금씩 우리의 감각 속에서 자리잡기 시작한 시기는 언제였을까? 산업화와 수출주도의 경제개발이 본격화된 1970년대에 이르러 국가 간의 비교와 경쟁을 의식하기 시작하면서 우리에게 미국 일본 유럽 등 선진국과 제3세계로 통칭되던 후진국 혹은 개발도상국이라는 냉전 시대의 진영논리와는 다른 구분법이 서서히 자리잡기 시작했다고 볼 수 있겠다. 1970년대 후반에서 80년대 후반까지 필자의 학창시절의 언어습관을 떠올리면 '동양 최대의' 혹은 '아시아권에서는' 같은 수사적 표현이 자주 사용되곤 했던 기억이 있다. 이는 우리가 소속된 동양은 압도적 우위의 서양이 포함된 전세계라는 기준과는 격차가 있는 보다 낮은 비교군으로서 자주 등장했다. 이는 서구를 기준으로 할 때, 우리가 포함된 아시아의 낙후성과 한계가 분명하다는 일종의 자각을 전제하는 표현으로 볼 수 있다. 확실히 이러한 언어 감각 속에는 아시아 혹은 동양이라는 범주는 '세계'라는 기준과 비교할 때 한 단계 낮은 수준의 경쟁 그룹에 속한다는 감각과 더불어 우리가 장차 그 가운데서는 최고의 위치에 오르기 위해 노력해야 하는 1차적 경쟁의 목표라는 현실적 심리가 함께 포함되어 있었다. 이런 의미에서 아시아 혹은 동양이라는 범주는 그것이 공존과 연대를 향한 공통적 정체성의 발견을 목표로한 확장된 자기인식을 지향하기 보다는 주로 경쟁을 전제로 하여 배속된 비교군으로서 인식되었기에 스스로를 아시아의 일원으로 두는 인식은 그 자체로 암암리에 우리가 포함된 이 지역의 상대적 낙후성에 대한 인정과 그로 인한 열패감이라는 부정적 요소를 더 두드러지게 했다. 따라서 이러한 문맥에

2 한국인의 아시아 인식의 역사적 맥락에 대해서는 백영서(2000)의 2장 2절 "한국인의 역사적 경험 속의 '동양': 20세기 전반"에서 깊이 있게 다루고 있다.

서의 아시아를 둘러싼 심상적 지리 감각 그 자체가 우리로 하여금 기존의 지역 및 국제적 질서에 대한 새로운 상상과 비판적 재구성을 통해 주변을 아우르는 지역 속에서 자아감각을 확장하고 이를 통해 대안적 자아정체성 획득하게 만드는 바람직한 의미에서의 지역주의의 성장을 가로 막는 요소가 되어왔다고 할 수 있다.

아시아라는 범주에 대한 우리의 주목은 오히려 외부로부터의 자극에서 시작되었다고 볼 수 있다. 20세기 후반 미국의 세계경제에 있어서의 유일패권적 지위에 도전할 정도의 경제적 성취를 이룬 일본의 부상과 그 뒤를 이어 신흥공업국으로 떠오른 아시아의 네 마리 용(홍콩, 싱가폴, 타이완, 한국)의 성공은 아시아를 단순히 2차대전 이후 식민지에서 벗어나 막 국가의 기틀을 다져가는 저발전 국가로만 바라보아온 아시아에 대한 서구의 시각을 바꾸는 계기가 되었다. 풍부한 인적 자원과 교육 중시, 국가 주도의 자원배분 및 발전전략 수립 등 아시아의 경제발전 모델은 새로운 경제적 강자로 떠오르는 아시아에 대해 주목할 필요성을 제기하는 한편 근대 이후의 서구중심적 세계인식에 대한 반성의 계기를 형성했다. 유교자본주의론 등 유교, 가족 및 집단중심 문화, 높은 근로의욕 등 아시아의 성공 요인에 대한 다양한 설명과 분석이 등장하였고 이를 서구와 대비되는 아시아 전반의 사회 문화적 공통성으로 인식함으로써 아시아의 정체성에 대한 논의가 등장하였다.

2002년 한일월드컵은 한국사회의 아시아에 대한 정체성의 인식에 있어 하나의 전환점이 된 계기였다. 1997년 발생한 외환위기로 말미암은 이른바 'IMF사태'는 경제성장을 지속해온 한국에 있어 대단히 고통스런 좌절의 경험이었으나 같은 해 대통령에 당선된 김대중이 이끄는 새로운 정부에 의해 비교적 빠르게 수습되었고, 뒤이어 인권변호사 출신의 노무현에 의해 승계가 이루어짐으로써 한국사회의 반독재민주화운동의 성과는 상당한 수준에서 국가권력의 창출로 이어져 민주화 성과의 제도화가 부분적으로나마 진전되는 국면을 맞게 된다. 이러한 상황은 기존에 서구의 전유물처럼 인식되어온 민주(화)라는 가치가 아시아에서도 일정하게 심화, 성숙될 수 있음을 실증하는 사례였다는 점에서 아시아에 대한 기존의 선입견을 상대화하는 계기가 되는 한편 여타 아시아 국가들에도 일정한 파급효과를 기대하게 하였다.

2002년 한일월드컵 개최를 통해 한국은 외환위기에서 벗어난 한국의 국가적 자존감 회복과 더불어 뜨거운 열기 속에 전국적 거리응원을 펼쳐 세계적 주목을 받은 한편 4강 진출이라는 기대 밖의 성적을 거두게 된다. 이처럼 세기 전환기에 한국이 겪은 좌절과 극복의 강렬한 경험들을 통해 우리는 스스로를 과거 식민통치의 역사를 경험한 나라 가운데 거의 유일하게 산업화와 민주화라는 두 마리 토끼를 함께 잡는데 성공한 존재로서 스스로를 새롭게 자리매김하는 한편 주변을 되돌아 볼 수 있게 된다.

아시아 속에서 한국의 위상 정체성 인식과 관련하여 인상 깊었던 장면은 최초로 8강에 진출하여 강력한 우승후보로 꼽혔던 스페인과 대결에 나선 한국 대표팀을 응원하기 위해 경기 시작 전 "Pride of Asia"라는 응원문구가 적힌 거대한 플랭카드가 경기장에 등장한 것이다. 이는 앞서 언급한 것처럼 아시아라는 지역범주에 대한 귀속감이 스스로를 세계사의 주변부적 존재로 위치짓는 부정적 자기인식과 관련되었던 과거의 상황을 고려할 때 의미 있는 변화라 할 수 있다. 스스로가 아시아에 귀속된다는 것을 부정할 수는 없으되 이를 자부심이라는 단어로 연결짓기 어려웠던 기존의 입장에서 한 걸음 나아가, 민주화의 성과를 바탕으로 진보 성향의 정부가 두 차례 연이어 집권에 성공하여 아시아를 휩쓴 외환위기의 고통에서 벗어나 IT산업 진흥 등 새로운 경제적 활력을 통해 빠르게 경제회복에 이르게 하는 한편, 월드컵에 있어서도 유럽의 전통적 강호 이탈리아, 포르투갈을 꺾고 스페인과 4강 진출을 겨루게 된 상황에서 스스로를 '아시아의 자존심'으로 표상함으로써 한국은 아시아에 대한 귀속감을 거리낌 없이 드러내는 동시에 아시아를 대표하여 세계와 겨루는 것에 대한 영예감을 표현했다는 점에서 이 이벤트는 한국의 아시아 인식에 있어 상징성이 큰 사건이라 할 수 있다. 오랫 동안 아시아인들에게는 참가 이상의 의미를 찾기 어려웠던 월드컵이라는 거대한 스포츠 행사를 통해 영원히 좁혀지지 않을 것 같았던 세계와 아시아 사이의 격차에 대한 좌절감, 그리고 아시아 내부의 거리감을 상당 부분 극복할 가능성을 암시한 이 사건은 향후 한국인들로 하여금 아시아를 대표하는 한국이라는 '자부심'을 스스로에게 부여하는 방식으로 그간 스스로 소외시켜온 아시아를 자신을 구성하는 정체성의 일부로서 새롭게 사고할 계기를 제공하였다. 돌이켜보자면 고통스런 근대화의 경험으로 인해 미국, 유럽, 일본 등 선진국에 대한 선망에만 기울어 있을 뿐, 같은 처지의 주변을 돌아보는 지역적 정체성에 대한 인식이 불충분한 상태에 놓여 있던 한국은 시장경제(산업화)와 민주화라는 후발국가의 과제를 어느 정도 성공적으로 수행해냄으로써 획득한 자신감을 스스로에게 아시아를 대표해야 할 책무를 부여하는 근거로 삼게 된 것이다. 이러한 맥락에서 한국의 대중들에게 서서히 자리잡기 시작한 아시아적 정체성에 대한 관심은 노무현 정부의 동북아 균형자론, 중심국가론 등의 외교정책 변화를 조건 짓는 국민적 공감의 기초로 작동하였다. 스스로를 절박한 생존의 위기상황에 처한 존재로 전제하는 '잘 살아 보세'라는 6, 70년대의 경제개발 구호가 박정희 정권의 개발독재를 정당화와 연관된다면, 이러한 저개발 상황에서 벗어나고자 하는 몸부림의 8, 90년대를 거쳐 2000년대에 이르러 경제성장과 정치적 민주화의 성취를 쌓아나가는 모범사례의 하나로서 일정한 자신감 속에서 스스로와 주변을 되돌아보기 시작한 한국은 자신을 둘러싼 주변 환경, 즉 아시아라는 장 속에서 스스로의 위상을 국가의 대외정책적 차원에서 새롭게 고민하는 단계로 진입하게 된다.[3]

3 동아시아론의 다양한 갈래와 주요 쟁점에 관해서는 박승우(2011), 고성빈(2018)에서 상세히 다루고 있다.

II. 자신감의 회복과 아시아를 향한 열림, 북방정책에서 동북아 균형자론까지

기실, 하나의 상징적 사건으로서의 월드컵에서의 'Pride of Asia'라는 구호의 등장이 보여준 대중적 차원에서의 아시아에 대한 관심이 본격화 되기 이전인 1990년대 초부터 지식계 일각에서는 이미 아시아가 하나의 새로운 화두로서 떠오른 바 있다. 흔히 동아시아 담론으로 지칭되는 이 논의는 인문학 및 사회과학의 여러 영역에 걸쳐 하나의 공통적 정체성, 이념적 지향점, 경제 통합 및 지역안보 레짐 등 다양한 영역을 포괄하는 차원에서 논의가 진행되었다.

이 시기에 아시아에 대한 인식은 '동북아' 혹은 '동아시아'라는 지역 단위에 관심이 모여졌다. 1976년 마오쩌둥의 사망과 문혁 종결 및 개혁개방 정책 시행 이에 뒤이은 1979년 미중수교는 거대 인구와 영토를 포괄하는 중국을 세계와 연결시켰으며 1990년대 소련 및 동구권의 체제 변화를 통해 냉전의 틀이 결정적으로 무너진 이후 사회주의를 표방해온 중국과 베트남이 본격적으로 자본주의 세계시장의 구조 안에 속에 편입됨으로써 냉전에 의해 작동해온 동아시아 내부의 이념적 구획선이 무효화되었다. 일본과 아시아의 네 마리 용에 뒤이어 중국과 베트남 등 과거 공산권 국가가 글로벌 시장경제 시스템에 합류하게 됨으로써 아시아는 국제적 분업구조의 하위 파트너로서 경제적 연관성이 깊어지게 되었고 뒤이은 물적, 인적 교류의 확대는 구성원들의 생활세계 속에서 동아시아라는 관념을 점차 현실적 경험으로 만들어갔다.

이처럼 대중의 실감을 통해 생활 세계의 일부로 다가온 주변에 대한 새로운 감각의 확산은 아시아를 하나의 사상적 과제로 떠오르게 하였고, 이에 1990년대 초부터 지식계의 일각에서는 동아시아 관련 논의가 이미 시작된다. 이 논의를 주도한 주체는 백낙청, 최원식, 백영서 등 이른바 창비그룹으로 불린 일군의 비판적 지식인들이었다. 이들은 박정희, 전두환으로 이어진 군부독재에 대한 저항의 경험 속에서 한국 사회의 모순의 극복가능성이 분단과 냉전이라는 조건에 크게 제약되어 있음을 발견하고 한국 사회를 분단체제로 정의

하는 한편, 남북 간의 모순을 냉전을 포함하는 세계 전반의 진영모순의 축도로 파악하였다.[4] 1990년대 초 전개된 전지구적 탈냉전과 이를 이은 자본주도의 세계화라는 상황의 변화 앞에서 이들은 서구의 근대경험을 모델로 하는 국민국가를 절대화하는 냉전적 사유의 관습에서 벗어나 탈식민, 탈서구, 탈중심, 탈국가 등의 새로운 상상력을 발휘하여 남북 간의 대결상황을 새로운 국면으로 이끌 필요를 강조했다. 이들에게 동아시아는 문명적 전통과 피/탈식민화의 과정 및 냉전구조 속으로의 포섭을 포함하는 동질적 현대사 경험, 근대에 대한 적응과 그 극복을 동시에 감당해야 하는 과제의 이중성 등 많은 면에서 전통에서 근대로의 이행 경험에 있어 높은 수준의 동질성을 공유하는 대상이었다. 따라서 동아시아는 이러한 동질성에 기반한 정체성의 공유를 통해 준거집단으로의 발전 가능성을 가진 주변의 이웃을 두루 포괄하는 실체로서의 지역개념인 동시에 역사적 경험을 서로 비추어 봄으로써 각자의 근대화 경로에 대한 반성적 사유의 기제, 즉 시각 혹은 방법을 의미하기도 하였다.

한국의 민주화 운동의 흐름 속에서 형성된 비판담론의 전통 속에서 남북의 분단을 보다 넓은 지역적 차원의 동질적 역사 경험과 연관지어 해석하려는 이들의 노력은 '현실' 사회의주의 해체 이후 자본주의의 최종적 승리를 구가하는 1990년대의 시대적 분위기와 더불어 서구의 근대경험과 자본주의를 의심불가능한 유일한 역사발전의 최후의 승자로 치부하는 프란시스 후쿠야마류의 역사일원론에 대한 반성적 거리두기로서의 의미도 갖는다.

비판적 지식계 일각에서 제기된 동아시아 담론과 다소 다른 관점에서, 한반도 주변지역을 무대로 보다 실질적 차원에서 진행되어 가는 시장통합 및 국가간 관계의 의존성 심화 등의 상황을 반영하여 동아시아를 장기적으로 EU와 유사한 경제적 사회적 통합체로 발전시켜 나가고자 하는 국가별 혹은 국가간 정책 실험과 관련한 논의가 동아시아와 관련 논의의 또다른 축을 형성하기

4 백낙청의 근대적응과 근대극복의 이중과제론에 관해서는 다음을 두 책을 참조. 백낙청(2021), 백낙청 외(2009).

도 하였다. 신자유주의의 이름으로 동북아와 동남아 전체가 글로벌 자본주의의 산업전이와 블록화 경향 속에서 하나의 경제적 흐름에 통합되어 가는 상황 속에서 EU식의 '공동체'를 지향하는 논의들도 국내외 여러 곳에서 등장하였다.

1990년 마하티르 말레이시아 총리가 동아시아 경제그룹(EAEG: East Asia Economic Group) 제안한 것을 계기로 1994년 한·중·일 3국의 ARF 참여, 1997년 아세안+3 정상회의의 개최, 그리고 2001년과 그 이듬해에 각각 채택된 동아시아 비전그룹(EAVG: East AsiaVision Group) 및 동아시아 연구그룹(EASG: East Asia Study Group) 보고서, 2005년의 동아시아 정상회의(EAS: East Asia Summit) 개최 등 동아시아의 지역적 실체성을 강조하는 일련의 흐름이 이어졌다(이재현, 2007). EU, NAFTA 등 세계경제의 블록화 현상에 대한 아시아 지역 국가들의 대응이라 할 수 있는 이러한 '위로부터의 지역주의'는 비판적 지식 담론이 제시하는 이념형 혹은 방법으로서의 아시아와 달리, 글로벌 자본주의의 지역적 심화라는 상황 속에서 지역 안팎을 둘러싼 정치-경제적 실체로서의 동아시아가 현실화될 가능성을 예비한다.

이처럼 한국 비판적 지식계 일각의 동아시아 담론의 선도적 문제제기와 더불어 동아시아 지역 차원에서 다양한 제도적 정책적 지역화의 가능성에 대한 모색이 시작되었지만 1990년대 당시에는 한국에서 정부의 외교정책 차원에서 아시아에 대한 문제의식이 분명한 지향점을 미처 드러낸 것은 아니었다. 1989년을 전후한 시기의 베를린 장벽 붕괴로 상징되는 서유럽의 탈냉전이 비교적 빠른 속도로 진행된 것과 달리 한반도 주변 정세는 탈냉전의 추세가 상대적으로 느리게 확산되었는데, 한국 정부의 구사회주의권 국가들과의 외교 정상화, 남북 유엔동시가입 등 이른바 북방정책의 성과들이 표면화되는 한편, 중국이 위로부터의 개혁개방 심화를 통해 본격적으로 글로벌 자본주의 질서에 편입되는 양상이 심화되는 등 뚜렷한 변화의 양상이 나타나기는 했지만 남북 및 북미 간의 군사적 긴장의 지속을 포함하는 동아시아 냉전의 유산은 여전히 지역의 평화에 기반한 교류 심화를 불가능하게 하는 잠재적 불안요소로 남아 있었다.

특히, 사회주의 블록에 속해 있다가 소련 및 동구권의 붕괴 및 한중간의 경제적 외교적 밀착, 북미수교 좌절, 러시아 모라토리엄 선언 등 경제적 곤란 등 다양한 요인으로 인해 고립의 상황에 놓인 북한은 에너지 및 식량난, 미국의 이라크 침공 등 안보 불안으로 인해 '고난의 행군'을 거쳐 '선군정치'와 '강성대국'의 구호 아래 핵개발의 길을 걷게 되었고 이는 미중 간의 경제적 밀착과 별도로 동아시아에서 미군 주둔의 필요성을 강화하고 이를 통해 중국 및 동북아 전반에 대한 군사적 통제력을 유지하는 좋은 명분이 되었다. 이처럼 글로벌 탈냉전의 급격한 전개와는 별개로 냉전의 유산으로 인한 군사적 긴장이 온존하는 동아시아의 탈냉전의 지체 상황 속에서 한국은 보다 능동적으로 한반도를 둘러싼 지역적 상황의 변화를 이끌어 내는 과제에 관심을 확대해가게 되는데 그 첫걸음은 소위 북방외교에서 단초를 찾을 수 있었다.[5]

형식적으로 전국민직접선거라는 민주적 절차를 거치긴 하였으나 신군부 쿠데타에 가담했고 전두환정권의 주역 가운데 하나로서 그 정통성이 취약했던 노태우의 새로운 정권은 이른바 북방정책을 통해 외교적 변화를 모색한다. 냉전 하에서 적성국으로 취급되었던 공산권 국가인 소련 및 중국과 각각 1990년 1992년에 수교함에 따라 외교의 대미종속성이 어느 정도 완화되고 적극적이고 자주적인 외교의 가능성을 열었다. 북방정책의 실시는 국익의 차원에서 장기적으로 긍정적 효과를 가져왔다. 특히 소련과의 수교 당시 제공한 30억불의 차관은 이후 부채를 승계한 러시아에 의해 경제상황 '불곰사업'이란 이름으로 최신무기 및 기술제공을 이끌어내는 계기가 되었고,[6] 중국과는 수교 이후 장기간에 걸쳐 막대한 무역흑자를 기록하여 경제적 체질을 강화하는 원천이 되었다. 해외 언론에 의해 대륙간 탄도탄으로 의심받기도 하는 위성발사체 누리호 독자개발(『이코리아』 2022/11/08), 현무 계열 미사일, 최신 장갑차 및 탱

5 '북방'의 의미에 관해, 정기웅 등(2021)은 "북방정책에서 사용하고 있는 북방이라는 용어는 지리적 위치 개념이라기보다는 그곳에 도달하고자 하는 목적성에 기반을 둔 어떤 정책적 개념 혹은 도구적 개념"으로 설명한다.

6 불곰사업의 군사외교적 성과에 관해서는 유영철(2007)을 참조

크 등의 핵심 군수물자에 대한 기초기술 개발 등 최근 한국 방위산업의 비약적 성장의 계기가 이 불곰사업에 뿌리를 두고 있고, 2021년 기준 한국이 세계 무역 순위 8위의 실적을 거두는데 있어 1992년 수교 전에는 죽의 장막 저편에 있었던 중국(홍콩 포함)의 비중은 30%를 초과한다는 점을 고려한다는 점을 고려할 때, 당시 냉전 질서 속에서 분단으로 인해 실질적으로 섬과 같은 고립 상황에 놓인 한국이 적극적으로 연결성을 확보해야 할 중요한 대상으로서 구 사회주의권 즉 '북방'이 외교의 초점이 된 것은 돌이켜 보건대, 매우 절박한 선택이며 충분한 타당성을 가진 접근이었다고 할 수 있겠다.

노태우정부를 계승한 김영삼정부 말기에 터져나온 외환위기 상황에서 집권한 김대중정부에서도 북방을 향한 관심은 이어졌다. 2002년 아시아와 유럽 26개국 정상들이 모인 아셈 회의에서 김대중 대통령은 세계경제 회복방안에 대한 논의의 하나로, 유럽, 아시아, 태평양을 잇는 철도 즉, '철의 실크로드'(『한국경제』 2022/11/08)를 완성하자고 제안하였다. 철로로 남북의 물류를 잇고 이를 중국, 러시아, 몽골을 거쳐 중앙아시아와 유럽으로 연결하자는 제안은 경제적 효율과 정치적 상징성 두 측면에서 과거 정부의 북방정책을 계승하는 한편 한 단계 더 진전된 구체화로 평가 할 수 있다. 유라시아철도의 노선 문제, 즉 남한의 철도망이 경의선을 통해 개성, 평양, 신의주, 중국을 거치는 노선으로 이어지느냐 동해선을 통해 러시아로 이어지느냐 하는 문제에 대해 당시 야당대표였던 박근혜 등이 정부의 제안에 대한 이견을 표출하기도 했으나 한반도 남북의 물류 통과 및 그 배후의 산업기지 건설 등 경제협력을 통해 상호 간의 연결성과 신뢰성을 쌓아나간다는 방향에는 공감대가 형성되었다.

김대중정부의 햇볕정책으로 인해 남북 간 신뢰 회복과 관계 개선이 일정하게 진척되었으나 북한의 개방이 전면화되지 않았고 북미관계 역시 수교 등 극적인 변화가 일어나지 못함에 따라 결국 철의 실크로드 구상은 김대중 정부 임기 내에 구체적 성과를 낳는 상황에 이르지 못했다. 그러나 2003년 착공되어 2005년 남측 기업들의 입주가 시작된 개성공단은 김대중정부를 계승한 노무현정부 임기 동안 이전 정부에서 추진한 북방 관련 정책들이 결실을 맺은 것으 로 이해할 수 있다.

노무현대통령은 2003년 2월 24일 취임연설에서 변방의 역사를 살아온 한국이 이제 21세기 동북아의 시대를 맞아 중심국가로 웅비할 기회를 맞았다고 언급하였다. '동북아 중심국가론'(『한겨레신문』 2003/02/25)으로 일컬어진 이 선언적 주장은 지식계의 의제로만 국한되었던 아시아라는 주제를 국가정책의 차원에서 시대의 중심화두의 위치에 올렸다는 점에서 그 의미가 컸다. 제도적 기반이나 실체성을 확보하지 못한 담론으로서의 동아시아가 이 동북아중심국가론을 계기로 민주화운동을 통해 집권에 이른 정치세력이 역점적으로 추진하는 외교정책의 차원에서 새롭게 등장했단 점에서 하나의 상징적 사건일 뿐만 아니라 긴 역사의 호흡 속에서 담론의 추상성이 어떻게 물질성을 획득하는지를 보여주는 유의미한 사례라 할 것이다.

외교안보 전략으로서의 동북아 중심국가론은 경제문제와도 직접 연결되어 참여정부는 '동북아 경제 중심국가 건설'을 국정과제로 내세운다. 경제발전의 새로운 중심으로 떠오르는 한중일과 북한, 극동러시아 및 몽골 등을 포함하는 동북아지역이 장기적으로 세계경제 중심지로서 발전해 나갈 것을 예견하면서 EU와 같은 지역통합과 공존의 질서를 형성하는 일에 한국이 주도적 역할을 다하겠다는 포부를 밝힌다. 또 이 동북아중심국가론은 한국 사회 내부의 토론과 조정을 거쳐 일정한 시간이 경과한 후 동북아균형자론으로 새롭게 등장하기도 한다(『한겨레신문』 2005/03/30). 노무현대통령은 2005년 취임2주년 국정연설에서는 이제 "한국이 동북아의 균형자로서 동북아의 평화를 굳건히 지킬 것"이라고 언급했으며 한 달 후의 육군사관학교 졸업식 축사에서는 "한반도와 동북아의 평화와 번영을 위한 균형자로서의 역할을 해나갈 것"을 다시 한번 천명하였다.

이 동북아 균형자론 역시 논쟁의 대상이 되었다. 한반도를 "한 세기 전과 같이 대륙세력과 해양세력 간의 대결의 장으로 만들지 않기 위한 대비책으로서 균형자론의 의의를 인정하는 한편 이것이 한미동맹 이탈이 아닌 한미동맹을 통한 조정력 확보를 전제하는 것"이라는 경향신문의 입장이나 "한국이 일본과 같은 전쟁도발국이 아니며 중국과의 적대 요인도 거의 없고 미국과 핵심가치를 공유한 동맹이고 일본과도 우호적 관계에 있음을 들어 균형자 역할에 있어 한국이 적임자임을 인정"한 중앙일보 등 언론의 긍정적 평가를 위시한 학계 및 전문가들의 찬성론이 다수 등장하였다. 그러나 한미동맹 혹은 한미일 공조체제로부터의 이탈에 대해 우려의 입장을 표한 조선일보, 국민일보, 문화일보 등의 시각이나 미중 패권 경쟁의 시대에 미국이 수행해온 동아시아에서의 균형자 역할을 자임하고 나서는 것은 한미동맹 약화로 귀결될 것에 대한 우려, 힘이 뒷받침 되지 않은 균형자의 역할은 현재 한국의 역량으로 감당하기 어려운 허울 뿐인 수사가 될 수 있다는 회의적 시각 내지 반대론 역시 만만치 않았다(장경룡, 2005, 64–65).

임기 중 탄핵 시도와 퇴임 이후 검찰 수사 중 비극적 최후를 선택하는 등 노무현 대통령의 개인적 고난에도 불구하고 참여정부의 동북아 중심국가론 및 동북아 균형자론은 정치적 반대편에 섰던 이후 정부들을 포함하는 여러 후속 정부들에 의해 '중추적 중견국가(pivotal middle power)', '동북아 중재자(mediator, arbitrator, arbiter)', '한반도 운전자론(Korean Peninsula Driver Theory)' 등으로 그 명칭을 달리하며 계승되고 있다(정기웅 외, 2021: 165). 우리가 더 이상 피동적 약소국이 아닌 나름의 역량에 기반하여 한반도 주변 현실의 변화를 이끌어 갈 역량이 있느냐는 그간 지속적인 쟁점이 되어 왔다. 그러나 2021년 유엔무역개발회의(UNCTAD: United Nations Conference on Trade and Development)에 의해 한국이 유일하게 선진국 그룹으로 그 지위가 변경된 사건[7]이나 세계적 팬데믹 상황에서 효율적 방역과 경제후퇴의 최소화를 달성하여 글로벌 방역 모범국으로 널리 인정되는 등 그간 한국의 국제사회에서의 영향력 확대 사례는 그에 대한 하나의 대답이 되기에 충분해 보인다.

7 대한민국 정책브리핑, 「유엔무역개발회의, 한국 '개도국 → 선진국' 변경…57년 역사상 처음」, 전자정부누리집 https://www.korea.kr/news/policyNewsView.do?newsId=148889700(검색일: 2022. 11. 8)

III. 유라시아 이니셔티브, 한국판 일대일로 전략?

노무현정부를 이은 이명박정부에서 동북아의 중심국가 혹은 균형자론의 그림자는 희미해졌다. 실용을 강조한 이명한 정부는 비핵, 개방, 3000, 그랜드바겐 정책을 천명하여 북한이 핵 폐기의 결단을 내린다면, 한국은 국제사회와 함께 10년 내에 북한의 1인당 국민소득이 3,000달러 수준으로 도약할 수 있도록 적극 지원하며 경제재건 및 주민생활 개선을 위한 5대 분야(경제 · 교육 · 재정 · 인프라 · 생활향상)에 걸친 '포괄적 패키지 형태의 지원'을 제공하겠다는 입장[8]을 밝혔으나, 북한의 호응을 이끌어내는 대신 연평도 포격전 발발(2010년 11월 23일), 천안함 피격(2010년 3월 24일) 등 남북 간의 군사적 긴장만 강화하는 결과를 낳았다. 외교에 있어서도 아시아 주변국을 대상으로한 외교가 지향하는 가치지향적 측면을 버리고 자원확보, 원전수출, 국제행사개최 등 실질적 경제효과 달성에 치중하였다. 같은 보수계열의 정부임에도 뒤이은 박근혜정부에 들어와 이같은 노선에 변화가 생겨나게 되는데, 2014년 2월 박근혜 대통령은 취임 1주년을 즈음한 내외신 기자회견에서 "통일은 대박"이라는 파격적 표현과 더불어 북측에 이산가족 상봉 행사 개최를 제안하는 등 통일준비의 필요성을 강조했다(『매일경제』 2014/11/07).

이 통일대박론은 그 전해인 2013년 10월 서울에서 열린 유라시아 국제컨퍼런스 기조연설에서 부산 – 북한 – 러시아 – 중국 – 중앙아시아 – 유럽을 관통하는 '실크로드 익스프레스'와 전력 · 가스 · 송유관 등 에너지 네트워크 구축을 통해 유라시아 대륙을 하나로 묶고 북한의 경제적 개혁, 개방을 유도함으로써 한반도 평화와 통일을 이루자고 주장한 이른바 '유라시아 이니셔티브' 구상[9]과 접맥된다. 노태우정부의 북방정책, 김대중정부의 철의 실크로드, 노무

---

8 통일부, 『대북정책 이렇게 해왔습니다(이명박 대통령 취임 3주년 대북정책 설명자료)』 https://lib.uniedu.go.kr/libeka/elec/00223674.pdf(검색일: 2022년 11월 8일)

9 국가기록원, 「유라시아 이니셔티브」

현정부의 동북아 (물류)중심국가론 등 과거 정부에서 축적해온 물류 등 경제 교류 활성화를 위한 지역 공동발전을 통한 평화정착 구상을 계승한 이 정책은 2013년 8월 중국 시진핑 주석이 카자흐스탄을 방문하여 제기한 일대일로 정책과도 기본적 방향을 같이한다(이효진 외, 2014). 중국 연안에서 동남아, 아라비아반도, 아프리카 동해안을 잇는 해상실크로드(一路)와 중국 서부에서 중앙아시아, 러시아, 동서유럽으로 이어지는 이어지는 실크로드 경제 벨트(一帶) 건설을 통해 해당 지역의 인프라 건설, 무역 촉진 및 금융 융통을 추진하는 것을 골자로 한 일대일로는 중국의 과잉 생산력을 해소하고 그간 무역 흑자를 통해 축적해온 달러 자금에 대한 적절한 대안투자처를 확보하며 에너지 수급에 대한 잠재적 위협을 최소화하는 다목적 전략의 의미를 가진다.[10]

중국 주도의 일대일로 정책은 러시아의 푸틴이 주창한 유라시아 경제연합 구상과도 연계 추진되어 2016년 양자의 통합 합의에 이르게 된다, 한국 북방 정책의 핵심적 파트너인 중국과 러시아가 주도하는 이와 같은 유라시아의 연결성 강화의 분위기 하에, 2015년 7월 서울에서 열린 유라시아 포럼에서 주형환 당시 기재부 차관은 아시아인프라투자은행, 중국의 일대일로, 러시아의 신동방정책과 유라시아 이니셔티브를 연계하고 동북아개발은행 설립을 통해 유라시아 이니셔티브 작업을 실현할 것이라는 계획을 발표하는 등 적극적인 협력 의사를 피력했다. 이러한 정책 방향은 대중 외교의 비중 증대로 이어지는데, 뒤이은 2015년 8월 천안문 광장에서 개최된 중국의 '항일 전쟁 및 세계 반파시스트 전쟁 승전 70주년' 기념행사에 참석한 박근혜대통령이 시진핑주석과 나란히 열병식을 참관한 파격적 외교 행보(*YTN*, 2015/09/03)는 한국의 보

---

https://www.archives.go.kr/next/search/listSubjectDescription.do?id=010541&pageFlag=&sitePage=(검색일: 2022년 11월 8일)

10 중국이 발전의 과정에서 부각된 중국 내부의 문제점, 즉 빈부격차, 환경파괴, 부정부패, 도덕윤리의 붕괴 같은 심각한 사회문제 앞에 정부가 속수무책인 상황에서 일대일로가 내세우는 '인프라발전주의' 담론이 해외에서 어느 정도의 영향력을 가질 수 있을지 우려를 표출한 중국내 일각의 시각에도 주목할 필요가 있다(원톄진 외, 2015).

수진영이 오래토록 우려해온 한미동맹의 동요가 현실화되는 것이 아닌가 하는 의구심을 불러일으키기에 충분할 정도였다. 그러나 2016년 초 북한의 4차 핵실험 및 장거리 미사일 발사 실험으로 인해 한반도 정세는 경색되고 박근혜 정부는 이에 대한 대응조치로 2월 개성공단 폐쇄조치에 이어 논란이 지속되어온 주한미군 사드배치를 중국의 강력한 만류에도 불구하고 경북 성주에 배치하는 것으로 결론짓는다. 이 조치가 중국의 반발을 불러와 비공식 한한령으로 일컬어지는 한국에 대한 전방위적 재제조치를 불러온다.

결국 북한 문제라는 핵심변수의 통제에 실패함으로써 유라시아이니셔티브는 유의미한 결과를 남기는 데 실패한다. 북미관계를 관건으로 하는 미국의 영향력을 배제하고는 '북방'을 향한 한국의 노력이 근본적 제약에 처할 수밖에 없음을 확인한 셈이다(김종범, 2019: 20). G2로 성장한 중국에 대한 통제수단으로서 동아시아 주둔 미군의 군사적 제어력을 포기하기 어려운 미국의 입장에서 북한의 존재는 대단히 중요한 전략적 가치를 가지지만 다른 한편으로는 중국 역시 북한이 가지는 완충지대로서의 중요성과 오래 지속되어온 북중관계에도 불구하고 자신의 의도대로 북한을 제어하기 어려운 난점이 상존한다. 중국 내에서 정부 공식 입장과 별도로 북한을 핵이라는 위험한 장난감을 함부로 가지고 노는 대책 없는 불량국가로 보는 대중적 견해가 꽤나 널리 퍼져 있는 것은 이런 중국의 북한에 대한 이중적 입장의 단면을 보여준다.

이로서 중국의 일대일로 구상에 적극적으로 결합하고자 했던 유라시아 이니셔티브는 유의미한 결실을 맺지 못하고 박근혜 대통령의 탄핵인용과 더불어 종말을 고하게 된다. 그러나 북방을 활로로 삼아 한반도 평화와 지역 경제발전의 기회를 얻고자 하는 노력 자체가 사라지게 된 것은 결코 아니었다. 문재인정부에 들어와 유라시아 이니셔티브는 신북방정책이라는 이름으로 중국의 일대일로가 아닌 러시아의 연해주 및 바이칼호 주변 지역을 중심으로한 경제협력에 초점을 맞추어 새롭게 진행되게 되는 한편, 동남아시아와 인도를 포함하는 신남방지역이 새로운 교류 협력의 대상으로 부상하게 됨에 따라 한국이 그리는 아시아의 새로운 상은 신남방/북방의 두 방향으로 새롭게 형성되기에 이른다.

Ⅳ. 신남방과 신북방, 아시아를 보는 한국의 새로운 시야

한국의 유라시아 이니셔티브는 중국의 일대일로 정책에 대한 일종의 편승에 가까웠을 뿐이라는 비판이 있다. 중국의 일대일로 구상 속에 한국, 일본, 대만, 북한은 애초에 포함되어 있지 않았으며 배제된 국가 가운데 참여를 공식적 의사채널을 통해 반복적으로 발신하고 핵심 국가 정책으로서 추진한 국가로는 한국이 유일했으나 한국은 중국의 의도를 편의적으로 오해함으로써 유의미한 결과를 낳지 못했다는 것이다. 글로벌 전략 차원에서 한국을 하나의 종속변수로 바라보는 것이 중국의 입장이라면 부상하는 중국을 미국과 대등한 최우선 외교대상로 상정하는 것이 한국의 입장이었다고 양자 간에는 깊은 간극이 존재했다는 것이다(함명식, 2021: 10–12).

이런 한중 간의 이같은 비대칭성을 적확히 이해하고 미국이나 중국 등 강대국과의 관계에 종속되는 외교정책이 아니라 해륙복합국가건설이라는 절실한 필요성에 기반하여 유라시아 이니셔티브의 핵심적 문제의식을 새롭게 이어갈 필요가 있으며 이는 러시아의 신동방정책과의 접점을 찾는 것을 통해서 지역적 세력균형과 안정 및 협력 기반을 창출하려는 복합적 중견외교의 자세가 필요하다는 주장이 제기되기도 했다(신범식, 2014: 21–23).

2017년 9월 블라디보스톡에서 개최된 동방포럼 기조연설에서 문재인대통령은, 기존 북방정책의 한계를 극복하고자 한–러 경제협력사업인 나인 브릿지 즉 '9개 다리'(산업단지·가스·철도·항만·전력·북극항로·조선·농업·수산업)을 제안한 바 있다.[11] 이러한 접근법은 북한의 개방을 전제로 하는 과거의 북방정책들의 함정을 피해 한국과 러시아가 상호 간의 노력으로 절실하게 필요로 하는 문제들에서부터 구체적 협력의 성과를 쌓아나갈 필요성에 대한 인식에

11 「문재인 대통령 동방경제포럼 기조연설」,『대한민국 정책브리핑』 2017년 9월 7일 https://www.korea.kr/news/policyNewsView.do?newsId=148842220(검색일: 2022년 11월 23일)

기반하고 있다.

러시아는 지구온난화라는 전세계가 직면한 재앙으로부터 의외의 수혜를 입고 있는 국가이기도 하다. 극지방의 동토가 녹으면서 석유, 천연가스 등 에너지 자원에 대한 접근이 용이해졌고 북극해의 얼음이 녹으면서 수에즈운하가 아닌 북극해 항로가 미래의 선박 물류의 대안으로 떠오르고 있기도 하다. 이 기회를 살리기 위해 러시아가 절실히 필요로 하는 쇄빙컨테이너선, 쇄빙 LNG운반선, 해상석유시추구조물 등은 한국의 압도적 조선산업 경쟁력을 필요로 하고 있다(김선래, 2019: 41–45). 한국의 입장에서도 에너지라는 전략 자원의 안정적 수급 기회를 확보하는 동시에 안정적 조선 발주처 확보 및 부산항이 로테르담을 종점으로 하는 북극해항로의 핵심 물류항으로 발전할 기회가 된다는 점에서 양자 간의 협력은 높은 보완적 정합성을 갖는다. 문재인 정부는 공식적으로 신북방 대상 국가로 러시아 외에 '몰도바, 몽골, 벨라루스, 아르메니아, 아제르바이잔, 우즈베키스탄, 우크라이나, 조지아, 중국(동북3성), 카자흐스탄, 키르기스스탄, 타지키스탄, 투르크메니스탄'의 13개 국가(지역)을 열거하고 있지만 실질적 협력의 중요도에 있어 러시아는 신북방 대상국의 핵심이 되고 있다. 에너지 판매를 경제의 핵심 기반으로 삼고 있는 러시아의 입장에서 한국과의 협력은 향후에도 대단히 중요한 의미를 가지기에 러시아를 핵심으로 하는 신북방정책의 추동력은 앞으로도 유지될 것이다. 그러나 우크라이나 침공이라는 새로운 상황은 에너지를 중심으로한 러시아와의 협력이 향후로도 순조롭게 전개될 수 있을지에 대한 의구심을 자아내고 있다. 에너지 자원의 안정적 수급을 위해 중동 등 산유국 밀집지역에 대한 높은 수준의 정치적, 군사적 개입을 지속해온 미국이 셰일가스 개발로 인해 에너지자원 수출국의 입장으로 바뀌고 유럽 등에서 강화되는 탄소배출 제한 강화 등의 정책적 변화는 석유와 천연가스, 수소생산 및 저장 운반, 신재생 에너지 정책 전반의 복잡하고도 전면적인 변화를 예고한다. 중장기적으로는 에너지 정책의 전지구적 변화라는 큰 흐름 그리고 단기적으로는 러시아의 우크라이나 침공이라는 상황이 에너지 문제와 기후변화를 핵심으로 하는 한국의 신북방정책에 초

래할 변화에 대해서 다양한 연구과 대비가 필요할 것이다.

신북방 정책과 나란히 한국 외교의 새로운 중심과제로 떠오른 신남방 정책은 2017년 11월 열린 한·인도네시아 비즈니스 포럼j에 참가한 문재인 대통령이 사람(People)·평화(Peace)·상생번영(Prosperity)공동체 등 소위 3P를 중심으로 아세안 국가들과의 협력수준을 미·중·일·러 등 주변 4강국 수준으로 끌어올린다는 내용을 골자로 한다.아세안은 인구 3위, GDP 및 영토 면적에 있어 세계7위에 있어 세계경제에 상당한 영향력을 갖는 막강한 잠재력을 가진 대상이며 이미 한국 입장에서는 중국에 이어 제2위를 차지하는 무역 및 투자상대국으로서 경제적 의존도에 있어 미국, 일본, EU 보다 더 큰 중요성을 갖는 대상이다(한동호, 2019: 14–15). 인적 교류의 측면에서도 근로, 유학, 결혼 이민 등의 형태로 40만명 정도가 한국에 체류 중이며 비슷한 수의 한국인이 아세안에 체류하는 상황이며 한류 문화를 통해 한국의 소프트파워의 영향력을 실감할 수 있는 지역이기도 하다. 문재인정부의 신남방외교는 아세안에 대한 이런 전략적 중요성에 대한 인식의 결과이며 그동안 이른바 4강 외교에 치우쳐온 관행을 타파하려는 시도로서 한국이 가진 적절한 규모의 경제, 군사, 외교 역량과 필요로 하는 기술, 자본 등 보완요소로 인해 매력적인 협력 대상이 되고 있다. 한국의 새로운 접근은 단순히 아세안을 경제성장의 도구로 보는 관점에서 벗어나 상호 간의 선순환 구조를 만들어 내고자 하는 노력으로 나타난다.

북방외교, 철의 실크로드와 동북아균형자론, 유라시아 이니셔티브를 거쳐 신남북방정책으로 보수와 진보 정권을 두루 거치는 동안에도 간단 없이 발전해온 한국의 아시아 구상과 그 정책적 실행계획들은 2022년 5월 10일 출범한 윤석열 정부에서 어떤 형태로 새롭게 자리매김될 것인가는 자못 궁금증을 자아내는 문제가 아닐 수 없다. 윤석열정부가 내세운 110대 국정과제의 5번째 목표로 내세운 "자유 평화 번영에 기여하는 글로벌 중추국가"라는 국정이념에서 최우선 가치로 내세운 '자유'가 이념을 달리하는 북방, 즉 중국과 러시아와의 적극적 협력을 포기하는 것이 아닌가 하는 시각도 있다(『내일신문』

2022/05/17). 문재인정부에서의 신북방 정책이 주변정세, 즉 미국의 중국 및 러시아에 대한 견제와 남북 관계의 유의미한 진전이 없는 상황에서 가시적 성과가 크지 않았다는 현실적 한계를 고려하더라도 한미동맹에 종속적인 변수로서만 중러와의 관계를 제한하겠다는 선언은 그간의 노력을 통해 축적해온 외교적 자주성의 확장을 스스로 포기하는 우를 범하는 것은 아닌가 하는 의문을 갖게 한다.

2022년 11월 11일 "한·아세안(ASEAN: Association of South-East Asian Nations[동남아시아국가연합]) 정상회의에서 공개된 '한국판 인도·태평양 전략'은 미중 격전지인 동남아에서 중국 견제를 위한 미국의 인태 전략과 같은 명칭의 외교 전략을 발표했다는 점에서 적잖은 함의를 지닌다. 그간 중국을 의식해 미국의 인태 전략 참여를 유보해온 문재인 정부의 신남방정책과 차별화하면서, 미국과 보조를 맞추겠다는 윤석열 정부의 외교 방향을 분명히 밝힌 것"(『한국일보』 2022/11/12)으로 볼 수 있는 소위 "한국판 아태전략" 역시도 인도-태평양지역에서의 중국 포위전략으로서의 미국, 일본, 인도, 호주가 참여하는 쿼드 전략과 기본적으로 유사한 입장에 선다는 점에서 동,남아시아에서의 한국이 갖는 독자적 외교 노선과 다양한 경제적 협력의 가능성을 스스로 제한하는 것은 아닌가 하는 의구심을 갖게 한다. 러시아-우크라이나 전쟁의 장기화와 글로벌 경기침체, 대만해협의 잠재적 위기를 포함하는 동아시아 지역에서의 위험 요소의 상존 등 한국의 독자적 아시아 외교의 여지를 축소시키는 현안들이 산적한 것은 분명하나 이러한 악조건의 존재가 그간 한국이 나름대로 발전시켜온 아시아와의 교류와 협력의 축적된 성과를 도외시하고 정책적 연속성의 필요를 전면 부정해야할 만큼 긴급한 상황으로 판단하기는 선불러 보인다. 현 정부의 정책적 방향전환의 의지가 주견을 포기한 대세추종의 산물이 아니라 변화된 환경 속에서 기존의 흐름들을 객관적으로 재평가하고 새롭게 조정하는 내실화의 계기를 찾기 위한 노력이기를 바라마지 않는다.

참고문헌

고성빈. 2017. 『동아시아 담론의 논리와 지향 – 비판이론의 탐색』. 고려대학교출판부.

김선래. 2019. "북극해 개발과 북극항로: 러시아의 전략적 이익과 한국의 유라시아 이니셔티브." 『시베리아연구』 19(1).

김종범. 2019. "신남방 – 신북방 정책의 평가와 전망." 『The KAPS』(한국정책학회 소식지) 겨울호.

박승우. 2011. "동아시아 공동체 담론 리뷰." 『아시아리뷰』 1(1).

백낙청. 2021. "제부 1장 근대, 적응과 극복의 이중과제." 『근대의 이중과제와 한반도식 나라만들기』. 창비.

백낙청, 이남주 공편. 2009. 『이중과제론: 근대적응과 근대극복의 이중과제』. 창비.

백영서. 2000. 『동아시아의 귀환 – 중국의 근대성을 묻다』. 창비 .

신범식. 2014. "동북아 초국경 소지역협력과 지역의 발명: "유라시아 이니셔티브"실천 방향성에 대한 함의." 『JPI 정책포럼』.

원톄진, 황더싱 저. 백지운 역. 2015. "중국의 '일대일로'는 평화발전의 이념인가." 『창작과비평』 43(3).

유영철. 2007. "한국의 대러 군사외교." 『국방정책연구』 23(1).

이재현. 2007. "마하티르의 동아시아 지역주의 담론 분석 – 서구에 비판적인 아시아주의적 발전연대의 추구." 『국제정치논총』 47(1).

이효진, 김영선, 이장규. 2014. "중국의 '신(新)실크로드 경제권' 추진 동향과 전망." 『KIEP 지역경제 포커스』 대외경제정책연구원(9월 1일).

장경룡. 2005. "동북아 균형자론." 『정치정보연구』 8(2).

정기웅, 윤익중. 2021. "북방정책에 대한 소고 – '북방'과 '정책'의 지속과 변화." 『글로벌정치연구』 14(1), 155-156

정기웅. 윤지웅. 2021. "박근혜 정부의 일대일로 편승 전략 '북방영토' 확장에 대한 기대와 좌절." 『글로벌정치연구』 14(1).

최원식. 2009. 『제국 이후의 동아시아』. 창비.

한동호. 2019. "신남방 – 신북방 정책의 평가와 전망." 『The KAPS』(한국정책학회 소식지) 겨울호.

함명식. 2021. "박근혜정부의 일대일로 편승 전략: '북방영토' 확장에 대한 기대와 좌절." 『중소연구』 45(2).

국가기록원. "유라시아 이니셔티브."
https://www.archives.go.kr/next/search/listSubjectDescription.do?id=010541&pageFlag=&sitePage=(검색일: 2022. 11. 8)
대한민국 정책브리핑. "유엔무역개발회의, 한국 '개도국 → 선진국' 변경…57년 역사상 처음." 전자정부누리집
https://www.korea.kr/news/policyNewsView.do?newsId=148889700(검색일: 2022. 11. 8)
성원용. 2022. "복합위기 시대 신북방정책의 재구성." 『내일신문』(5월 17일)
https://m.naeil.com/m_news_view.php?id_art=423484(검색일: 2022. 11. 23)
YTN. 2015. 「박근혜 대통령 中 열병식 첫 참관...의미는?」(9월 3일)
https://www.ytn.co.kr/_ln/0101_201509031354511550(검색일: 2022. 11. 8)
통일부. "대북정책 이렇게 해왔습니다(이명박 대통령 취임 3주년 대북정책 설명자료)."
https://lib.uniedu.go.kr/libeka/elec/00223674.pdf(검색일: 2022. 11. 8)

2005. "'동북아 균형자론' 내용과 의미." 『한겨레신문』(3월 30일)
https://www.hani.co.kr/arti/politics/politics_general/22382.html(검색일: 2022. 11. 8)
2017. "문재인 대통령 동방경제포럼 기조연설." 『대한민국 정책브리핑』(9월 7일)
https://www.korea.kr/news/policyNewsView.do?newsId=148842220(검색일: 2022. 11. 23)
2014. "박근혜 정부 통일 대박론, 어디까지 왔나?" 『매일경제』(11일 7일)
https://www.mk.co.kr/news/culture/6393895(검색일: 2022. 11. 8)
2022. "외신이 주목한 누리호 성공의 군사적 의미." 『이코리아』(6월 23일).
http://www.ekoreanews.co.kr/news/articleView.html?idxno=61445(검색일: 2022. 11. 8)
2022. "尹 '한국판 인태 전략', 美와 보조 맞추며 文정부 신남방정책 차별화." 『한국일보』(11월 12일)

https://www.hankookilbo.com/News/Read/A2022111118410004708(검색일: 2022. 11. 23)
2006. "'철의 실크로드'란." 『한국경제』(4월 2일).
https://www.hankyung.com/politics/article/2002092326628(검색일: 2022. 11. 8)
2003. "취임사로 본 '동북아 중심국가론." 『한겨레신문』(2월 25일).
http://legacy.www.hani.co.kr/section-003000000/2003/02/003000000200302251158412.html(검색일: 2022. 11. 8)

찾아보기

ㅇ

ㅈ

ㅊ

ㅋ

ㅌ

ㅍ

ㅎ